国家出版基金项目

中国少数民族设计全集

The Design Collection of Chinese Ethnic Minorities

赫哲族

中国少数民族设计全集编纂委员会 编

山西人民出版社　人民美术出版社

图书在版编目（CIP）数据

中国少数民族设计全集. 赫哲族／中国少数民族设计全集编纂委员会编；王浩滢等著. —太原：山西人民出版社，2019.9
ISBN 978-7-203-11046-0

Ⅰ.①中… Ⅱ.①中… ②王… Ⅲ.①赫哲族－民族文化－研究－中国 Ⅳ.①K28

中国版本图书馆 CIP 数据核字（2019）第 192527 号

中国少数民族设计全集. 赫哲族

编　　者：	中国少数民族设计全集编纂委员会
著　　者：	王浩滢　等
责任编辑：	冯　昭
复　　审：	傅晓红
终　　审：	阎卫斌
装帧设计：	谢　成

出　版　者：	山西人民出版社　人民美术出版社
地　　　址：	太原市建设南路 21 号
邮　　　编：	030012
发行营销：	0351－4922220　4955996　4956039　4922127（传真）
天猫官网：	https://sxrmcbs.tmall.com　电话：0351－4922159
E — mail：	sxskcb@163.com　发行部 sxskcb@126.com　总编室
网　　　址：	www.sxskcb.com
经　销　者：	山西出版传媒集团·山西人民出版社
承　印　者：	山西出版传媒集团·山西新华印业有限公司
开　　　本：	889mm×1194mm　1/16
印　　　张：	18.75
字　　　数：	223 千字
印　　　数：	1—1 000 册
版　　　次：	2019 年 9 月　第 1 版
印　　　次：	2019 年 9 月　第 1 次印刷
书　　　号：	ISBN 978-7-203-11046-0
定　　　价：	280.00 元

如有印装质量问题请与本社联系调换

中国少数民族设计全集编纂委员会

总 主 编（按年龄排序）
张夫也　王立端　戴晋明　廖 军　王 琥　李豫闽　过伟敏　顾 平
王 强　李 岗

执行主编　王 琥
编务统筹　张明山

中国少数民族设计全集编辑工作委员会

主　　任　刘伟冬
编　　委（排名不分先后）
王 琥　王 峰　王 强　王立端　王浩滢　白 波　过伟敏　许 星
许边疆　李 岗　李 丽　李豫闽　成光虎　肖 飞　余 强　汪传跃
罗 力　杨明朗　陈 述　陈见东　邱 珂　胡万明　顾 平　郑 静
郭立忠　姬 莹　张夫也　张泽国　张明山　张秋平　张耀引　梁盛平
樊 进　谢 玮　熊 伟　熊 微　熊建新　蔡克中　葛 芳　鞠 斐
魏 洁　廖 军　戴晋明

中国少数民族设计全集出版工作委员会

主　　任　胡彦威　周 伟
执行主任　姚 军　欧京海
编务统筹　阎卫斌　周小龙
编　　辑（排名不分先后）
王新斐　史美珍　冯 昭　冯灵芝　吉 昊　吕绘元　刘小玲　任秀芳
孙 琳　孙宇欣　李广洁　李建业　李 靖　员荣亮　张小芳　张志杰
张书剑　何赵云　陈俞江　吴春华　武 静　周小龙　柳承旭　郝文霞
赵 玉　赵晓丽　席 青　秦继华　高 雷　郭向南　阎卫斌　崔人杰
傅晓红　蔡咏卉　翟丽娟　樊 中　薛正存　魏 红　魏美荣

整体设计　谢 成

中国少数民族设计全集·赫哲族

本册著者　　王浩滢　樊　进　单芳霞　李书春　赵丽丽　刘　宣
　　　　　　　管　静　胡晓瑞　哈普都·杰赫（赫哲族）
　　　　　　　王佩宇　胡晓璐

参与撰写　　张孙晨　刘艳斌　卢慧敏　李胜涛　王　健　张　帅
　　　　　　　冯晶晶　季　艳　徐德乾　洪淑莹　张子扬　王若霖
　　　　　　　刘向阳　周正飞　周亚东　张　谦　李　娜　黄雪清
　　　　　　　齐　乐　单　悦　徐润杰　赵　桐　刘金玲　刘　磊
　　　　　　　王苗露　魏释然　茅珺玉　李　青　王若霖　刘金玲
　　　　　　　黄雪清　朱思晴　王逸群　齐　乐　陈　刚

求同存异　和合共荣

刘伟冬

中华民族，是一个由56个民族组成的大家庭。在漫长的文明发展史中，汉族和各少数民族都为中华文明的繁荣发展贡献了自己的聪明才智。纵观中华文明史，其实就是一部各族群之间"求同存异，和合共荣"的文化演进史。

从根子上讲，4000年前的"中国"，仅指北方中原地区，居住在这里的相传是上古时期黄帝部落和炎帝部落的后裔，故而自称"炎黄子孙"。其时的"中国"，不过是黄河中下游（西起陇山，东至泰山）区域。在千年发展与民族融合之后，尤其是晋末"衣冠南渡"，南迁的中原汉族与南方百越民族彻底融合，来自北方的鲜卑等民族融入汉族，使汉族前所未有地壮大发展，逐渐形成后来疆域辽阔、人口众多、物产繁盛、文化昌明的中华民族的主体族群。特别值得强调的是，自从作为一个民族整体之后，中华民族就从未中断过自己的民族发展史——这在世界历史上是硕果仅存、独一无二的。

中华民族具备兼容并蓄、虚心好学的民族天性。仅以设计学范畴的事例讲：在数千年文明发展历史中，中华民族在不断向外输出优秀的文明成果（如烧造之陶瓷砖瓦、营造之榫卯斗拱、织造之丝绸刺绣、锻造之"失蜡"分模等），影响全人类的日

常生活与生产方式的同时，也不断地吸纳域外各民族的优秀文明成果，如汉魏之印度佛教和西域音乐、隋唐之西亚服饰和家具、宋元之东洋印染和漆艺、明清之西洋机器与建筑……在中华民族内部，这样的文化交流更是从未停止过，而且是风生水起、枝繁叶茂，愈发流畅、深入，中华民族各族群之间"求同存异，和合共荣"的文化大演进，共同创造了中华民族极为灿烂辉煌的造物文明历史。仍以设计学范畴为例：原本是匈奴人发明的单足绳圈，被晋代的汉族人设计成铁质双镫；最早是鲜卑人原创的毡毯卷边，被晋代的汉族人改造成"高桥马鞍"，这宗中国式马具设计案例，被誉为"13世纪中国传入欧洲的最重要文化成果"（李约瑟语）。再如，西域（今新疆地区）是全世界最早的皮靴生产地，哈尼族为主的红河地区出现了全世界最早的梯田。再如，全世界最早的"干栏式建筑"和全世界最早的稻米人工育种、栽培，均起源于长江中下游的百越地区；全世界最早的竹藤编结器物起源于闽越地区……由中华民族共同创造、发明，后来又影响了全人类文明进程的优秀造物设计案例很多，不胜枚举。几千年中华民族的文明史，就是各种文化多元融合、共同发展的最好例证。不了解中华民族内部各族群的文明交流史，就无法真正理解中国文化史，也不能理解为什么中华民族总是能在逆境中成长强大。甚至可以说，能否完整地理解中华民族的文化史，是检验每一个当代中国知识分子（特别是文史哲专业的学者）文化立场的"试金石"。

　　随着改革开放的逐渐深入，各民族地区的经济与社会状态已发生了天翻地覆的变化。令人遗憾和担心的是，由于各地区政策执行力度不平衡，保护措施不得力，少数民族的文化特性正在逐步衰退，有些地区的少数民族文化特征甚至已经消失殆尽，仅仅存在于徒具形式，充满口号、标语的民族文化村旅游景点中。有学者预言，再不加快整理抢救工作，中国的少数民族可能在物质形态和文化内涵的特征上，若干年后将不复存在。

从少数民族地区反映古代中国社会某些面貌的文化遗存看，这些少数民族之所以一直与汉族地区差距巨大，存在多方面的原因，其中历代汉族统治者对少数民族的歧视政策是主要原因。此外这些地区本身就处于偏僻荒地，不是沙漠就是山区，自然条件远不及汉族聚集地区，社会发展水平滞后。20世纪50年代，有相当比例的少数民族在当时仍处于原始农耕社会或奴隶制社会，不要说通电、通水、通汽车，不少人一辈子连铁器长什么样都没见过。部分少数民族聚集地的各种自然条件也较差，缺肥少水，基本生活来源，一靠老天爷恩赐的"望天收"农作物；二靠家庭手工作坊制作些竹藤编结物和土织、土陶等土特产来换取粮食；三靠养猪、兔、羊和鸡、鸭、鹅等家禽来换取日用品，如灯油、农具、衣物和油盐酱醋等；四靠为土司、头人和大户们出卖劳力（社会底层奴隶身份），年老即被抛弃。中华人民共和国成立后，党和政府在这些地区实行社会主义改造，打倒以土司、巫师和头人为首的剥削阶级，将土地和生产资料一律收归集体所有，解放了全体少数民族民众，使他们历史上第一次有了自由劳作和生活的权利。

中华人民共和国成立之初，党和政府就高度关注民族事务问题，为如何保护、关心各少数民族制定了一系列方针、政策，也为当代中国社会处理民族问题、保护民族文化树立了光辉典范。中央人民政府政务院于20世纪50年代初发布了《关于民族事务的几项决定》，为新中国民族政策奠定了最初的思想基础，其主要内容是：一、各大行政区军政委员会（人民政府）须指导各有关

省、市、行署人民政府认真推行民族区域自治及民族民主联合政府的政策和制度，并随时向政务院报告推行经验，请示者须事前向政务院请示。二、各大行政区军政委员会（人民政府）须指导各有关省、市、行署人民政府认真并有计划地实行政务院在1950年颁发的《培养少数民族干部试行方案》，并将该项工作进行情况定期加以检查，每半年向政务院报告一次。中央民族学院及西北、西南、中南各军政委员会和新疆省人民政府的民族学院，必须依计划实行，并向政务院报告。三、政务院于1951年下半年适当时间将同时召开有关少数民族的卫生、教育及贸易三个专业会议，责成政务院文教委员会、中财委指导中央卫生部、教育部、贸易部开始筹备，并责成中央民族事务委员会协助进行。有关部门如农业部、文化部也须派人参加。四、责成中央人民政府各委、部、会、院、署、行注意建立有关民族事务的业务。五、在政务院文教委员会内设民族语言文字研究指导委员会，指导和组织少数民族语言文字的研究工作，帮助尚无文字的民族创立文字，帮助文字不完备的民族逐渐充实其文字。六、扩大中央民族事务委员会委员名额，责成中央民族事务委员会提出补充名单的建议，并于1951年下半年召开中央民族事务委员会扩大会议，检查与总结关于推行民族区域自治及民族民主联合政府的经验。

20世纪50年代，中央人民政府和政务院，曾多次组织"中央慰问团""土改工作队"和"普查工作队"等，花费大量人力和物力，深入各少数民族地区，进行了大量较为翔实的社会历史调查。50年代这轮由政府统筹、由中央民委组织行政领导和人类学、社会学专家学者以及民族同志组成工作队与考察队的少数民族大考察活动，1953年正式启动，1956年结束（个别地区延期至1958年才结束）。直接成果之一，就是为1956年国务院公布的55

个少数民族的正式定名和划分，提供了可靠的依据。

从当时考察的资料看，各少数民族的社会发展水平参差不齐，不少民族呈现类似汉族曾经历过的各种历史发展状况，为我们今天考察、了解并研究过去的历史以及各学术分支问题，提供了绝好的活体范本。比如以"设计发生学"研究为例，以山寨（村落）为主的初级社会组织形态，原始手工业在农耕环境中的地位，原始造物的手工技艺与设备、工具等，都是我们极感兴趣的研究对象。

在西北、西南和东北各少数民族聚集地区，有些古时流传下来的本民族手工造物技术，迄今仍保存良好。其吸收了汉族和其他兄弟民族的技术长处之后演变出来的各时段手工造物技术，则印证了各民族互相融合、取长补短的史实。更有些原始手工艺，特别具有艺术和历史研究价值。以维吾尔族人为例，本世纪初，笔者在新疆喀什城艾格孜艾日克老街看到几样手工艺绝活：其一是整条街的维吾尔族乐器店，除了热瓦普、曼陀林和冬不拉等少数维吾尔族知名乐器外，全是些笔者叫不上名来却似曾相识的弹拨乐器和拉弦乐器，于是从心里认可了"西域古乐成就了中国传统民乐"这句话所言不谬。其二是亲眼所见一个拖着鼻涕的不到10岁的维吾尔族小男孩，拿着电砂轮在铜壶上信手飞快地刻着精美细腻的图案，一不要底稿，二没有图纸，真是佩服得五体投地，也相信了"汉族人长于热铸，西域人长于冷锻"这个说法。其三是在喀什近郊著名的大巴扎"金器一条街"上看见近百家金店生意红火，家家门前毡毯上都围坐着一群金店伙计和顾客，正在热烈讨论、共同设计着花样繁多的未来金饰嫁妆，感受到了"中国传统样式的金银首饰工艺，最富有创意的设计和最先进的工艺制作，原来在维吾尔族人手里"这句大实话。还有，笔者

求同存异　和合共荣

在云南景洪县城集市上，曾亲眼见过景颇族老乡用古老的"焖烧法"烧出的红彤彤的土陶——跟笔者一知半解的仰韶彩陶的烧制工艺几乎一模一样。还有，笔者在大西北甘陕宁各省亲眼所见的回族、保安族、裕固族和东乡族老乡巧手做出的那些花样繁多、样式复杂的面塑造型，真是个个精妙绝伦。这方面的事例实在太多了。

50年代的少数民族地区社会大普查，以及半个多世纪以来社会各界对其丰富而珍贵的考察、研究，意义深远，价值极为重大。这些地区客观上保存的较为完整的、与数千年前中国原始社会最初形态近似的许多社会特征，为我们研究社会的最初形态形成和当时的经济、文化、政治的基本状况以及"设计发生学"的相关课题，提供了珍贵的类型学"活化石"范本，价值非凡。改革开放以来，这些少数民族地区也获得了前所未有的巨大发展，人民生活日新月异；但与此同时，少数民族地区的民族性在不可避免地愈发衰减、退化，甚至消失。如果我们再不采取保护措施，若干年后，各少数民族的许多宝贵民族文化遗产将无法挽救地彻底消亡，这部分同属于全人类精神财富和中华民族集体智慧的宝藏，我们将再也看不到了。

在"设计发生学"问题上，我们一向秉持文化多元论的观点，认为人类文明是全世界人民共同创造的，各国家、地区、民族均做出过大小不一、形态各异的贡献；同理，中华民族的灿烂文明是中国的各族人民共同创造的，每个民族都对中华传统文化做出过贡献，也都应当得到尊敬和肯定。中国的各少数民族在中华文明漫长的演化过程中，都曾经以自己独特而充满智慧的文明成果，补充、完善甚至改良着中华文明。比如，古代西域的龟兹古国各民族创造或引自西亚的弹拨乐器和拉弦乐器以及音律、曲式，彻底改造了中国古代音乐，新创作出代表中国古乐精髓的江南丝竹；南疆的维吾尔族和北疆的哈萨克、塔塔尔、塔吉克等族首创了制革术，并引进古波斯革皮书籍装帧术和制靴术、制毡术、毛衣编结术；海南岛的黎族率先种植棉花并纺织棉布，传入内地后棉织业逐渐形成中国古代手工行业的"天下第一营生"……保护少数民族的民族文化特性，就是保护我们的历史遗产，就是传承我们的文明。我们应进一步发扬文化兼容的优良传统，把振兴中华的百年民族复兴梦，逐步落实为将大中华建设成为中国各民族共同拥有的美好家园。

由上千名来自全国各高等艺术院校的教授、研究生组成的55支团队参与编撰的《中国少数民族设计全集》（55卷），正是有识之士基于对各少数民族的民族文化特性正在快速衰减、消亡的严重现实问题的深切忧虑而进行的抢救、发掘、整理中国少数民族文化遗产的重要文化工程。经过两年精心筹划，六年努力写作，在国家出版基金管理部门的支持下，在山西人民出版社和人民美术出版社的策划和组织下，目前《中国少数民族设计全集》的书稿编撰工作已基本完成，即将付梓。在长达八年的漫长过程中，全国兄弟院校各团队涌现出的各种可歌可泣的事迹经常感动着笔者，并不时鞭策着全体作者克服千难万险，一路向前。有的分卷作者身患绝症仍不眠不休地忘我工作，有的分卷作者遭遇各种意外仍坚持工作。特别是，很多民族同志公而忘私、不计较个人得失，有人不惜将自己赚钱的企业关张歇业，全身心地投入各自所负责分卷的繁重编撰工作中；有人义无反顾地将自己珍藏多年的本民族实物、资料和研究成果无偿提供给相关分卷作者。大家万众一心，克服各种复杂得难以想象的困难，以确保这部凝聚了众人八年心血的巨著，能按计划如期完成。借此机会，笔者谨

求同存异　和合共荣

代表本丛书编委会全体成员，向领导、编辑和作者们表示衷心的感谢！

作为一项文化创举，笔者深信《中国少数民族设计全集》必将在未来岁月的长期检验中，愈发显现其非凡的、独特的文化价值。

2017年夏季于南京

前言

赫哲族与独龙族、门巴族等一样，是我国民族大家庭中人口最少的少数民族之一。2010年第六次全国人口普查统计，赫哲族人口数为5354人。从人种学方面看，赫哲人属于通古斯语系-满语族的那乃人的分支。那乃人多在俄罗斯远东的西伯利亚地区和日本北海道延存，合计约十数万人。而中国境内的那乃人，被称为"赫哲人"。"赫哲"一词，最早见诸官方文献《清圣祖实录》："康熙二年癸卯……三月壬辰（公历1663年5月1日）命四姓库里哈等进贡貂皮，照赫哲等国（这里的"国"是指女真各部族群，而不是真正意义上的国家概念）例，在宁古塔收纳。"从后金到清初统一女真各部的进程中，历届官府曾相继将赫哲部编户编旗，实行户籍管理。但赫哲族在称呼上一直未能统一，说法各异。新中国成立后，国务院在确定56个民族称呼时，正式采纳了民国时期人类学者凌纯声的观点，"赫哲族"由此成为我国赫哲人的统一族名。

虽然赫哲族人数较少，但民族历史十分悠久，最早可追溯到六七千年前，如史前的密山新开流肃慎文化时期。从文史典籍看，赫哲人在先秦时多称"肃慎人"，汉魏时称"挹娄人"，南北朝时称"勿吉人"，隋唐时则称"黑水靺鞨"，明末称"东海女真""野人女真"等等。由于赫哲族没有自己的独立文字，其历史记载基本为汉人撰写史册中的只言片语、道听途说，难免以讹传讹，甚至充满谬误。20世纪30年代初，留法归来的凌纯声率领考察队，有记录以来首次在赫哲地区持续调研考察了两年多时间，并撰写了代表作《松花江下游的赫哲族》（1934年出版），这部书奠定了中国现代

民族学调研方法和社会学田野考察的学术基石。凌纯声等不少学者几十年（特别是新中国成立后）的不懈努力，使我们今天得以知晓赫哲族的民族特点和文明成就。

赫哲族造物历史亦十分悠久，而且特色十足，曾创造了辉煌的物质和精神文明。赫哲族是中国少数民族中现存的唯一游牧民族，迄今仍保留着渔猎的谋生方式。赫哲族的这个特点，构成了赫哲社会与众不同的诸多民族特点。

清初将东北视为清国"龙兴之地"，曾封地限户，抑制工商，尤其是严令禁止汉人入东北垦荒。顺治开始，满境分段修千余公里"柳条边"篱笆墙——东北长城（柳条边墙、柳墙、柳城、条子边），康熙中期竣工。这使东北地区基本属于"不毛之地"，社会经济相对低下、原始。满族和赫哲族、鄂伦春族等原住民借此得以相对完整地保持与祖先并无二致的传统生活与生产方式。1840年鸦片战争至1911年清朝灭亡，屡战屡败、内外交困的清廷对边疆控制日益削弱，沙俄趁机不断侵蚀黑龙江边境，直接吞并和逐渐蚕食了中国150多万平方公里国土。当时清政府采纳了黑龙江将军特普钦的建议，于咸丰十年（1860）正式开禁放垦，以鼓励移民实边，振兴关外的经济。开禁后，赫哲社会旧有生产方式与生活方式快速解体，一种新型社会开始逐渐建立起来：

一是山东、直隶、热河等省民众数十万户进入东北垦荒，史称"闯关东"。最初山东民众多聚集于今大连和丹东等地，河北民众多聚集于哈尔滨—牡丹江一带，华北诸省民众则相对散布于东北各地。"闯关东"兴起后，千万之众的汉地习俗对东北地区产生了压倒性的影响，一系列关内汉地种种习俗，大举移植、快速普及于东北社会。尤其值得强调的是，山东民众固有的生产方式与生活方式，对后来东北社会习俗的形成，具有特别重大的影响，我们今天认知的许多东北特色，其实就是山东特色的"直接平移"。如饮食方面的卷葱煎饼、黄豆酱、炖锅子；居住方面的马架子房、柴火大炕和正房等；农作物方面的大豆、高粱、玉米、小米等。在这种情形下，主要聚集在三江平原的赫哲族社会旧有的古老渔猎谋生方式被部分改变。半是渔猎、半是农耕加初级手工艺制作的谋生方式，在新生代赫哲人社会中逐渐占据主流。

二是境外族群的大举迁入。俄国淘金者、日本垦殖家庭和朝鲜内迁民众等皆大举进入我国东三省，竟达百万之众。外族文化亦给中国东北全境带来了部分影响，如饮食方面俄国的大列巴、红肠和中国最早的啤酒等。20多万俄国移民的影响还有中国出现最早的电影院、小火轮客渡、市政设施等。人数众多的朝鲜移民的影响，则集中在部分东北食俗上：烧烤、腌辣泡菜、蘸酱菜、石锅拌饭等。日本垦殖家庭和后来蜂拥而至的日本工商业则导致东北地区首次出现了矿山、水电站和铁路，日本人还首次在三江平原试种大米获得成功等。赫哲社会也不例外，外来文化影响也比比皆是。如赫哲族开始使用铁质生产工具和生活用具，部分狩猎技巧和桦皮制物则与西伯利亚—通古斯地区的俄罗斯那乃人相互影响。

三是从19世纪中叶起各种文明事物蜂拥传入东北地区，使原本落后、荒蛮的东北社会蓬勃发展，建设成为全中国农业、工业与文教事业的重要基地之一。在不到100年的时间内，东北社会的原有生产与生活方式就被彻底颠覆，一种崭新的生活与生产方式不可逆转地建立起来。如垦殖与大农业、手工业作坊、现代化工厂与矿山、新式教育、现代医疗、宗教、市政等等。东北的垦殖与大农业，主要是"闯关东"的山东、河北等省农民大举传入。100年后，东北竟成了全中国最重要的粮仓——据国家统计局2015年发布数据，东北地区农产品占全国主要农产品近三分之一，黑龙江省跃升"中国农

业第一大省"，农业产值超过全国十分之一。又如东北地区百年间一直是全中国的工业重地：矿山、工厂、发电厂、水电站遍布全境，东北地区的工业产值始终占全中国半壁江山。尤其是铁路建设在新中国成立初期更是独占鳌头。文化与市政建设上也建树颇多：全中国最早的有轨公交电车、最早的电影院、最早的啤酒厂、最早的侨民学校和医院，都出现在黑龙江——哈尔滨地区。特别是民国初年白话文运动和"五四"新文化运动兴起后，东北社会的语言文字、文化艺术、教育出版等上层建筑和意识形态与关内的联系大大增强，新思想、新潮流的传入，深刻地触及东北社会的方方面面，人口稠密的城镇乡村和荒芜偏远的边疆屯点概莫能外。

具有古老习俗的赫哲社会，就是在这样的沧桑巨变的大背景下，产生了深刻的变化。20世纪30年代初凌纯声考察队在赫哲人聚集地做实地调研时，赫哲社会正处于剧烈转型当中，早已不同于文史典籍的只言片语中模糊记载的"延续了数千年"的旧有面貌了。在不到100年的时间内，赫哲族原有的生活与生产方式被彻底颠覆：原有的"夏日逐草循河，冬季钻山入林"的传统渔猎生产方式和不定居生活方式早已让位给了半农耕、半渔猎兼有小手工制作、筑屋定居的生产与生活方式了。当时赫哲民居再也不是尖顶窝棚和地窖了，大多数赫哲人已住上了马架子房和正房。即便是传统渔猎谋生，也使起了俄制三股铁质鱼叉、俄境那乃人那种设有弩机的精巧陷阱，还用起了捕鱼效能更高的织网……黑龙江同江—四排等地的赫哲人中已有不少家庭送孩子去洋人侨民或汉族商人开办的学校，许多年轻人外出去种地、做工，一如今日中国内地之乡村。当时赫哲族已有近三分之一人会说点汉语，甚至不少人会写点汉字。尽管如此，20世纪30年代凌纯声考察队所做的田野考察和现场调研、信息研究，不仅仅是对当时已经处于剧烈转变、迅速解体的赫哲传统社会的一

次全面、深入、系统的"抢救性"调研，而且对创建后来的现代中国人类学、民族学、社会学科学考察方法，具有独特的、巨大的贡献。本书作者今天能相对熟练地运用设计学、田野考察、现场调研、信息整理等研究方法，真的是有赖于当年凌纯声考察队的首创。

正如上述，百余年的赫哲族与同时期的中国社会一样，都发生了巨大而深刻的变化。无论是80多年前的凌纯声，还是今天的本书作者，真的无法勾勒出"赫哲族传统习俗"的全貌。我们只能基于"设计发生学"的原理，从既有、已知的间接资料与直接考察入手，针对赫哲族民众"为何造物设计""造物设计究竟有什么实际功能、产生哪些影响""造物设计究竟和日常生产方式、生活方式有哪些因果联系"等课题，展开自己力所能及的研究。设计学最核心的旨意是：一切设计行为的目的可用一句话表达——提高生产效率，改善生活品质。本书从赫哲族生产和生活各方面展开的个案研究对象，正是凝聚着古往今来无数赫哲人集体和个人智慧的众多具体造物与设计的代表性案例。至于本书究竟哪些方面有所不足，哪些方面"小有斩获"，作者本身说了不算，出版后广大读者阅后评价说了才算。

目录

第一章　赫哲族传统建筑
赫哲族尖顶窝棚　002
赫哲族小型地窖　009
赫哲族马架子房　015
赫哲族仓库　020
近现代赫哲族正房　026
近现代赫哲族烧火大炕　032

第二章　赫哲族传统服饰
赫哲族鱼皮服饰　038
赫哲族鱼皮套裤　044
赫哲族靰鞡　050
赫哲族皮手套　055
赫哲族桦皮帽　060

第三章　赫哲族传统餐饮
赫哲族鱼类食材与菜式　066
赫哲族传统食具　072
赫哲族传统水具　077
赫哲族吊锅　083

第四章　赫哲族传统生活用具
近现代赫哲族木作家具　090
赫哲族桦皮船　097
赫哲族滑雪板　103
赫哲族狗拉爬犁　107
近现代赫哲族平底木船　113

　　赫哲族狍皮被窝　118
　　赫哲族摇篮　123

第五章　赫哲族传统生产工具

　　赫哲族渔网　130
　　赫哲族鱼刀　136
　　赫哲族三股铁鱼叉　141
　　赫哲族弓箭　146
　　赫哲族扎枪　151
　　赫哲族伏弩　155
　　赫哲族狩猎陷机　160
　　赫哲族冰上渔具　166
　　赫哲族鞣革工具　171
　　赫哲族鱼钩、鱼罩与捞鱼网　177

第六章　赫哲族传统手工艺

　　赫哲族裘皮制品　184
　　赫哲族图案艺术　189
　　近现代赫哲族烟具　197
　　赫哲族口弦琴与腰铃　203
　　赫哲族编结物　207
　　赫哲族桦皮圆盒　211

第七章　赫哲族传统民俗和宗教造像

　　赫哲族礼俗　216
　　赫哲族婚俗　221
　　赫哲族葬俗　226

赫哲族节俗　230
赫哲族自然神木刻神偶　235
赫哲族神龛与神杆　241
赫哲族神鼓　246
赫哲族萨满鱼皮面具　251
赫哲族卜筮　256
赫哲族萨满服饰　261
赫哲族萨满教祭祀舞蹈　267
赫哲族传统游戏　271

第一章 赫哲族传统建筑

赫哲族尖顶窝棚

图一　赫哲族尖顶窝棚主图

尖顶窝棚,在赫哲语中称为"撮罗昂库"。"撮罗"是尖顶的意思,"昂库"是窝棚的意思,专指赫哲人夏季常用的一种防风避雨的可移动夏季居所。尖顶窝棚的外观均为锥形,其建造方式是先用树干搭建成尖顶框架,再用茅草或兽皮、树皮、木板铺设外表,预留供人员出入的门帘而成。尖顶窝棚的大小和数量,基本由随行同居的家庭成员的具体数量而定,常规的七八口人,一顶尖顶窝棚即可,超过10人,则需另建新的大型窝棚。

尖顶窝棚的建造一般是在天气转暖时开始。"夏天住昂库,冬天住地窖",这是赫哲人祖辈相传的居住习惯。地点往往选择在河滩开阔地段、林间空地庇荫处、山坡避风处等地势平坦的地方。建材主要分为框架和铺盖材料,框架建材多为桦树的树枝与树干,赫哲人将其砍伐采集并整理成直径为 10 厘米、长度约 5 米以上的木杆。如搭建能容纳 10 人左右的大窝棚，则需要更粗、更长的树干。赫哲人将采选、修整后的木杆在选好位置的地面插地围圈，木杆的密度视窝棚的大小而定，一般常见的窝棚为相距 1 米左右一根。插地围圈的木杆在上端聚拢成尖顶，由上而下地用石块或木桩将木杆从顶端夯实插牢，最后用兽皮绳绑缚，尖顶窝棚的骨架就建成了。常见的覆盖材料主要是苫草或桦树皮：先将苫草扎束结片或直接剥取桦树皮裁割缝合成片，再将其一道道排列披挂在木杆框架的圈绳上，用草绳、兽皮绳或布条绑缚牢固。少数还用茅草和兽皮做双层覆盖，增加了窝棚内部的夜间保暖性。专门用兽皮铺盖的尖顶窝棚又叫"那斯昂库"，即兽皮窝棚，所用兽皮有鹿皮、麋皮、狍皮、马皮、牛皮，甚至还有鱼皮。一般小型皮张先要缝合成大张，再穿孔结绳，绑缚在木杆上。尖顶窝棚内部多以木杆排列搭铺，再用干燥的茅草和树皮覆盖在上面。出入口通常是下端带有木棍吊坠的"皮门帘"，一般朝南而开，并无窗口。小型或常规型尖顶窝棚因内部空间狭小，没有排烟空隙，因而多在外生火造饭；若遇阴雨天气，也可卷帘排烟，在窝棚内举火吊锅烹饪。尖顶窝棚内部空间相对狭小，一般仅容人们卧眠闲坐。能容纳 10 人以上的超大型的尖顶窝棚，高度约在 8 米左右，尖部处通常留有半米见方的空隙，以便在窝棚内排放炊烟，此种窝棚又被称为"温特合昂库"。大型尖顶窝棚内部面积可达十多平方米，不但可生火取暖和炊事，还是接客、聚会的场所，但因留有排烟空隙，难免会灌风进气。

赫哲族的窝棚除用草皮树条搭建的尖顶窝棚外，还有其他好几种形式，如圆顶窝棚，赫哲语为"阔恩迎如昂库"。建造圆顶窝棚通常用直径 3 厘米的细长树枝（多取桦树与白杨树）边烤边撅，使之成弧曲状，再按大小的密度要求等距离一根根地竖立在地面夯实，再把树枝上部末端连接，形成弧形穹顶，衔接处另用树条扎成一个个十字形杈子，对顶部加强其稳固性。框架建起以后，在框架外侧由下而上扎牢。还有一种是冬季狩猎时住的"温特合昂库"，用宽约 20 厘米的杨木板子搭盖成的圆锥形窝棚。其尖顶部留有 50 厘米见方的出烟通风孔，窝棚四周下沿用雪或土堆积夯实，南面设门。还有用桦树皮搭成的窝棚赫哲语叫"塔尔空昂库"，用布搭成的叫"保斯昂库"，用兽皮搭成的叫"那斯昂库"。

很难说这种锥形兽皮窝棚是古代赫哲人的首创，但从文字记载看，赫哲人建造尖顶窝棚的历史已达千年之久。现代印第安人的帐篷，无论是建材和形制，还是外观和功能，都与赫哲人尖顶窝棚类型中的兽皮窝棚极为接近，这点倒是为"美洲印第安人原为跨越白令海峡、抵达阿拉斯加的中国先民"的传说增加了实例物证。

尖顶窝棚建造的设计创意成分主要体现在：以最简明的建造思路、最简单的建造材料、最简易的建造技术、最简洁的建造形式，达到了最佳性价比的实用功能。这个优点是中国境内华夏各民族在早期文明阶段所共有的造物特点，而尖顶窝棚则充分展现了赫哲人"因地制宜、因陋就简、因材建造"的民族传统建造设计思想。尖顶窝棚所包含的设计特色，无疑对流行于当今社会的"绿色—环保"设计理念，有一定的借鉴与启迪价值。

图片来源
图一　肖殿昌　摄影
图二、图四至图十　单芳霞　制图
图三　张孙晨、单芳霞　制图
图十一　饶河政府网

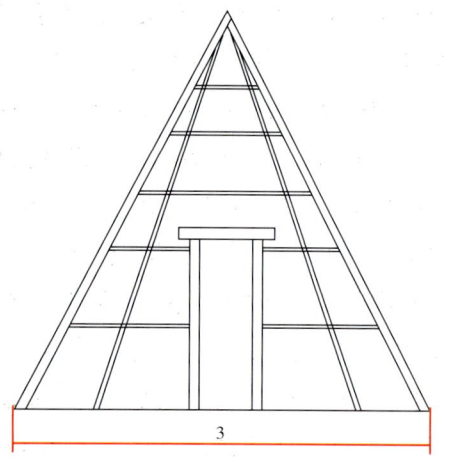
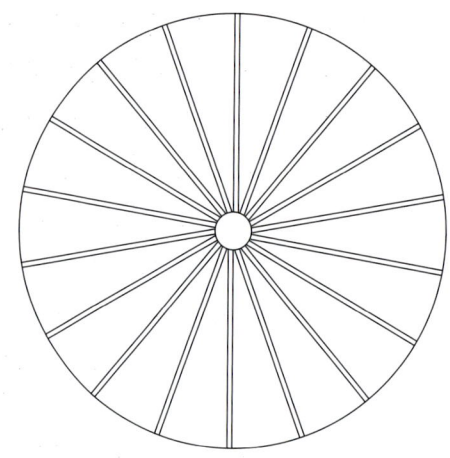

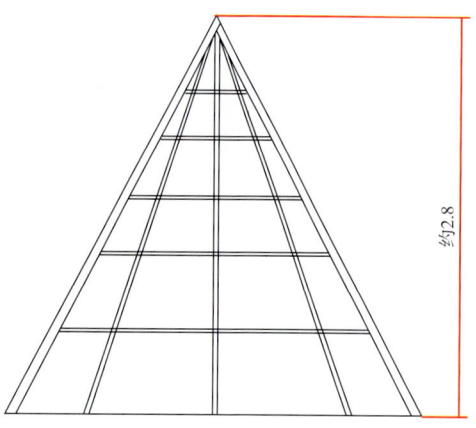

图二 赫哲族尖顶窝棚三视、尺寸图（单位：m）

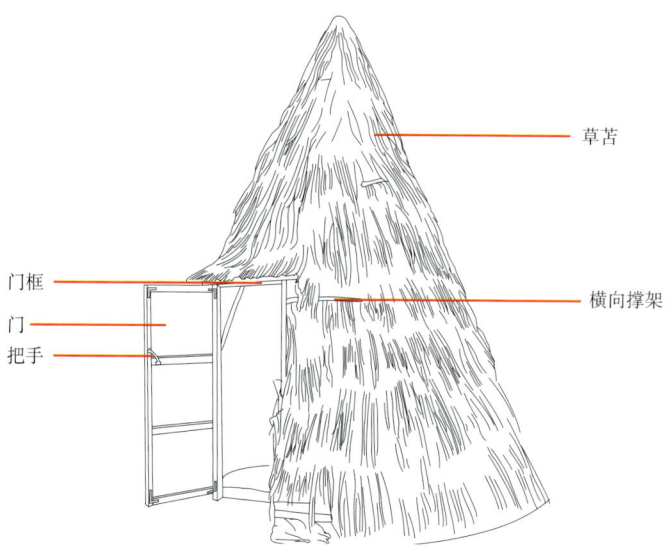

图三 赫哲族尖顶窝棚结构名称图

图四 赫哲族尖顶窝棚内部结构示意图

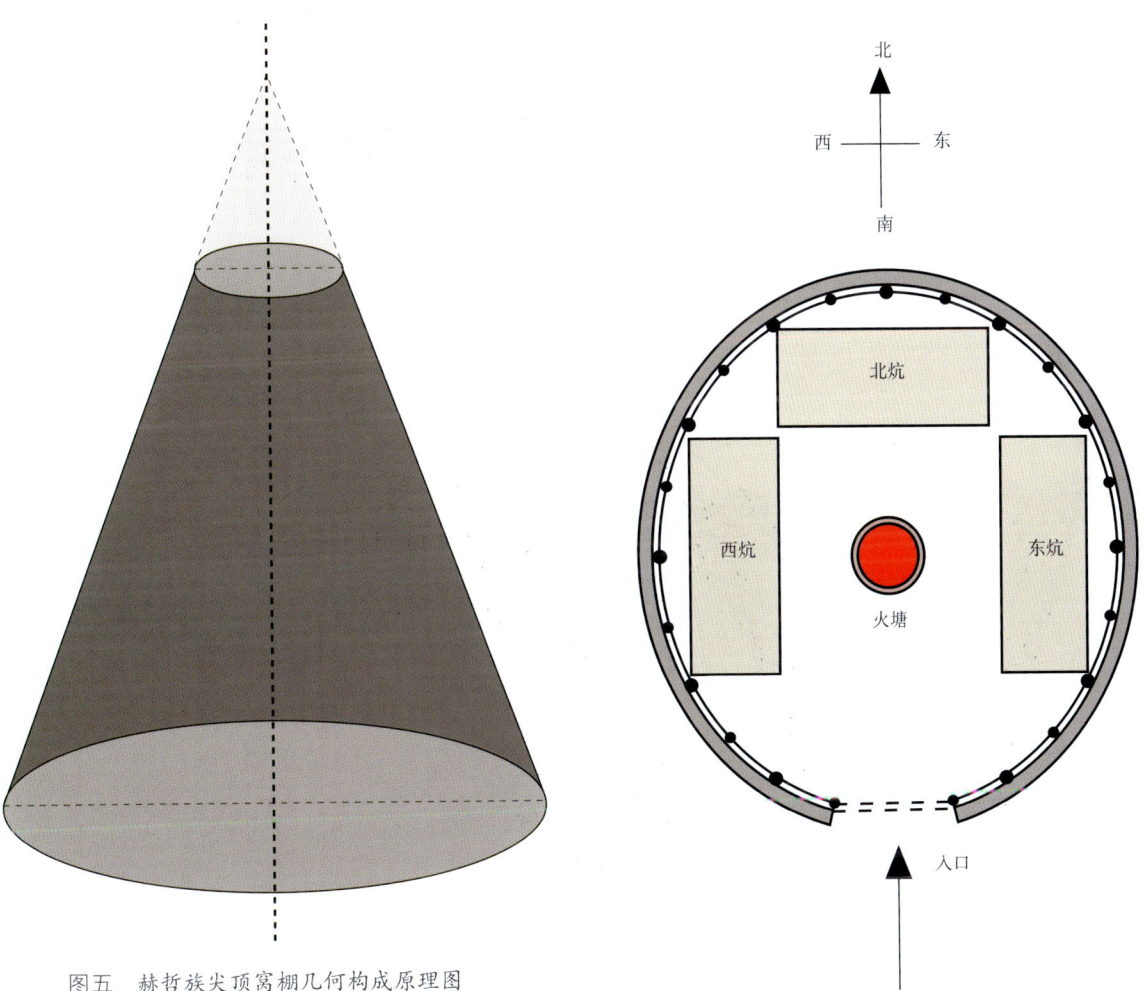

图五 赫哲族尖顶窝棚几何构成原理图

图六 赫哲族尖顶窝棚平面布局示意图

第一章 赫哲族传统建筑

仰视效果图

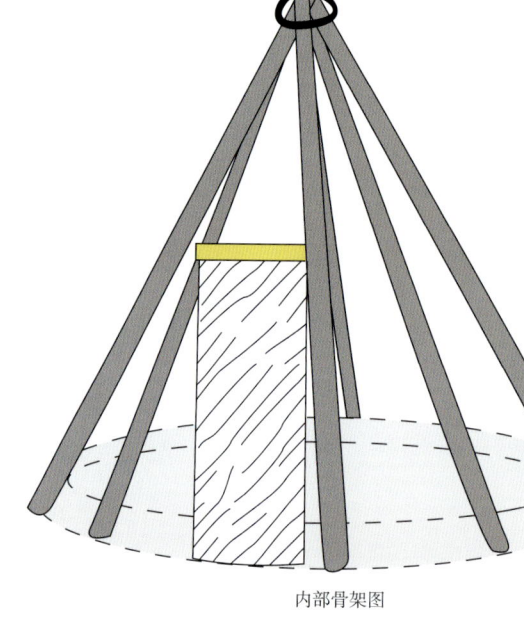
内部骨架图

图七 赫哲族尖顶窝棚内部骨架示意图

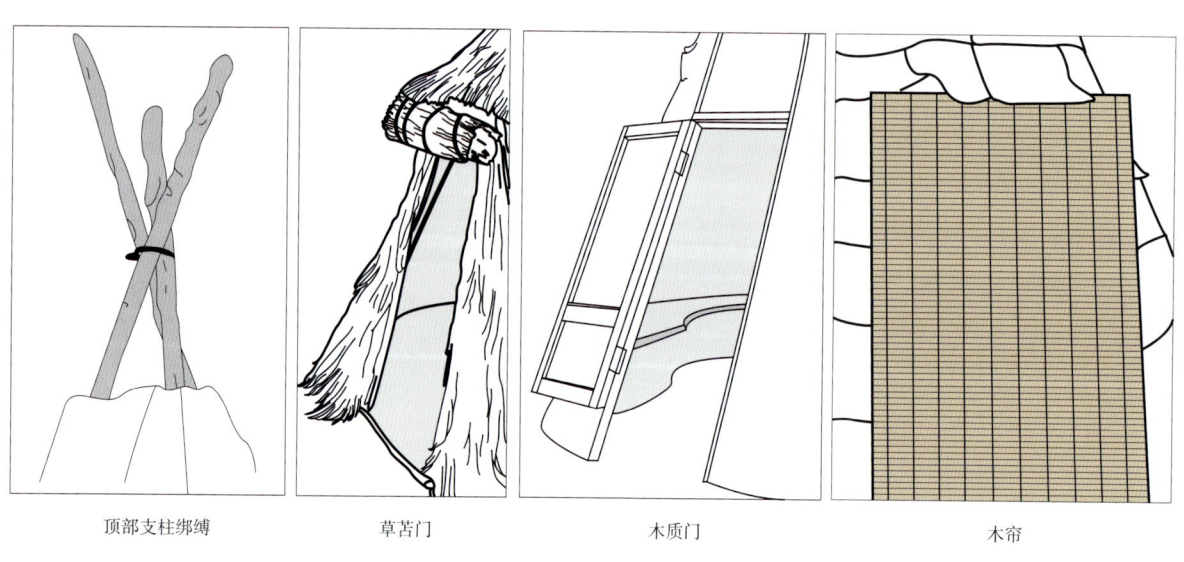

顶部支柱绑缚　　草苫门　　木质门　　木帘

图八 赫哲族尖顶窝棚局部构件分析图

图九　影视作品中的美洲印第安人营地帐篷情境图

塔尔空昂库（桦树皮窝棚）

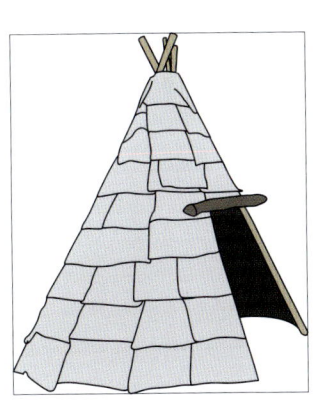

那斯昂库（兽皮窝棚）

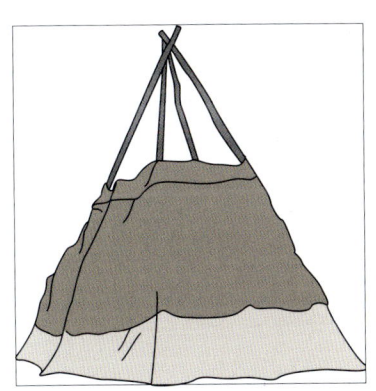

保斯昂库（布盖窝棚）

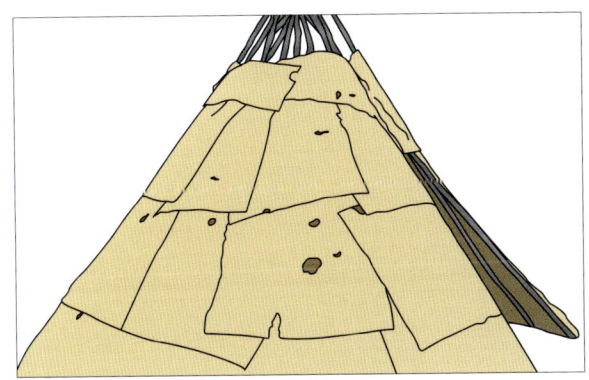

温特合昂库（杨木板锥形窝棚）

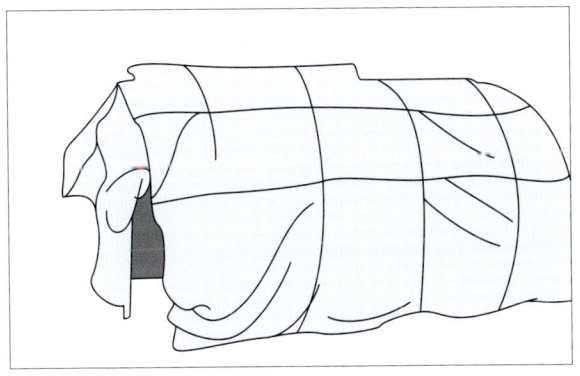

阔恩迎如昂库（圆顶窝棚）

图十　赫哲族窝棚几种样式对比图

第一章　赫哲族传统建筑

图十一　赫哲族桦树皮窝棚实景图

赫哲族小型地窖

图一　赫哲族小型地窖主图

地窖式住所，是赫哲人在冬季最常见的传统住所，小型地窖赫哲语称"胡如布"（也有人译为"胡日布"），大型地窖赫哲语称"希日兔克"，当地土语又称"地窖子"，所谓"夏天住昂库，冬天住地窖"。赫哲人通常在冬季来临时为家人越冬和贮存而建造一所不大的地窖，传统样式通常是半固定式的，兼有冬季居住和生活资料储藏的双重功能，因而建造上相对坚固、复杂。

　　赫哲人一般在深秋季节开始建造小型地窖。先是选择避风少雪、视野开阔的坡地，掘土挖成深达1米的矩形长坑，宽度视居住人口而定，没有固定标准。深坑挖好后，在四角和中间等距离竖起粗木材的立柱，四边的半截式出土墙体用稍细的木棍（土语称"木檩子"）由下而上码成，每根木檩子均用布条或皮条固定在立柱上。顶部的构件主要是与木檩子差不多的木棍（土语称"木椽子"）倾斜着密排铺架，上端与坑中竖立的立柱衔接固定，下端斜插进坑边浅土，整个顶盖形成"人"字形。顶部椽排建好后，还要铺盖树枝条、干茅草或木板，越密实越好，越厚越好。赫哲人通常还要在木椽子下沿培土压实，以防透风散热，土层厚度一般在13~15厘米。一般南向墙体留出门框，再挖出一个掩体式的坑道和向上延伸的土阶梯，供人出入。

　　与中国北方其他地区古老样式的穴居建筑一样，赫哲族小型地窖的取暖、保温原理也大同小异：利用地层内部与地表的温差来保持室内的一定温度；又利用较厚的土壤层和较厚实的草木墙体阻隔，防止室内温度过快散发。小型地窖在形制上的设计创意也十分精巧、实用：由于其顶部"人"字形斜面构造的两边下沿均接触地面，并被深埋压实，使其顶部负重能传导至地面，直接化解了顶部负重的巨大压力，使其在暴风雪的严冬季节依然坚不可摧。黑龙江流域常年深达数米的冰雪覆盖，也极少压垮这种特殊构造的小型地窖。小型地窖半地下掩体式的房屋构造，又使其露出地面的构件部分仅为一个简洁的三角锥体，极大压缩了建筑体在冬季肆虐的暴风雪中的临风接触面，减缓了建筑构件被风暴吹散卷走的可能性。排列密实的木椽斜面和同样排列成面的木檩立面，对建筑墙体起到了双重坚固作用，同时也进一步提升了室内保暖的封固密闭效果。由于小型地窖在建造上较为稳固、结实，修建后的第二年仍结实经用，仅做些维养修缮，便可继续使用一年。一般小型地窖的使用寿命在两年左右。从民国晚期起，因大量赫哲人生产生活方式的改变，黑龙江地区的赫哲人基本都住上了内地汉人常见的土坯草房和马架子房。特别是20世纪80年代以后，当地能住人的小型地窖已基本绝迹，家家户户仅有常见的冬季储藏专用菜窖。如今，为进行学术研究和旅游，在赫哲族聚集地曾建有少数类似的样本，但无论建造技术与形制造型，都远逊于图文记载中的原型。

　　赫哲族小型地窖是赫哲人在长期生产与生活实践中产生出来的关于造物方面的传统冬季民居建筑。它是赫哲人根据自己特有的冬季环境、物资条件、功能要求，在设计创意上的又一例经典案例。小型地窖是赫哲人在所聚集区域严冬季节常见的暴风雪条件下实现居所建筑两项最基本功能要求的杰作——密闭保暖与抗风防雪。它给我们的启迪是较为丰富的，即如何以最少的建材、最省的工时、最低的成本加上最精妙的构思、最合理的造型，去实现最高的性价比。

图片来源
　　图一、图二　樊进　制图
　　图三　李庆庆、单芳霞　制图
　　图四、图五、图七、图八　单芳霞　制图
　　图六　单芳霞、樊进　制图
　　图九　《赫哲族简史》编写组.赫哲族简史[M].哈尔滨：黑龙江人民出版社，1984.
　　图十　吕大吉，何耀华.中国各民族原始宗教资料集成：鄂伦春族卷·鄂温克族卷·赫哲族卷·达斡尔族卷·锡伯族卷·满族卷·蒙古族卷·藏族卷[M].北京：中国社会科学出版社，1999：前言8.

图二　赫哲族小型地窖背面情境图

图三　赫哲族小型地窖内部和外部结构示意图

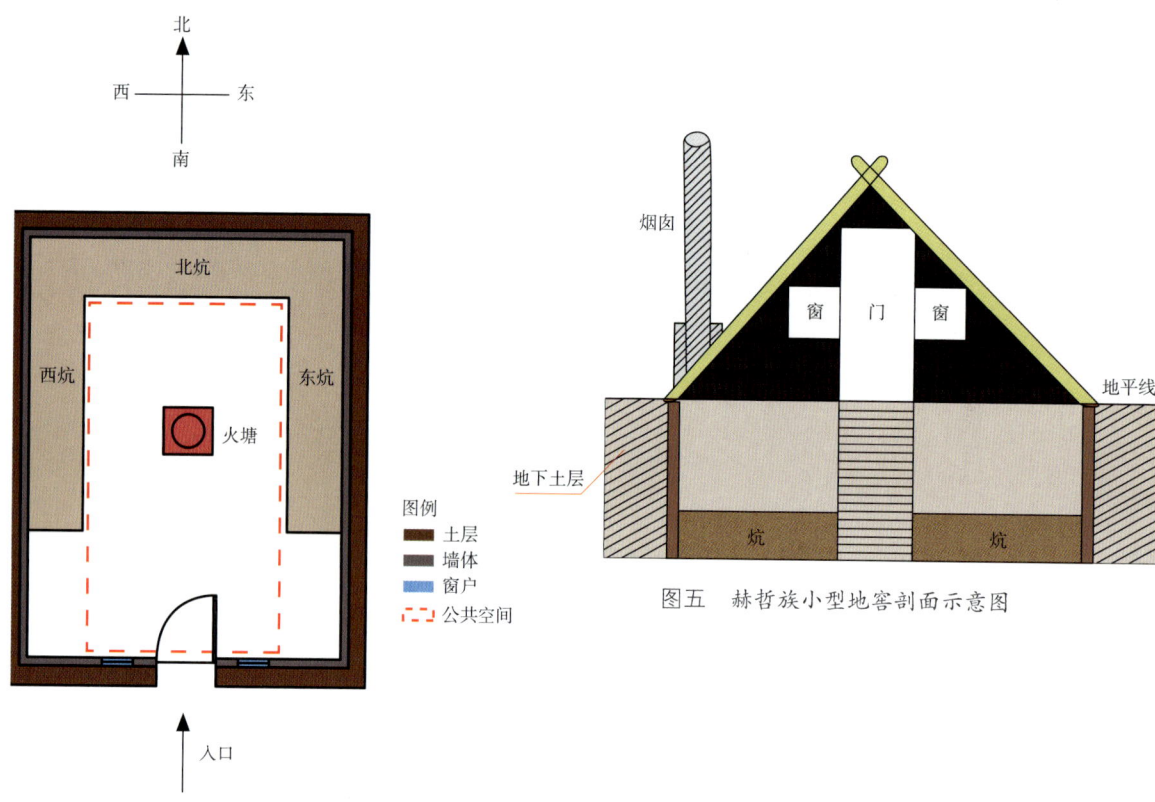

图四 赫哲族小型地窖平面布局示意图

图五 赫哲族小型地窖剖面示意图

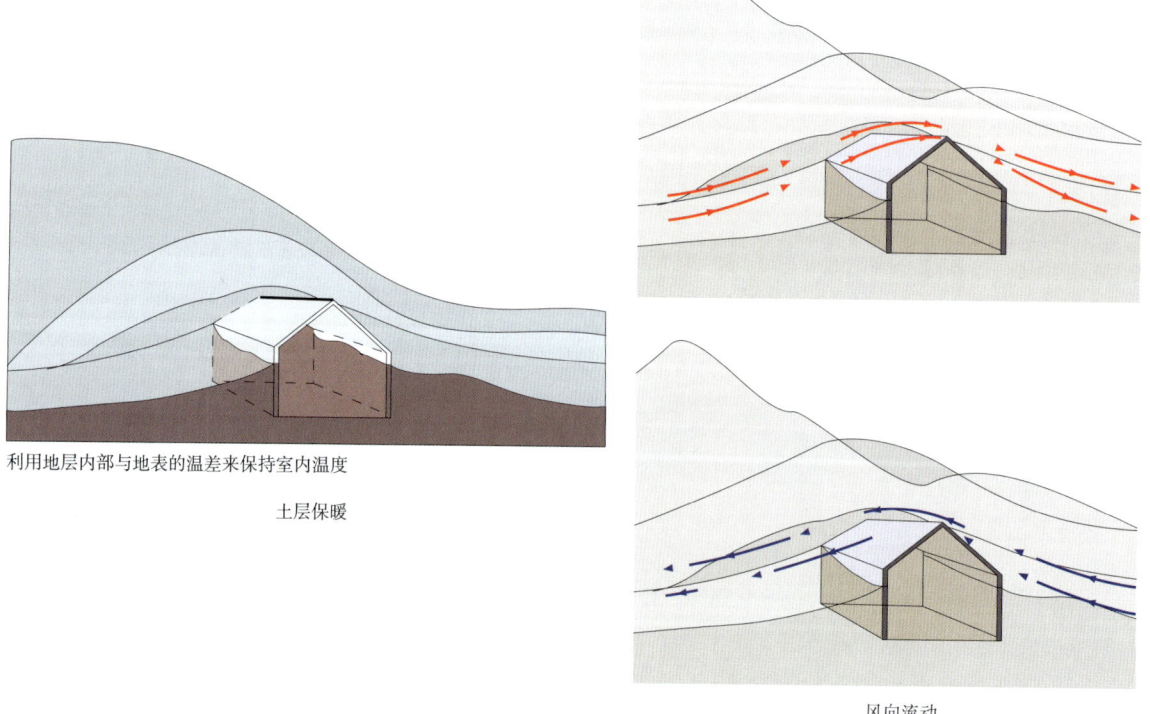

图六 赫哲族小型地窖功能分析图

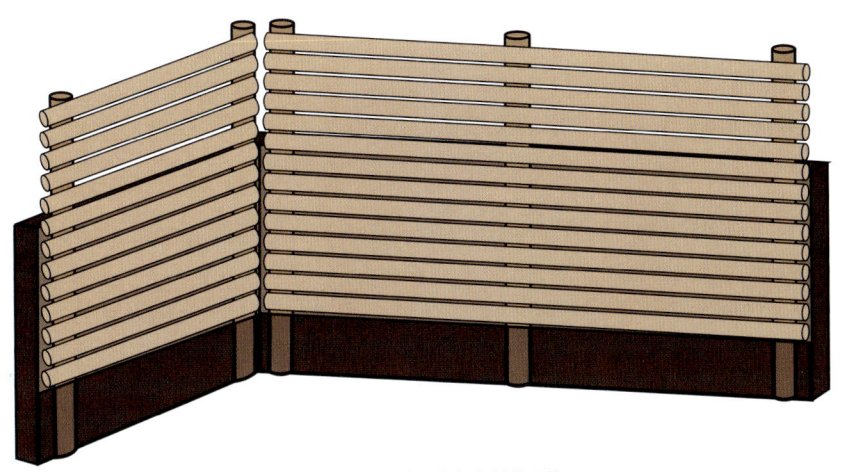

深坑挖好后,在四角和中间等距离竖起粗木材的立柱,
四边的半截式出土墙体用稍细的木棍由下而上码成

图七　赫哲族小型地窖墙面木垒结构示意图

图八　赫哲族不同形制的小型地窖示意图

第一章　赫哲族传统建筑

图九　赫哲族小型地窖实物图

图十　赫哲人居住的小型地窖实景图

赫哲族马架子房

图一　赫哲族马架子房主图

赫哲族受习俗和生产生活方式的影响，赫哲人定居民房的历史并不长。赫哲族常住的传统民房主要是马架子房、尖顶窝棚、小型地窖和大型地窖几种，其中马架子房是最常见的大型赫哲族传统居所。马架子房，赫哲语称为"卓"。因为是季节性短暂居住，马架子房所用建材和做工的传统样式都相当简陋，多用长短大小不一的树枝、树干搭起框架，用草绳、皮绳绑缚稳当，再用茅草或木片铺盖屋顶、围设墙体。通常马架子房开间较大，长宽有十数米不等（视同住人数而定），举架较高，室内相当宽敞。因过去的马架子房甚至可以把马匹、小船放进来，还可以堆放各种收获、采集物，故称"马架子房"。其内部并无隔断，屋内设施可一览无余，通常把没有门窗、较为避风的北山墙让给老弱妇孺者搭铺，东西山墙则为青壮年者搭铺，并设有锅灶等炊事用具。南山墙多为门窗处，一般不搭铺，是充当室内人员的"公共通道"区域，仅可能在窗檐下堆放杂物、工具，保持室内人员的移动或聚集以及采光、通风的充分和便利。

赫哲族先民主要从事渔猎游牧生产，不事农耕，其主活动区域常局限于江畔及林区、山区，生活资料和主食基本靠采集各种植物和水产，因此曾长期居无定所，每每随着渔汛和季节变化而四处漂泊。根据此作息特点，马架子房等赫哲族常见民房的建造设计成分多体现了"因陋就简、就地取材"的特点。每当渔汛到来，在江畔河滩找一块平坦处，再去附近林间砍伐树干、树枝，随即根据所住人口数搭建大小不一的各式马架子房。随着冬季降临，渔汛捕猎生产结束，林间采集生产也随之结束，赫哲族家族群体便迁往山区、林间避寒，需另行搭建避寒居所——密不透风的半地穴式小型地窖或尖顶窝棚，马架子房通常被就地遗弃。

东北这片清朝的"龙兴之地"在晚清弛禁后，来自山东和华北诸省的民众大量迁徙东北各地，内地汉族农耕生产与生活习俗亦不断传入三江流域。晚清起即有部分赫哲族民众转为从事农耕或手工业，其穿衣打扮、住所房屋逐渐融入当地移民社会，生活习俗亦日渐融入汉族文化。新中国成立以后，在党和政府引导、扶持下，绝大多数赫哲族民众已转为农耕和林区生产，现在赫哲族聚居区最常见民居的形制与结构，已和域内汉族和其他民族的民房基本相似，赫哲族随季迁徙的千年民俗早已大为改观。现在最寻常的赫哲族村民住房，被称为"正房"，其基本构造都是在原先马架子房的基础上逐渐发展、完善起来的。山墙多以干打垒的泥砖垒砌，向南背北，一般把门窗设置在南山墙上，一门二窗，左右对称。其他顶部（梁架与椽条及铺设物）和基础（屋柱与地面敷设材料）与东北境内乡村民居并无二致：经济条件好的红砖砌墙、黑瓦盖顶、水泥抹地；经济条件差的泥坯垒墙、茅草盖顶、石片铺底。更讲究些的赫哲人家，还进行柱头雕刻、门扇贴花、廊柱油漆等装饰。

马架子房充分体现了赫哲人传统居住方式中逐渔而居的生产特点与随季而迁的生活习俗。与农耕时代之前的汉族早期民居的造物特点一样，马架子房充分体现了赫哲族民居建筑的创意与建造特色：就地取材，建造成本较低，建造技术简单易行，功能形制利用率最高，对自然环境损毁最少。

图片来源
图一　王永强，史卫民，谢建猷.中国少数民族文化史图典：东北卷［M］.南宁：广西教育出版社，1999.
图二、图三、图六、图七　单芳霞　制图
图四　周正飞、单芳霞　制图
图五　李娜、周正飞　制图
图八　樊进　制图

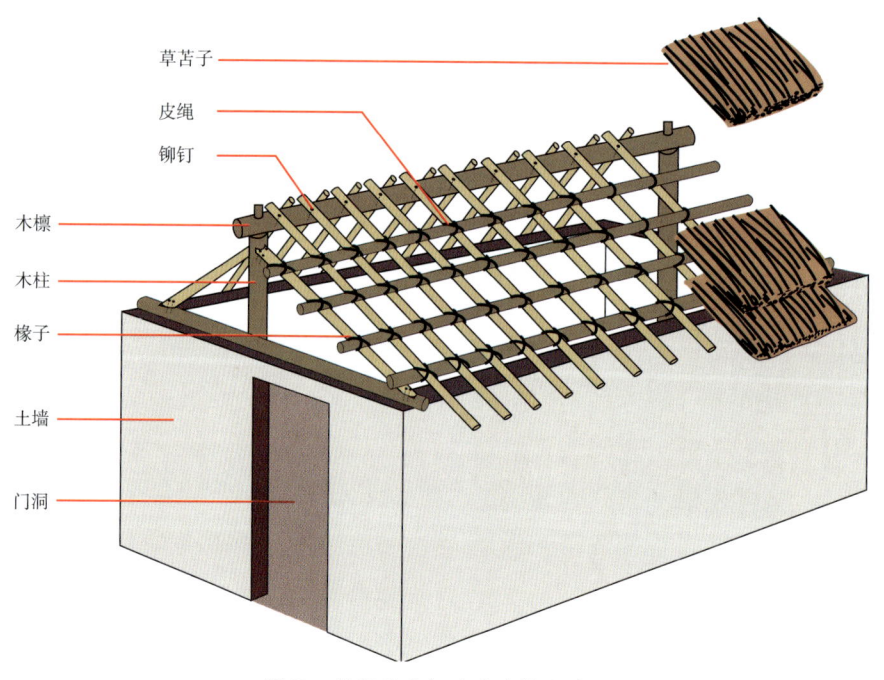

图二　赫哲族马架子房结构名称图

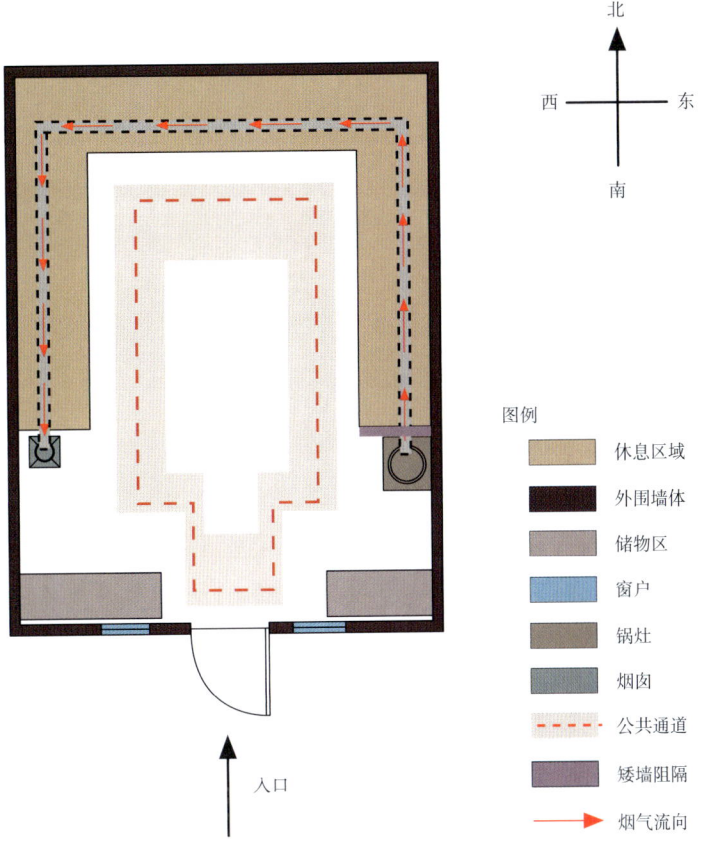

图三 赫哲族马架子房功能分区示意图

图四 赫哲族马架子房室内顶部构架示意图

第一章 赫哲族传统建筑

017

图五　赫哲族马架子房不同入口形式示意图

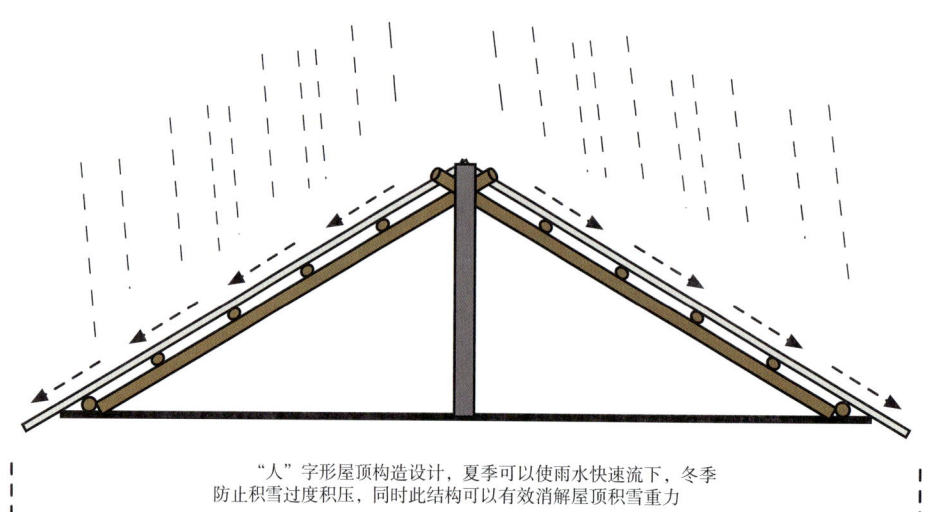

"人"字形屋顶构造设计，夏季可以使雨水快速流下，冬季防止积雪过度积压，同时此结构可以有效消解屋顶积雪重力

图六　赫哲族马架子房"人"字形屋顶功能分析图

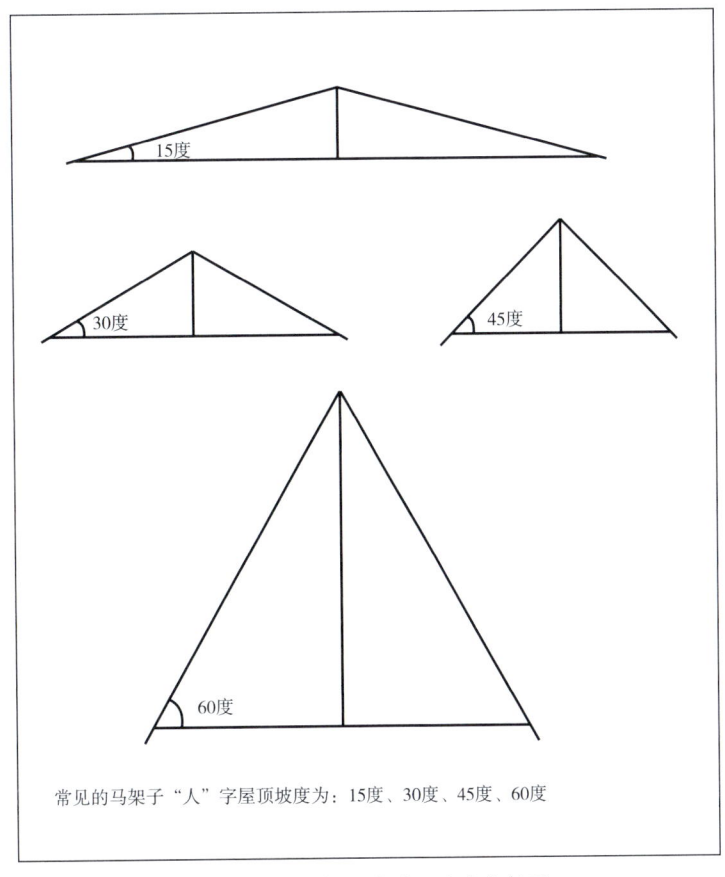

常见的马架子"人"字屋顶坡度为：15度、30度、45度、60度

图七　赫哲族马架子房屋顶坡度分析图

图八　赫哲人现今居住的正房效果图

赫哲族仓库

图一 赫哲族仓库主图

赫哲族仓库,是一种木板构建的悬空式木屋建筑,用于贮藏、存放各种渔猎产品及生活杂什物品,性质与内地汉人的库房相似。由于赫哲家庭通常在渔季要收获能基本供应全年的大量鱼肉,库房被用来充当鱼肉的主要存放空间,因此这种悬空架设的库房被当地民间称为"鱼楼子"。仓库的大小,皆因赫哲家庭的人口数量、所堆放渔猎产品及杂什物品的数量多少而定。20世纪30年代,民国学者凌纯声曾实地目测过当地仓库的大致尺寸:"高(指悬空的仓库地板离地面高度)约1.5米,长约2米,宽1.5米"。如今遗存的赫哲人家仓库尺寸要比凌纯声当年测绘的尺寸明显大一些。就常规尺寸而言,现存仓库的通高约在3.5~4米之间,通长约在3米以内,通宽约在1.8~2.5米之间,搁板平面离地约在 1.3~1.5 米之间。仓库均为四木立柱，半腰起架铺设搁板。顶部多为木板铺盖，上面再覆盖茅草，以防冰雪雨雾等侵入。仓库窄头墙壁通常留有一扇小木门，人们靠一截木梯才能俯身进入。木梯一般都是临时架设的，平时被收回到住处。看起来这种木梯的"临时性设置"主要是防止附近野兽出没而啃噬渔猎产品，也兼有防偷防盗的功能。

据本书作者亲眼所见和民国学者凌纯声实物测绘，以及印刷品、网络上的大量实物影像资料所示，无论是 80 年前或是当代，赫哲人家仓库的墙壁建材皆为木板，源自桦木、杨木、松木。而坐落北京的"民族园"中的赫哲仓库的墙壁却是枝条编结，类似内地农家的竹篱笆，这也许是个不小的失误。我们假想可能也有个别赫哲人家的仓库确为篱笆墙壁，但作为民族建筑示范样式，就应当采用绝大多数现存实物的基本样式，否则就失去了示范意义，使人存疑。何况从设计学角度分析，板材墙壁的功能远优于篱笆墙壁。就算篱笆墙壁因透气通风有想象中的保鲜防腐功能，但对于贮存鲜鱼及鱼肉制品的以高寒气候为主的赫哲地区家用仓库而言，不但要在冰雪季节防止因墙壁疏松而大量灌进冰雪，还要在非冰雪天气防止暴晒以免新鲜鱼肉迅速腐败和防止沙尘以免食物迅速污染——防晒、防尘、防盗这些更为重要的实用功能，无论如何是密闭性、牢固性极差的篱笆墙体所不能胜任的。

赫哲社会进入半农耕、半渔猎、半定居状态之后，仓库是大多数赫哲家庭居所的主要附属建筑。可以这么说，只要每一户赫哲人家的谋生手段仍以捕鱼和狩猎为主，就必然建造仓库，即便是眼下，仓库仍以砖瓦构件继续存在于许多赫哲普通民居之中，只是形态上已大为改观，多数已不再悬空，内部空间也大了许多，以放置家用杂物和闲置农机、农具、渔网、渔具等。

仓库，是赫哲人家固定式居所建筑的重要组成部分，也是赫哲民居所独有的、最富有民族特色的建筑形式之一。它的形成、演化，是赫哲族半渔猎、半农耕、半定居生活状态的直接实物例证——既说明赫哲人家仍以捕鱼、狩猎产品为主要食物来源，又说明赫哲人家已结束了祖祖辈辈随渔而止、逐鹿而迁的游牧渔猎居住方式，已进入相对固定的安居状态，由此近现代赫哲族民居建筑得以逐步发展、完善起来。

图片来源
图一　樊进　制图
图二、图三、图五、图六　刘艳斌　制图
图四　卢慧敏、单芳霞　制图
图七　樊进　刘艳斌　制图
图八　凌纯声.松花江下游的赫哲族[M].北京：民族出版社，2012.

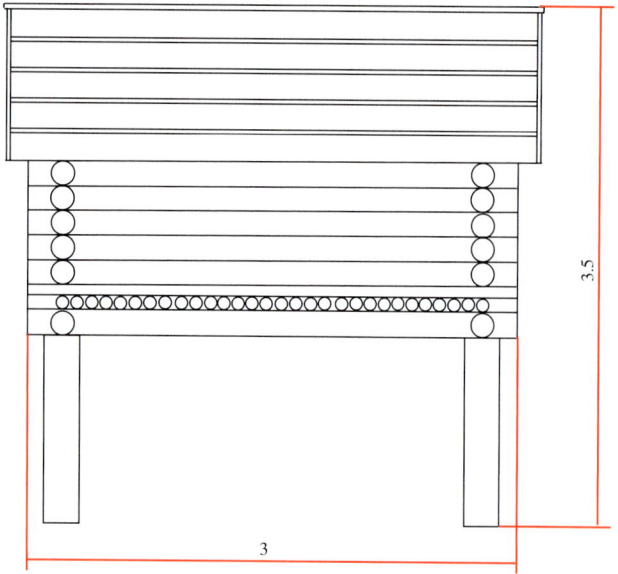
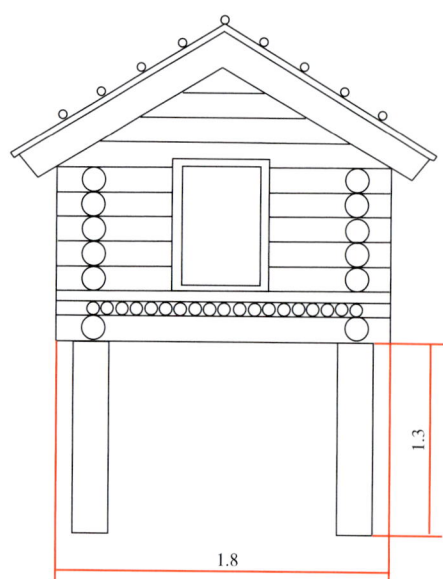

图二　赫哲族仓库尺寸图（单位：m）

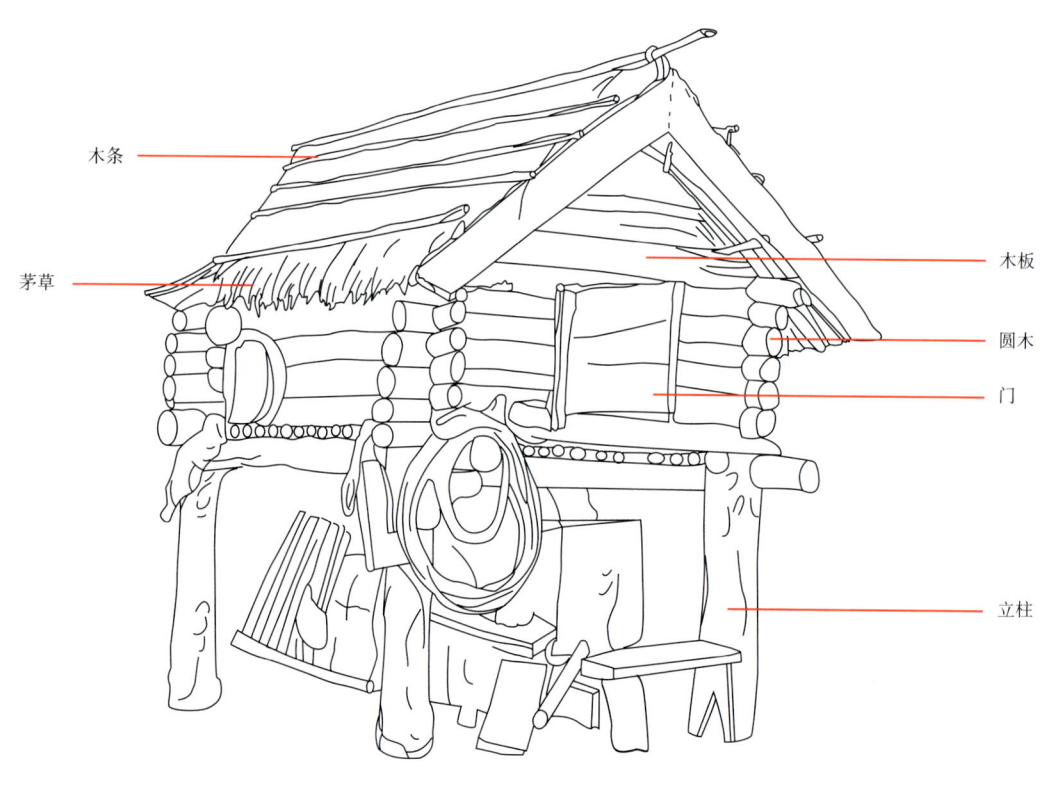

图三　赫哲族仓库结构名称图

图四　赫哲族仓库建造示意图

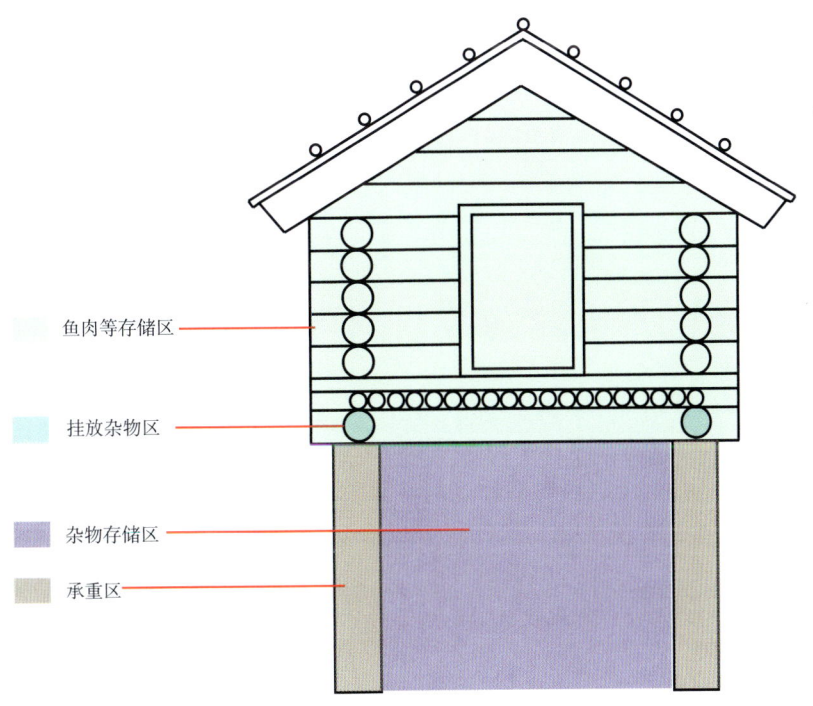

图五　赫哲族仓库功能分区示意图

鱼肉等存储区

挂放杂物区

杂物存储区

承重区

第一章　赫哲族传统建筑

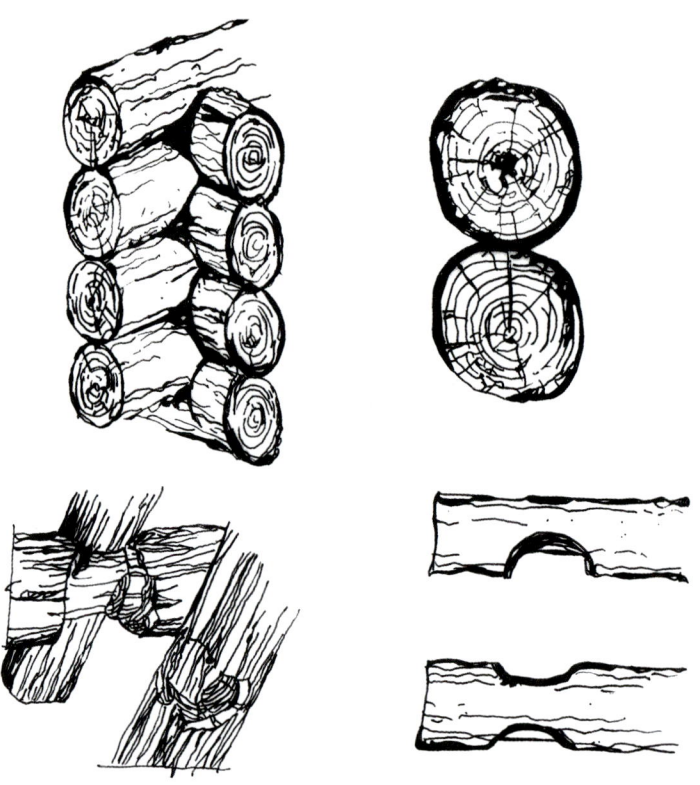

图六 赫哲族仓库侧墙木结构咬合分析图

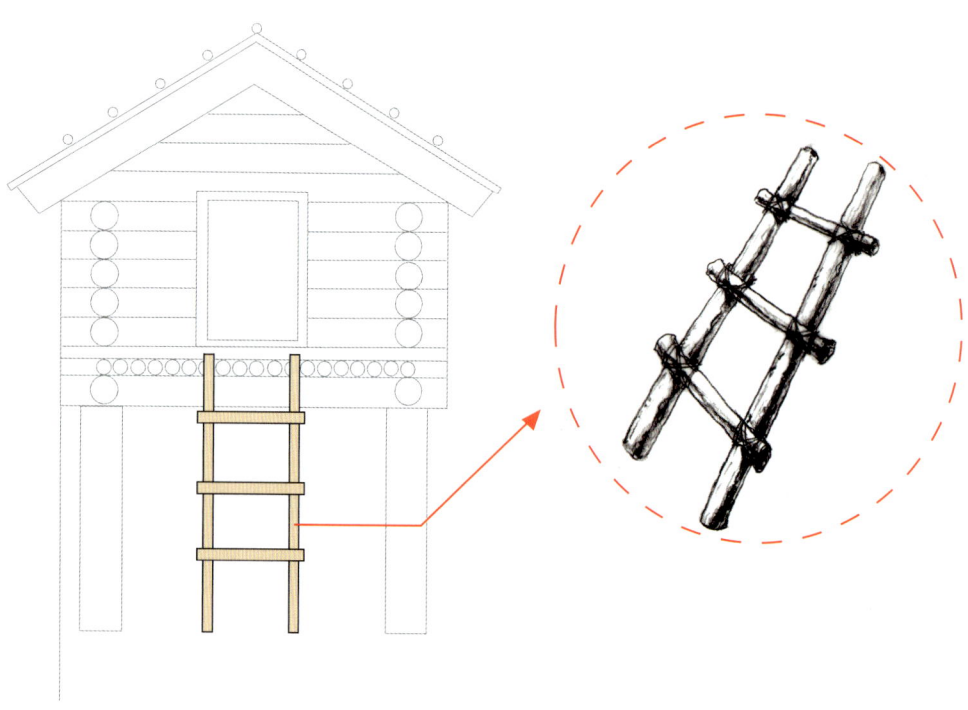

图七 赫哲族仓库攀爬用梯子示意图

下部四周围木板的仓房

晾架及屋前烟囱

图八　30年代的赫哲族仓库实物图

近现代赫哲族正房

图一　近现代赫哲族正房主图

赫哲族传统正房，是指20世纪初至70年代在赫哲族聚集地普遍流行的百姓居所建筑。它是清末民初部分定居农耕的赫哲人家过渡型民居建筑样式进一步受汉族民居样式影响的结果，仍属于改良型的赫哲族民居建筑。至30年代，大多数赫哲普通家庭所居住的由马架子房延伸而来的正房，在建筑形制、结构样式、基本功能和选材用料、木作工艺等各方面已相当接近内地民舍。其功能、建材、工艺、结构和关内汉民的民间农舍较为相似，又结合黑龙江地区特殊地理与气候的具体要求，设有各种烧火热炕与砖砌烟道、烟囱以及橱柜家具。20世纪90年代以后，关内各省的红砖黑瓦白墙民居建筑在赫哲族被广泛接受，马架子房与正房已不多见。

传统的赫哲族正房，囿于当时经济条件与技术条件，在选材上因陋就简，如墙体多为芦席铺面，再抹泥、粉刷；顶部多为茅草、油毡甚至铁皮、木板铺盖；铺砖是常见的地面处理手法。烧砖、烧瓦和玻璃属于普通百姓人家的"奢侈品"。从当时黑白照片看，赫哲族正房通常是一个通铺开间，基本没有做任何室内功能分隔，三面环设火炕通铺，一面是灶台、橱柜、神龛。后来的赫哲人家则采取里外间做法，把卧眠休憩与聚食烧火以一挂门帘分开。

近现代学者深入调研赫哲族生存状态的努力，最规范与最有成效的非凌纯声莫属。凌纯声是留法学者，在现代社会兵荒马乱的年代，以极大的勇气与智慧，深入三江流域的赫哲人聚集地，全面考察了赫哲族的生产与生活方式，也全面考证了赫哲族的人种特征、文化源头、自然环境和技术基础。凌纯声对赫哲族的考察成果，见诸他的成名作《松花江下游的赫哲族》（1934年"国立中央研究院"印制首版，上海文艺出版社、民族出版社等均进行过再版）。凌纯声以这部不朽之作奠定了现代中国"田野考察"的学术规范，还全面影响了现当代中国人类学、社会学、民俗学的调研、取证、鉴定、整理等一系列研究的学术标准。新中国成立以后，正是由于凌纯声这部书在国际上的巨大影响，使政务院在命名各少数民族名称时，采纳了他的观点，将原先有七八种称呼的该民族正式命名为赫哲族，沿用至今。然而，时隔80余年的今天，赫哲族无论在自然环境、谋生手段、居住建筑以及生活方式、风俗民情等各方面已发生翻天覆地的巨大变化。凌纯声《松花江下游的赫哲族》一书中图文展现的20世纪30年代的赫哲族各门类生产工具与生活用具以及居住、交通器具，仅存十之一二。很多精彩的事物，如服饰、图案、裘皮、桦木制品、狩猎器械、兵器、神器、偶像等，今天已荡然无存。尤其是居住建筑的变化，几乎是根本性的颠覆，即便是凌纯声当年详尽考察的像马架子房这样的由渔猎迁徙向农耕定居转换的过渡型居所，也早已被一如内地的汉式民居基本代替。

凌纯声在赫哲地区考察的20世纪30年代，是东北社会新旧事物交替转换最为剧烈的时代。从清末起到民国中期，境外移民（约30万的白俄难民、近100万日本"青年垦殖团"等武装殖民组织家庭成员、50万~80万朝鲜内迁移民等）蜂拥而至，加之关内各地（以山东、河北、绥远、内蒙古为主的省份）农民举家搬迁，大量涌入，使东北社会的方方面面迅速发生了巨变。以日俄移民为主，三江流域建起了首批矿山、电站、煤窑、铁路、冶炼厂和农场，大米等农作物也在三江流域种植成功，这些当时的"新事物"急剧加速了包括赫哲族在内边疆各少数民族原有传统社会的迅速解体。作为文明进步的代价，各边疆民族一大批传续千年的传统文明事物渐次消失。以谋生手段为例，原本赫哲人世代渔猎的基本生产方式在几十年内就基本终结，大部分赫哲百姓转而从事农耕、手工艺、矿山苦力、建筑小工等。谋生方式与消费能力的变化，也使不少赫哲人家的居住条件发生变化。

与服饰、菜式、车马一样，赫哲民居建筑的变化，直接反映了20世纪中国各民族民生社会生产方式与生活方式的根本变化。赫哲族正房作为赫哲族由传统的渔猎迁徙式临时性居住方式向农耕、手工业完全定居方式不断改良、过渡的重要实物例证，深刻揭示了赫哲地区民居建筑在自然生态环境与风俗民情不断变化的20世纪，赫哲族传统事物不断循环重复的"引进—改良—定型"的演化进程。这对于我们从"设计发生学"认识赫哲族造物环境与造物技术的基本面貌，有着很大的参照价值。

图片来源
图一　樊进　制图
图二、图四至图六　单芳霞　制图
图三　卢慧敏　制图
图七、图八　凌纯声.松花江下游的赫哲族[M].北京：民族出版社，2012.

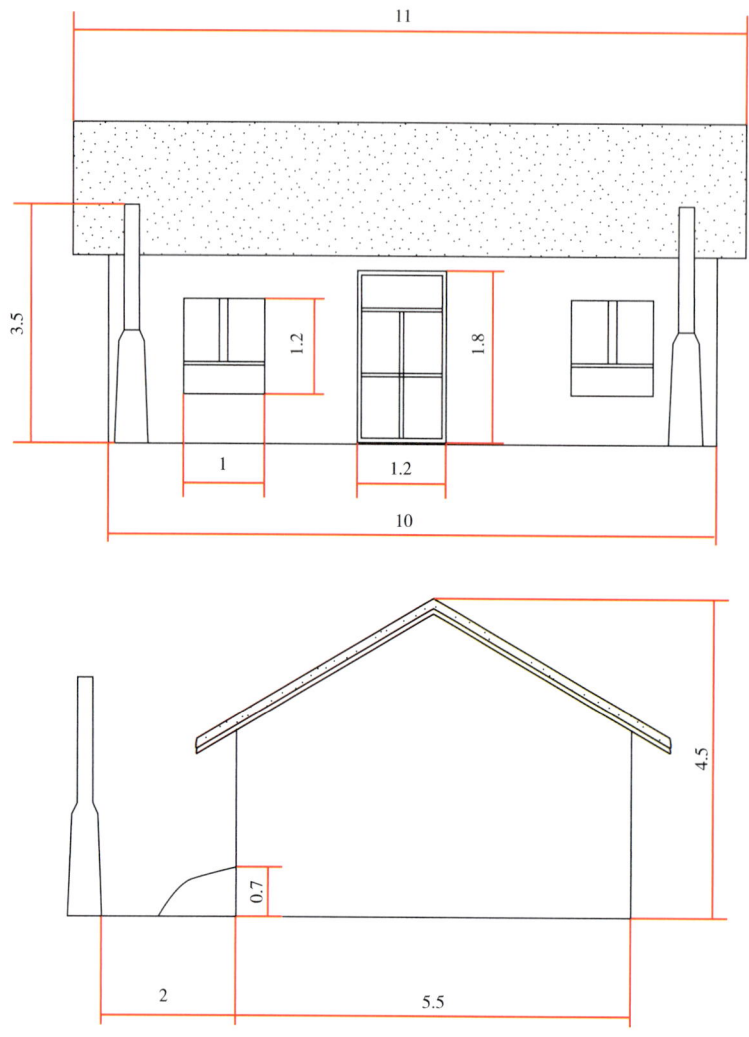

图二 近现代赫哲族正房尺寸图（单位：m）

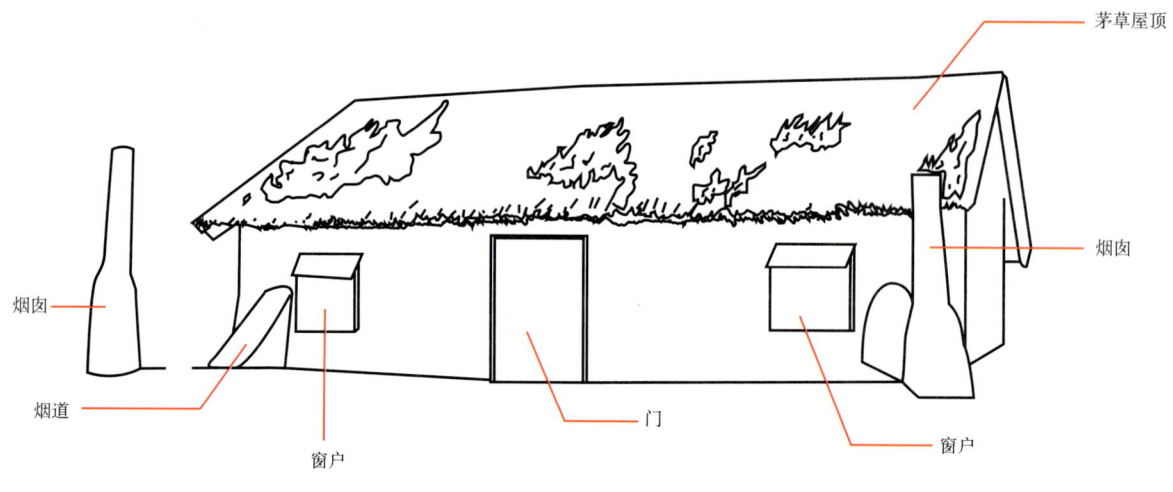

图三 近现代赫哲族正房结构名称图

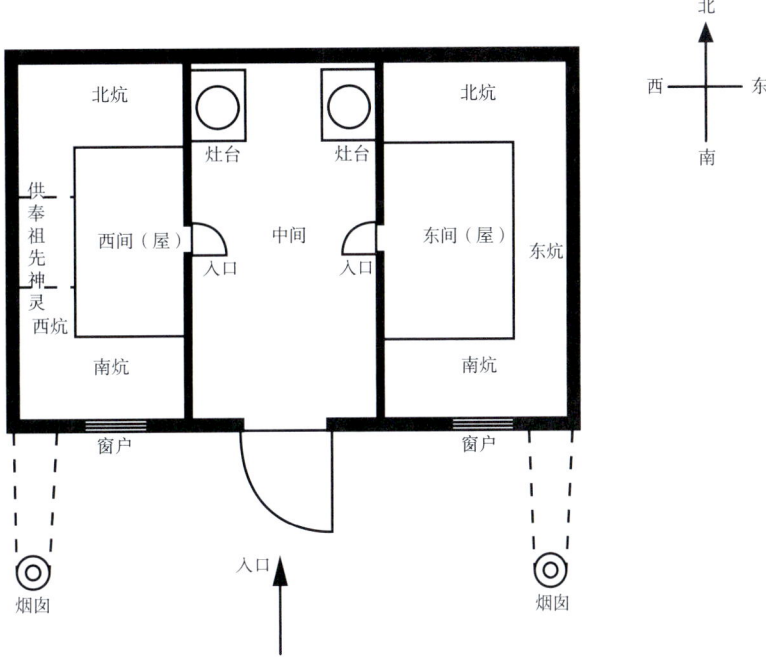

图四　近现代赫哲族正房平面布局示意图

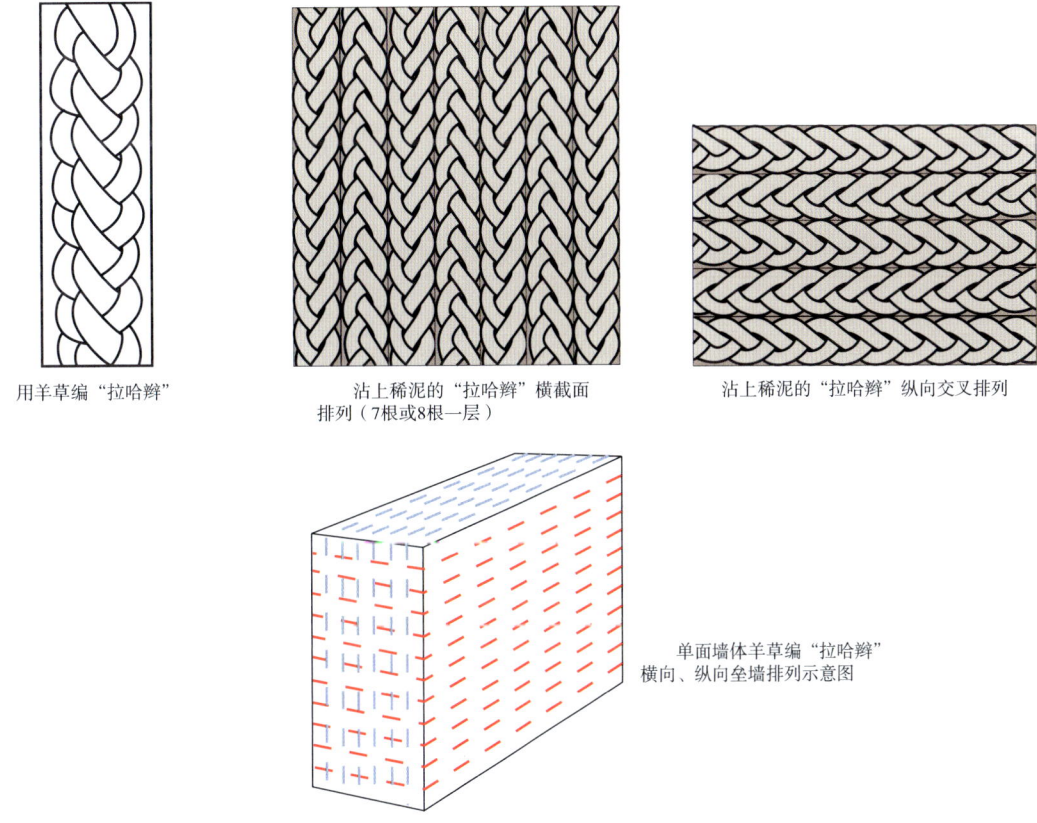

图五　近现代赫哲族正房"拉哈辫"垒墙分析图

图六　近现代赫哲族正房"拉哈辫"垒墙示意图

赫哲族住屋及仓房

赫哲族住屋及仓房

图七　近现代赫哲族正房外部实景图

炕上铺着芦席

锅及灶

图八　近现代赫哲族正房内部实景图

近现代赫哲族烧火大炕

图一　近现代赫哲族烧火大炕主图

东北地区的气候严寒，赫哲族生活的三江流域冬季最低气温可达零下四十摄氏度，因此，烧火大炕对于赫哲人来说，是最为简便、实用、不可或缺的室内取暖防寒设备。本案例大炕所在房屋，全长约10米，宽4.5米，门窗均为木制。内部共分两间：一大间为正屋，一小间为厨房。正屋的内部四周，除去开房门的一面外，其余三面均有土炕，分南炕、北炕、西炕三部。赫哲人室内生活，如饮食起居大都在炕上进行。炕上铺芦席，无椅杌，有炕几，人都盘膝坐炕上。夜间都横卧炕上，并头而卧。炕的位置有尊卑的分别：西炕为客，南炕为主，北炕为仆。西炕为最尊敬之地，招待宾客、祭神、供祖先都在西炕上。如果富户有正屋三间，则西面的一间作为上屋，为家主所居。炕与炕之间，以幔相隔。南北大炕的两端，置箱橱被褥等物。西炕上只安放尊贵之物，最上层为祖先的像及其他神位。汉、俄文化输入的花纸、画片以及精细的用具，都放在西炕上。

赫哲人在原始时代，不知有炕，现在这种土炕是由满洲输入。炕与灶在形式上虽分离，实际上系一物，灶为炕的生火处。大炕的灶常在厨下，小炕的灶则在炕旁边，仅以一板相隔。灶下生火，上可以煮食物，同时热力经过炕，再达于室外的烟囱。赫哲人不论冬夏，必须睡暖炕，否则易患腹泻等病。

赫哲族火炕内用土坯或砖砌成条形炕道，与厨房的灶台相连，热烟在道内绕行，将炕烘热。炕内的土坯由立坯与盖坯组成，立坯与盖坯大小一致。搭建炕时，一个盖坯盖在四个立坯之上，呈垂直状态，立坯与立坯之间的空隙便是走烟的烟道。盖坯与盖坯之间必须抹泥封闭严密，不留缝隙，最后形成炕面。

炕面上铺炕席，炕席多是用芦苇或高粱秸编的席子，也有的人家铺桦树皮，现在不少人家都铺上了人造革或纤维板等。炕上放有炕柜，常放在炕梢，存有衣物及寝具，一般南炕还有就餐用的炕桌等。在炕沿的下方，有一些向内凹的小槽，这些小槽是用来存放鞋子的，有时也是家中宠物栖息的地方。现在，旧式的三面连炕、老少三辈同室的房屋日渐减少，一些人家拆掉了原来住房的北炕或南炕。拆了北炕后，摆上组合家具，仍以南炕为尊；拆了南炕的人家，则摆上写字台、电视柜。有些人家在室内搭建火墙，改变了冬季单靠火炕取暖的办法。

赫哲族烧火大炕是赫哲人根据自己特有的冬季环境、功能要求，在设计创意上的又一例经典案例，与赫哲族的居住环境、气候和地理有着紧密的联系，同时也是其先民起居方式的继承和发展。现在，赫哲族家庭的火炕已经发生了很大的变化，但在赫哲族定居后的漫长时期内是具有很高的实用价值的，节能、环保、实用是对火炕的评价。它带给现代设计的启迪是深远的：赫哲族火炕是赫哲人自然的造物、淳朴的造物、平常的造物，但这种造物却让我们感到了平凡之美。火炕的美是质朴的美，是与生态环境相融的美。火炕让现代设计深刻体悟到了美与质朴的关系远比与奢侈的关系更为紧密。

图片来源
图一　黑龙江省民族博物馆
图二至图七　单芳霞　制图

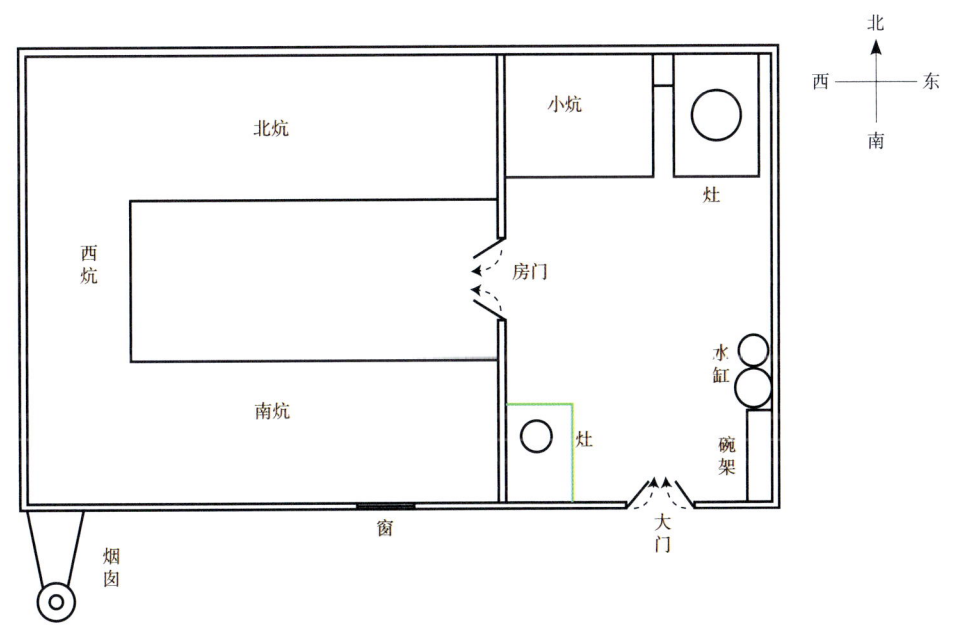

图二　近现代赫哲族烧火大炕平面布局示意图

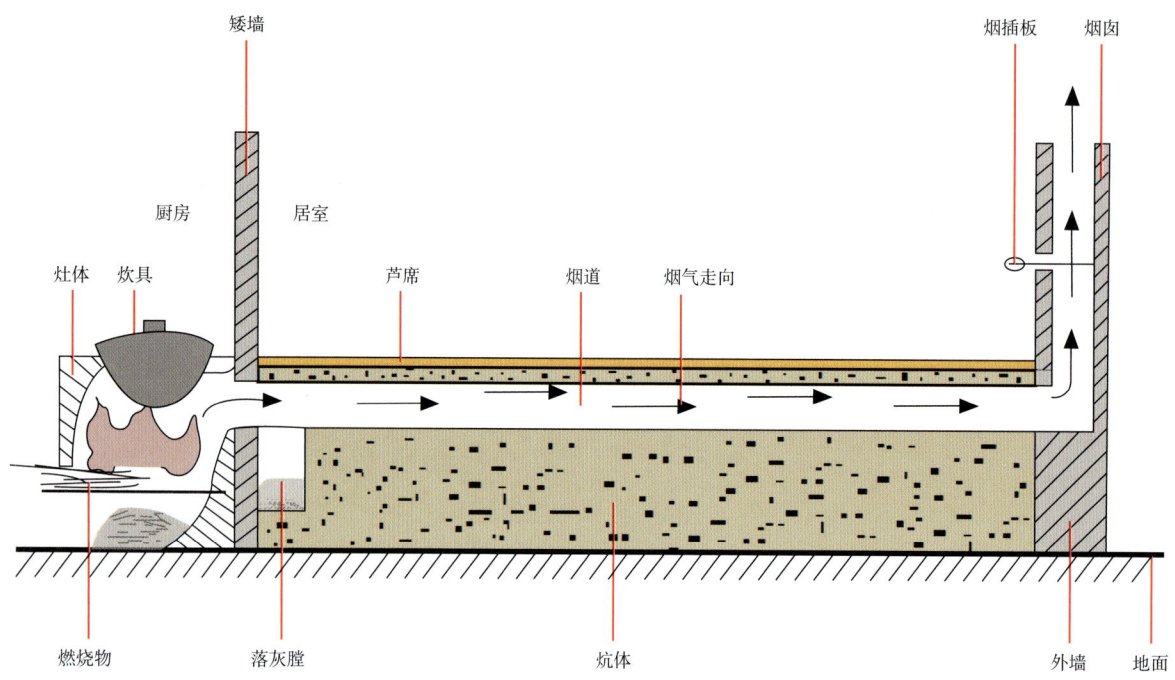

图三　近现代赫哲族烧火大炕结构名称图

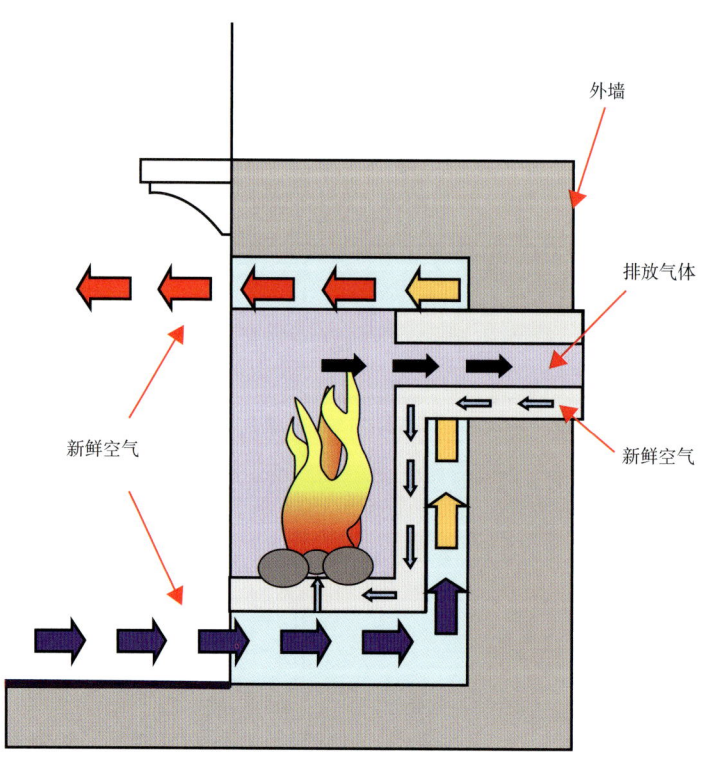

图四　近现代赫哲族烧火大炕流通原理示意图

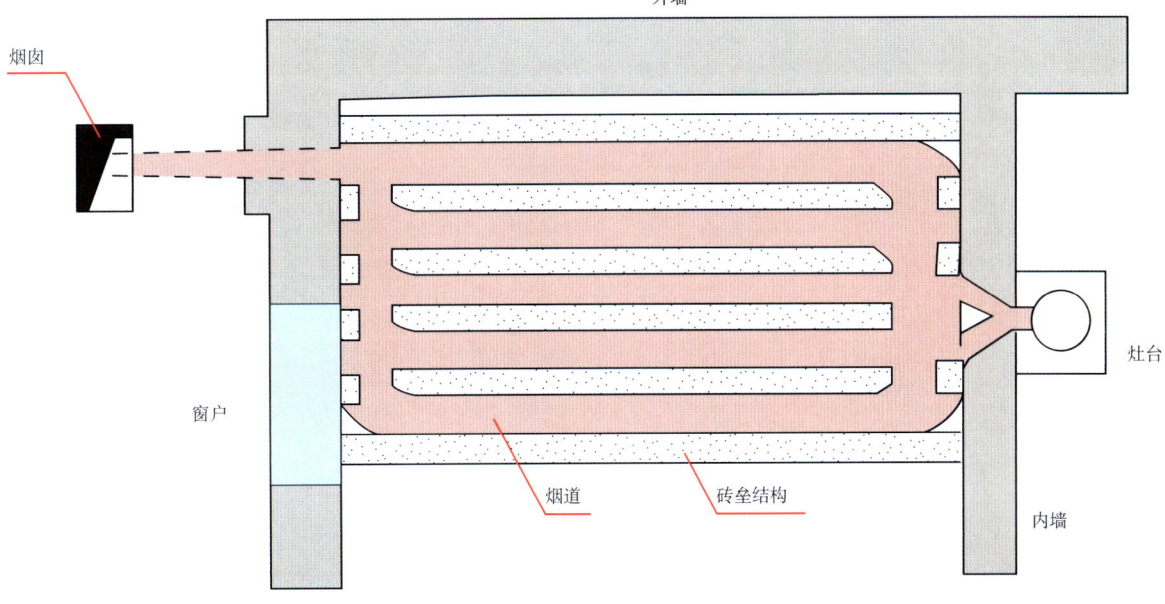

图五　近现代赫哲族烧火大炕炕道结构示意图

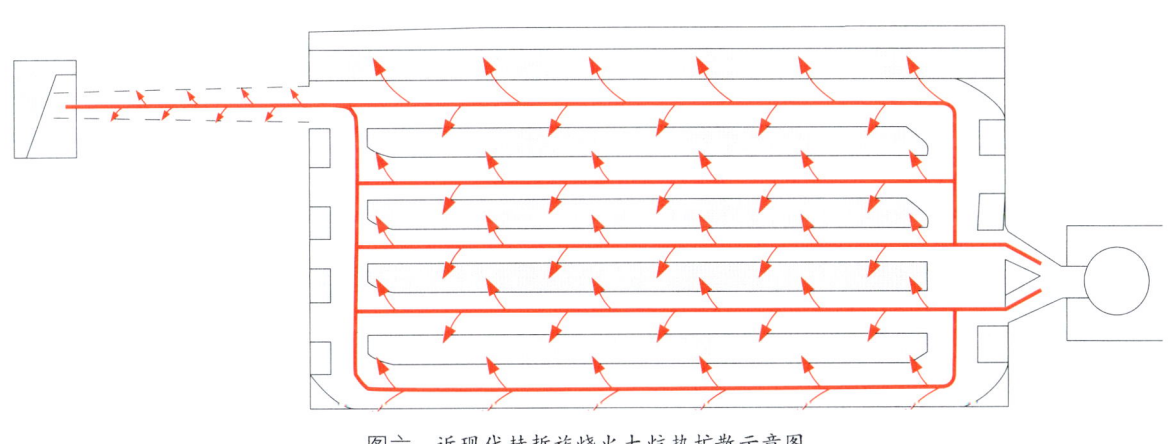

图六　近现代赫哲族烧火大炕热扩散示意图

图七　近现代赫哲族烧火大炕情境图

第二章 赫哲族传统服饰

赫哲族鱼皮服饰

图一　赫哲族鱼皮服饰主图

鱼皮衣裤鞋袜，是赫哲族传统服饰中最具有民族特色的重要组成部分，具有上千年的悠久历史。除鱼皮套裤另案单独分析外，此处赫哲族鱼皮服饰囊括与赫哲族服饰相关的所有物品，如上衣、长裤、长靴、套鞋、筒袜、绑腿、帽子、围脖、肚兜、手套、围裙以及手包、挎囊、口袋等。

穿鱼皮衣裤的民族不在少数，尤其是渔

业资源丰富的远东地区的古老民族，都有这一习俗，如中国境内的赫哲族、鄂伦春族、朝鲜族、满族等。清代民族学巨著《皇清职贡图·卷三》在论及边疆各族皆有"衣鱼皮"古风，尤赞赫哲人鱼皮衣物之华丽："衣服多用鱼皮而缘以色布，边缀铜铃（注：指赫哲人萨满舞及民族活动所佩之腰铃，已另案分析），亦与铠甲相似（注：指前后胸缀有护心铜镜）。"更早的《山海经海外东经》则记叙到："玄股之国（注：即传说中的"檀君朝鲜"，原属中国辽东地区，今为俄罗斯鞑靼海）在其（注：即黑齿国以北与赫哲族同宗之日本北部阿伊努部族）北，其为人股黑，衣鱼食鸥。"东晋郭璞补注："以鱼皮为衣也。鸥，水鸟也。"可见原赫哲族及邻近地区各族均有穿鱼皮衣物之习俗。但谋生劳作与日常生活中和鱼达到如此息息相关的密切程度，唯有赫哲族。鱼皮服饰正是在这种与鱼须臾不离的自然环境与生活状态中逐渐形成的。赫哲族鱼皮服饰，不但款式繁多，品种齐全，而且装饰华丽，纹样丰富。赫哲族鱼皮皮作工艺历史悠久、工艺精良、设备完善，一直延传至今，是现存极少数存留形态完整、制作水平较高的传统手工艺项目。

从近现代学者考证看，赫哲人制作各类鱼皮服饰用品的工艺并不算太复杂，但技艺要求较高。首先是鞣制鱼皮原材料：将刚捕捉的大鱼趁鲜开剥尽可能完整的皮张。鱼皮多选自个大体中的鱼种，如鲑鱼、遮鲈鱼、鱼鲩鱼等。狗鱼、鲟鱼之皮韧性牢度较高，故多作服饰之边饰、花样和皮绳等杂什之物。剥下的皮张平摊在篝火旁烘干，再紧裹成卷，置于长约5厘米、宽约2.5厘米的木质捶床中以木槌均匀捶打，使皮质柔软、卷曲自如。当代鱼皮鞣制不用火烤，而是将新剥鱼皮趁湿糊裱在墙体或专门立板上，待其阴干后再行捶打。鱼皮制好后，依所需款式打样裁割，再以麻线、肠线缝合而成。

赫哲族男性鱼皮衣裤皆为本色，新时银光熠熠，煞是好看，陈旧后呈瓦灰色，浮光不再；除礼俗用服外，多无缀饰花纹。赫哲族妇女所穿鱼皮衣裤多有纹样、图案，且大多经染色处理。赫哲人学会汉制刺绣时间尚短，古代赫哲人衣物纹样装饰多以裁剪贴片用麻线精心缝缀于上。染色鱼皮多以狗鱼皮为佳，色均料透，较为理想。赫哲人鱼皮衣物分常服和礼俗制服，前者多无缀饰，素底无纹；后者兼有染色、缀饰图案，并有制作复杂的随佩饰物，如铜质腰铃、鹿角帽、护心镜等。

从设计学角度分析，赫哲族传统鱼皮服饰，体现了中国人特有的传统造物设计理念中最有价值的部分，如因人造物、因材取料、因技设工、因用取势等。如因人造物：赫哲族鱼皮服饰，是完全根据赫哲族所处的地理位置、自然资源配置和赫哲族特有的生产劳作实际需要、日常生活习俗而发明和创意出来的纯实用物品，一切为了赫哲人本身的生活品质改善与生产效率的提升。因材取料：赫哲人上千年来以渔为业、依鱼为生，一辈子离不开鱼，也擅于利用一切可以利用的自然资源，不使劳动所获有一丁点浪费，包括鱼皮、鱼骨，因此才创造了鱼皮服饰这种独一无二的习俗。因技设工：赫哲人因捕鱼、吃鱼养成了各种精湛技艺，又衍生出鱼皮类的皮作手工艺、鱼骨的雕刻工艺，这些技艺转化为各种工序、工种，都是赫哲族造物技艺体系下各不同物种的分工编排和工序设置。因用取势：任何设计物的内部构造和外部形态（简称为"势"），理论上都是为了实现某种实用目的所导致。赫哲族鱼皮服饰的皮张捶制、晾晒、风干，不同服饰品种的打样、裁剪、缝合，以及根据不同部位、不同功能的实际需要创意、制作出来的各种款式和纹样，都反映了赫哲人物质与精神层面的各种实际需求，也突出了赫哲人实用、俭朴的造物特色。

赫哲族传统鱼皮服饰创意设计和制作工艺，是赫哲族在自己长期生产劳作和生活习俗中逐渐形成的民族文化事物，凝聚了赫哲族具有千年传统的民族造物思想和民族造物方式的集体智慧，是中国境内少数民族文化遗产中极少数具有原创性设计内容的经典案例，也是赫哲族引以为傲的民族文化遗产最有代表性的优秀事物。通过对传统鱼皮服饰的梳理、总结和阐发，我们可以认识包括赫哲族在内的华夏各民族天人合一、物我和谐的自然环保设计传统和因人造物、因材取料、因技设工、因用取势等一系列伟大而传统的造物设计理念。

图片来源

图一　"中央研究院"民族学研究所

图二　凌纯声.松花江下游的赫哲族[M].北京：民族出版社，2012.

图三至图七　张帅　制图

图八　王英海，孙熠，吕品.赫哲族传统图案集锦[M].哈尔滨：黑龙江教育出版社，2011：87.

图九　哈尔滨博物馆

图十　吕大吉，何耀华.中国各民族原始宗教资料集成：鄂伦春族卷·鄂温克族卷·赫哲族卷·达斡尔族卷·锡伯族卷·满族卷·蒙古族卷·藏族卷[M].北京：中国社会科学出版社，1999：前言8.

正面

背面

图二　赫哲族鱼皮女衣实物图

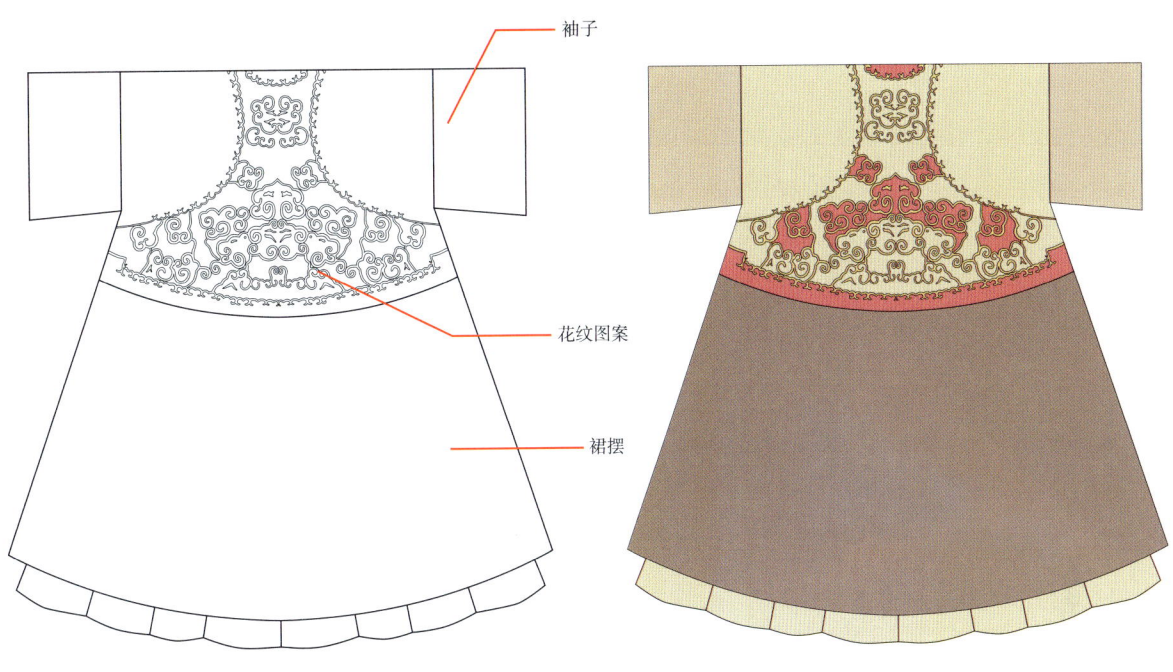

图三 赫哲族鱼皮女衣背面结构名称图

图四 赫哲族鱼皮女衣背面复原图

图五 赫哲族鱼皮女衣正面线描图

图六 赫哲族鱼皮女衣正面复原图

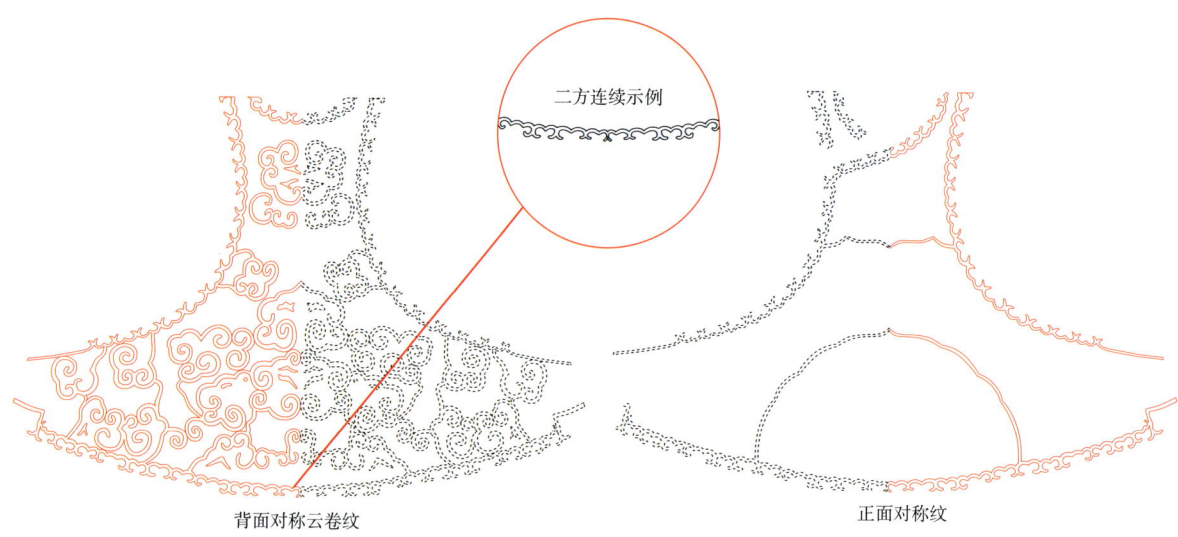

传统鱼皮衣常用二方连续的形式,结合云卷纹、水波纹形成装饰美感的图纹

图七 赫哲族鱼皮女衣纹样分析图

图八 赫哲族传统鱼皮袍示意图

图九 赫哲族现代鱼皮女衣实物图

图十 身着赫哲族鱼皮衣的老妇人

第二章 赫哲族传统服饰

043

赫哲族鱼皮套裤

图一　赫哲族鱼皮套裤主图

　　鱼皮套裤是赫哲族传统裤装，赫哲语为"乌提库"。历史上赫哲人祖祖辈辈多以打鱼为生，服饰与生活用具有很多都是用鱼皮制作而成。鱼皮套裤是赫哲人在捕鱼生产季节和秋冬寒冷季节穿着的特制裤装，长度高至胸口，腰围及裆部较为宽松。浅水区作业时穿的鱼皮套裤，一般在裤脚下端封口，如带两条皮囊状的"连鞋皮裤"，以方便渔民下水作业。陆上御寒穿戴的鱼皮套裤则如一般长裤，裤脚掩至脚踝、脚面均可。

　　制作鱼皮套裤的材料多以分布在赫哲人生活的黑龙江、乌苏里江广大流域中常见鱼种的皮张制成。这些鱼有鲶鱼、哲罗鲑或狗鱼等。相对于其他淡水鱼种而言，这些鱼皮

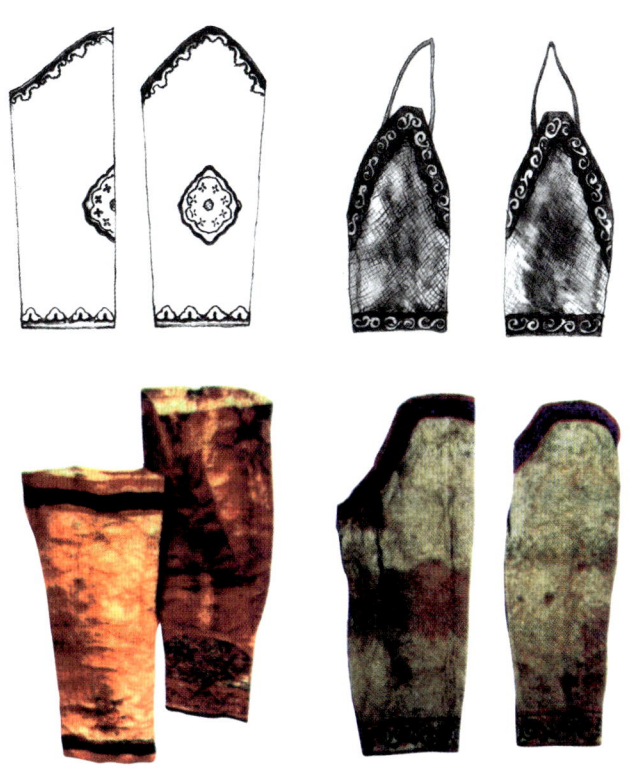

图二 赫哲族不同类型的鱼皮套裤

都比较结实，质地密致而细腻，耐磨性要优于一般常用的兽皮，如麂皮、鹿皮、羊皮等。因为鱼皮比兽皮相对轻薄，鱼皮套裤的柔韧性相对较高；尤其是鱼皮套裤在水中劳作时，鱼皮经由水浸会更加柔软、轻便，渔民穿戴较为舒适。鱼皮因没有毛孔，防水防潮的密闭性远胜任何兽皮，所以鱼皮套裤不但下水捕鱼时穿着特别适合，也可以在冬季和深秋、初春等寒冷季节穿着，既防湿也防寒。鱼皮加工成实用皮革，在工艺操作上远比兽皮简单得多，基本无需硝制，仅靠鲜剥后通风晾晒，即获适用皮张。鱼皮套裤的传统缝制方式保持着纯粹的手工艺特点：先将鱼皮完整地剥下，晾干去鳞，以木棒槌捶至柔软，再用骨针（现早已换为大号钢针）穿带鲢鱼皮线（现工艺品以尼龙线代替）缝合而成。鱼皮套裤一般做得十分宽大，穿戴者无需脱去棉裤，直接套上、缚好即可。每次穿鱼皮套裤下水使用过后，晾晒（有时抹上盐水防腐）至干燥即可折叠打包或收藏入匣。

鱼皮套裤是赫哲族最著名、最具代表性的设计案例之一，鱼皮套裤的影响也早已远远超出了赫哲渔民的生活范围。北欧高寒地区国家原住民两百年前也有类似的鱼皮套裤，也用于浅海捕鱼作业和鱼类加工现场，而且在近现代化学工业崛起之前，鱼皮套裤一直是极地附近高寒国家渔民常规的传统劳作制服。后来这类鱼皮套裤启发欧美设计师们创造了环卫工人的专用橡胶套裤，现在普及于全世界每个城市的市政环卫部门，专门提供给疏通淤塞下水管道的环卫工人使用。这个成功的设计案例表明：每个民族无论大小，都在长期的劳作与生活中表现出大量的造物智慧，不但有完全适合本民族特殊地理、气候条件的精彩异常的创意设计,而且足以为当代和未来设计师们提供有益而丰富的创意启示。

图片来源

图一　樊进　制图

图二　来源1：李庆庆　制图

　　　来源2：王英海,孙熠,吕品.赫哲族传统图案集锦[M].哈尔滨：黑龙江教育出版社,2011：97.

图三至图七、图九　单芳霞　制图

图八　来源1：饶河政府网

　　　来源2：《民族问题五种丛书》黑龙江省编辑组.赫哲族社会历史调查[M].哈尔滨：黑龙江朝鲜民族出版社,1987.

　　　来源3：李娜　制图

参考文献

王伯敏.中国少数民族美术史[M].福州：福建美术出版社,1995：96、101.

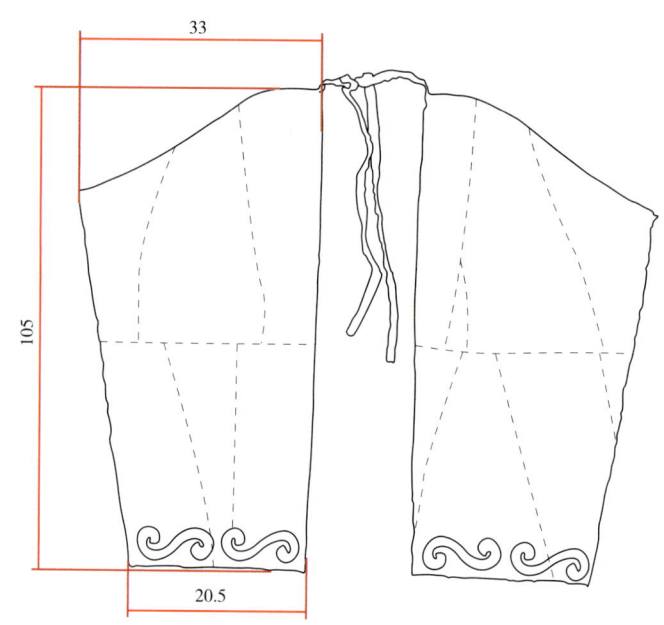

图三　赫哲族鱼皮套裤尺寸图（单位：cm）

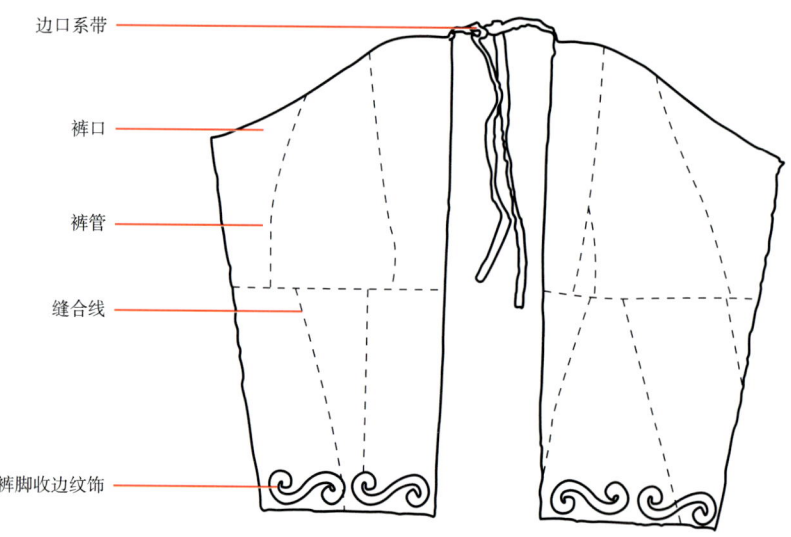

图四　赫哲族鱼皮套裤结构名称图

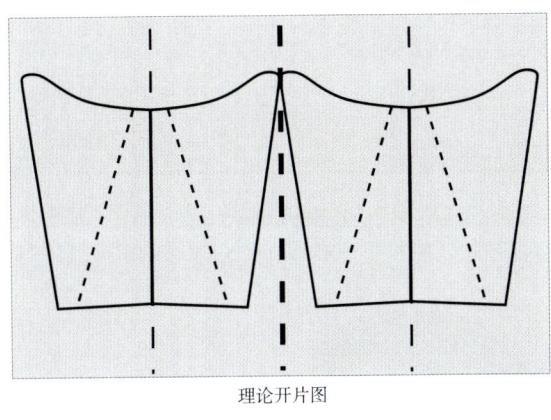
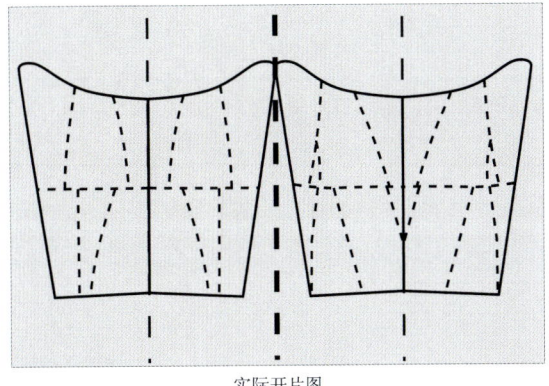

理论开片图　　　　　　　　　　　　实际开片图

图五　赫哲族鱼皮套裤开片示意图

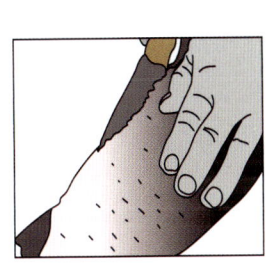  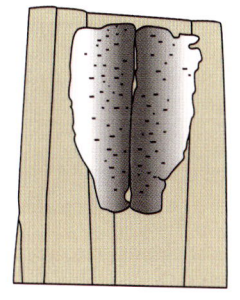

（1）将整条不刮鳞的鱼，先用刀等刃器顺鱼腹竖向划剥。须只穿透鱼皮，且不刺入鱼肉　　（2）用一只手拽住鱼头、身、腹相接处的鱼皮一角，另一只手把木刮刀伸进皮肉之间，从头身相接处到尾鳍之前，顺次划剥　　（3）将鱼皮贴在门板等阴凉通风处晾干

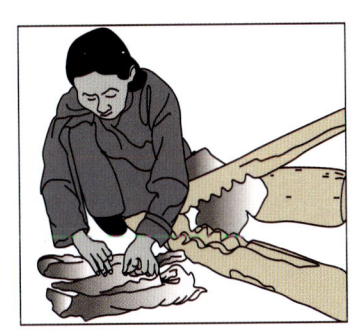  

（4）将风干的鱼皮撒上玉米面等吸油物，并卷叠进行熟制　　（5）将卷叠好的鱼皮放置在木铡刀下熟制，另侧一人压刀，上下反复　　（6）熟制好的鱼皮经裁剪后缝制

图六　赫哲族鱼皮套裤制作工序分析图

图七　古代赫哲族锤制鱼皮情境图

鞣制鱼皮的木铡刀

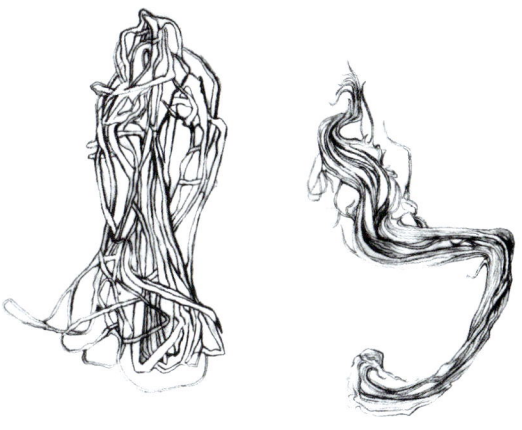
缝制使用的鱼皮线和鹿筋

锤制鱼皮的工具"空库"

图八 赫哲族制作鱼皮套裤使用的工具材料

图九 环卫工人穿着皮套裤在城市下水道清淤情境图

第二章 赫哲族传统服饰

赫哲族靰鞡

图一　赫哲族靰鞡主图

靰鞡属于一种高腰皮靴，是介于底帮鞋与长筒靴之间的冬季常规用鞋，中国东北各少数民族地区都十分流行。赫哲族靰鞡主要以兽皮与鱼皮为原材料，且在造型、功能与穿着方式上略有变化，使之更加适应赫哲人冬季户外活动的具体需求。

靰鞡是赫哲人在冬季几乎所有户外生活必备的服饰物品，赫哲人也长期自行制作或创意各种不同形制、满足不同需求的各种靰鞡。其中鱼皮靰鞡就是赫哲族独创的特色靰鞡。赫哲族鱼皮靰鞡，赫哲语称为"温塌"，多用熟好的各种鱼皮制成。所谓"熟好"，是赫哲族专门处理鱼皮皮张的鞣制手法：先将新鲜大鱼的鱼皮当场开剥，以鱼刀刮去残留肉屑余渍，然后糊裱于光顺板壁，或摊晒于平坦地面，让其晾干，最后再将晾干的鱼皮卷成一束，置于木质捶床中用木槌均匀捶打，使其软化舒展。这样处理后的鱼皮即可用以制造鱼皮制品了，不仅是靰鞡，还可以制作各种服饰、餐饮具、日杂用具和工具等。赫哲族鱼皮靰鞡所用鱼皮，大多选用松花江、乌苏里江和黑龙江常见的大型鱼种，如怀头鱼、哲罗鱼、细鳞鱼、狗鱼等。鱼皮靰鞡的结构分鞋身、鞋脸、靴筒三部分，鞋身前端和鞋脸衔接处呈半圆形抽褶缝合，再用较薄的鱼皮，通常用柔性更好的狗鱼皮，缝接约30厘米长度的靴筒，最后扎口、穿绳，鱼皮靰鞡就制作完成了。穿着时，一般先垫上乌拉草或猪鬃草，脚上套好狍皮筒袜，然后再穿上靰鞡，收带扎紧，以防风雪灌进，便可以出门了。鱼皮靰鞡最大的优点是比兽皮靰鞡更加轻便，而且不打滑、不磕绊，这在冬季雪地泥泞处行走尤为重要，但是下脚须留心，不能直接踩明火或踩坚硬的石块、木片，否则容易被烫坏或戳破。

一般赫哲人冬季日常穿着的仍是各种兽皮靰鞡。古代赫哲族谋生以夏季捕鱼、冬季狩猎为主，不事畜牧业，因而赫哲族传统靰鞡没有满族、蒙古族、鄂伦春族、达斡尔族那种常见的畜皮靰鞡，而是清一色用狩猎所得的各种兽皮制造靰鞡，如麂皮、鹿皮、狍皮，甚至熊皮、狼皮、虎皮等。赫哲族兽皮靰鞡都是光板向外，毛层向内，内侧的兽毛比满族靰鞡里垫进乌拉草更加保暖防湿，与脚部皮肤的接触更加柔顺吻合。

纬度相似、同属高寒地带的西部北疆地区，自古也有类似靰鞡的鞋子，主要是外迁入境的高加索各游牧民族和后来的突厥人等。这类皮靴在外形上没有脚背的环状穿孔鞋带系扣，为防风防沙防寒，在脚踝、靴口两处直接扎绳系紧。这种古代少数民族所制皮靴的原材料也没有鱼皮，多用兽皮、畜皮，甚至用当时仅少数民族特有的毛毡一体化模制，无缝、无带，亦称"毡靴"。为增强防寒防湿功能，其内部一般不垫草，而是将脚部用布片或皮张紧裹，再套上毡靴。汉魏之际，西域少数民族的这类皮靴已传入中原，至唐宋时，已蔚然成风，无论是朝堂之上，还是市井之中，人人穿靴，成为古代标志性的鞋履样式。

赫哲族靰鞡，无论是兽皮靰鞡，还是鱼皮靰鞡；无论是外族引进型，还是本族自创型，其普及与流行原因都是根据本民族所处自然气候特殊需要而实现的。与赫哲族创意、制造的其他生产工具与生活用品一样，赫哲族在吸收其他民族优秀文化成果和承传本民族优秀文化传统方面，有很多可资借鉴之长处。这个优点本身就使赫哲族在华夏民族这个大家庭中，虽人数较少，却拥有悠久历史和独特的民族特征，在海内外都拥有巨大的影响力。

图片来源
图一、图五、图八　"中央研究院"民族学研究所
图二至图四、图六、图七　单芳霞　制图
图九　来源1：哈尔滨博物馆
　　　来源2：饶河政府网

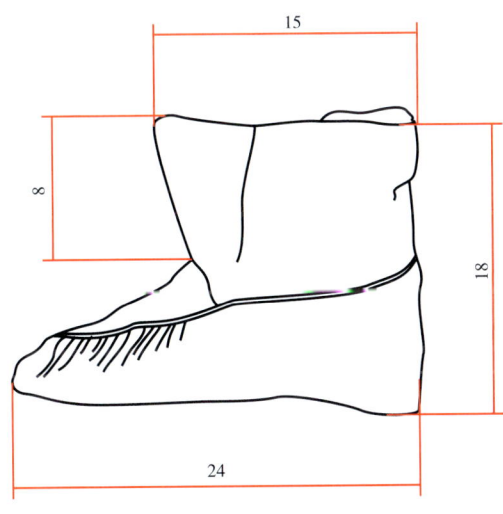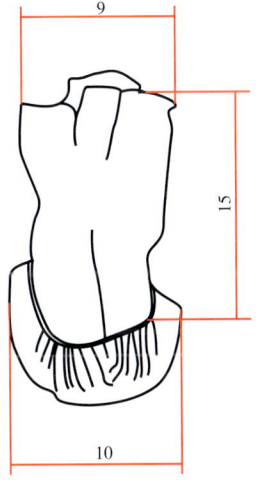

图二　赫哲族靰鞡尺寸图（单位：cm）

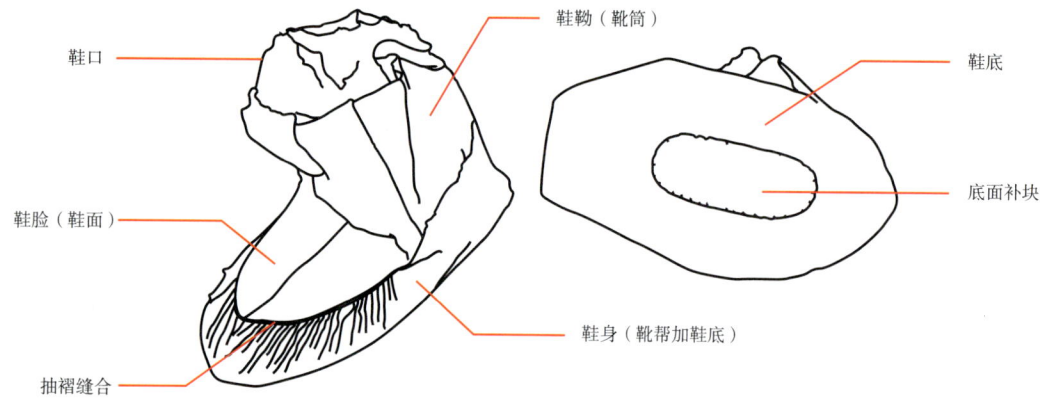

图三　赫哲族靰鞡结构名称图

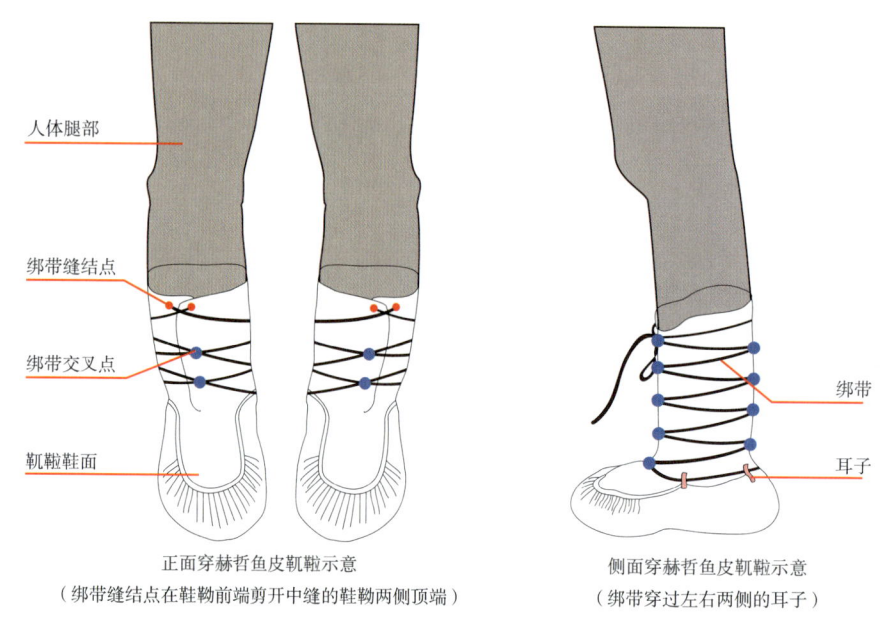

正面穿赫哲鱼皮靰鞡示意
（绑带缝结点在鞋勒前端剪开中缝的鞋勒两侧顶端）

侧面穿赫哲鱼皮靰鞡示意
（绑带穿过左右两侧的耳子）

图四　赫哲族靰鞡穿着解析图

图五　东北三宝之一的"乌拉草"实物图

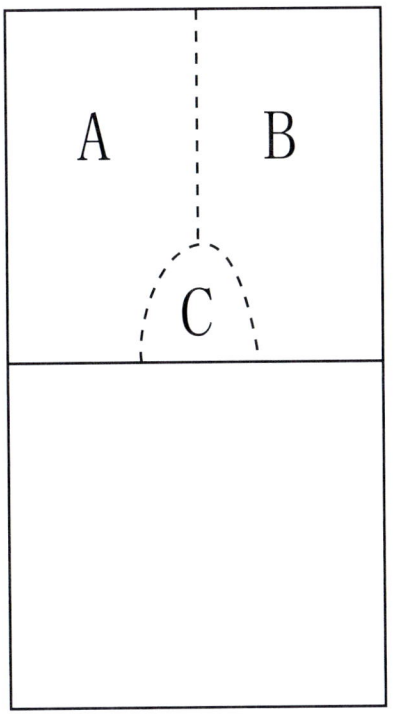

剪裁方式：鱼皮靰鞡的底与面一皮连做，在鱼皮的一端中间剪一条缝，再剪一个半圆，以A、B两块互叠，C块搭在上面作为鞋跟，鞋头把鱼皮转折叠缝在鞋盖上做成，另用一张鱼皮缝在皮鞋上制成鞋筒

图六　赫哲族靰鞡裁剪示意图

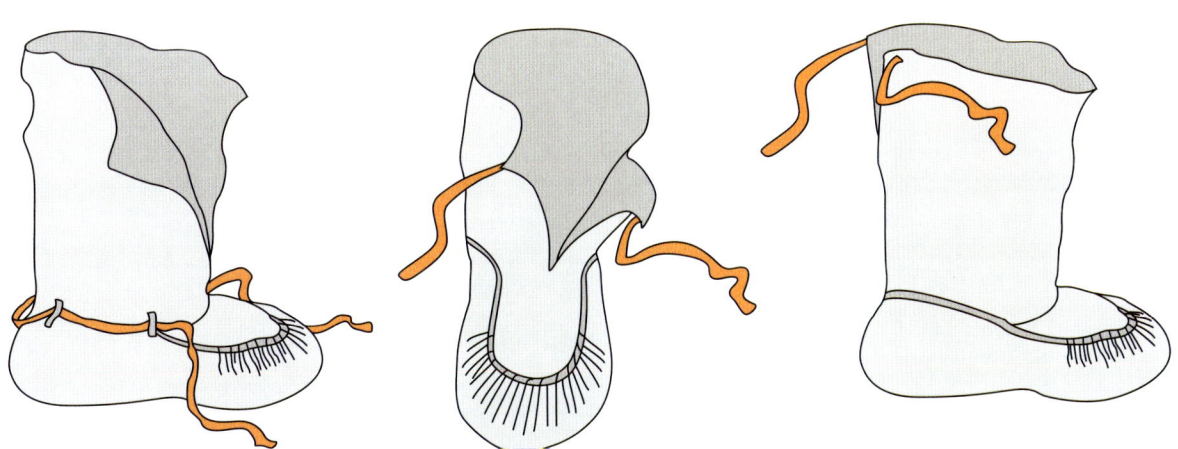

用细皮条或麻绳穿过左右两侧的耳子，作为绑带系在脚踝处　　　将细皮条或麻绳缝在鞋靿前端剪开中缝的靿两侧顶端，穿好鞋后进行绑系　　　将细皮条或麻绳缝在鞋靿后端剪开中缝的靿两侧顶端，牢系于小腿

图七　赫哲族靰鞡不同的系带位置示意图

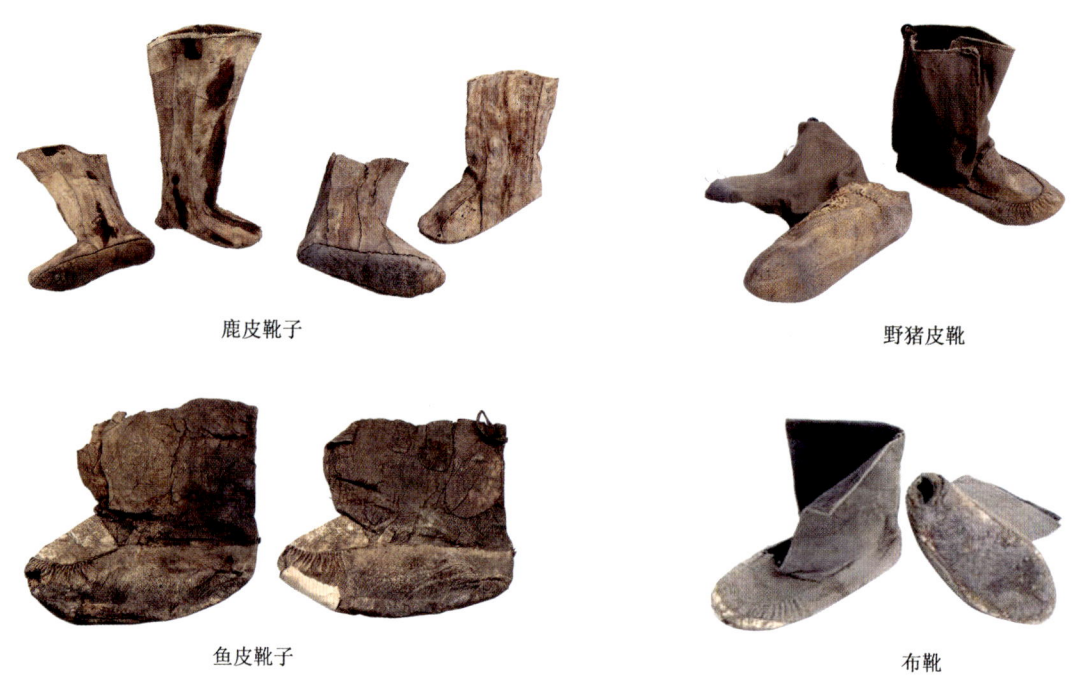

鹿皮靴子　　　　　　　　　　野猪皮靴

鱼皮靴子　　　　　　　　　　布靴

图八　不同材质的靴子实物图

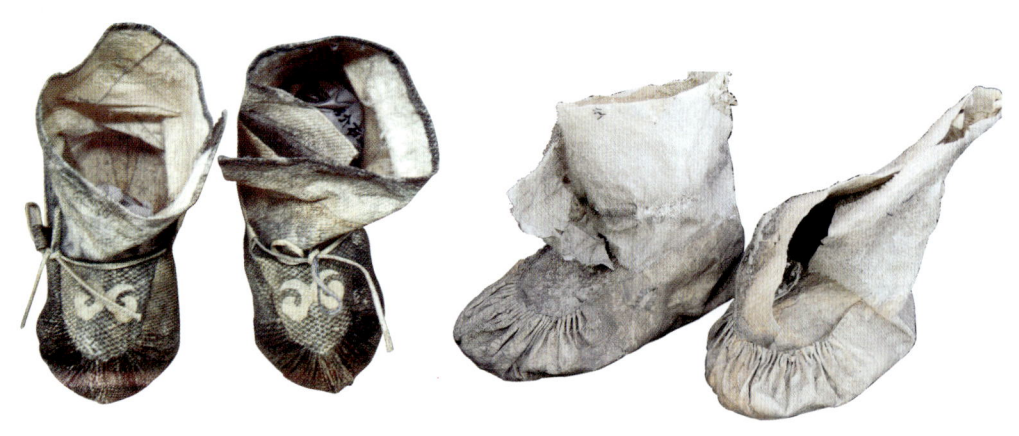

图九　赫哲族现代鱼皮靴鞋实物图

赫哲族皮手套

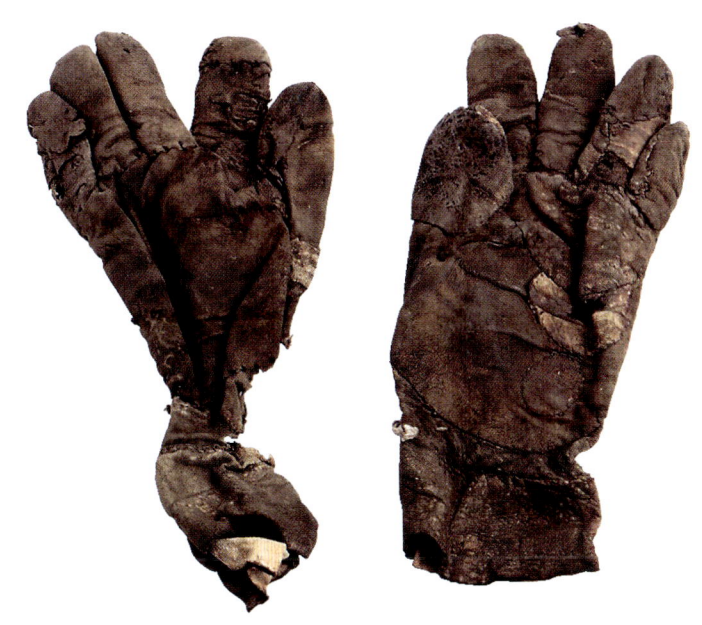

图一　赫哲族五分式皮手套主图

赫哲族传统聚居区主要集中在中国最北省份黑龙江北部边境的兴安岭—乌苏里江流域，在我国相对属于高寒地带，霜冻期通常占据全年的过半时间，因此无论是日常生活和常规生产中，人体的防寒保暖尤为重要。赫哲族民众在长期生产与生活实践中发明、制作了一系列能适应当地高寒气候的保暖用品，其中各种用途的手套，就是赫哲族传统保暖服饰用品中影响大、用途广的代表性物品。赫哲族传统皮手套按样式主要分为三大类：其一赫哲语叫"沙拉耶开依"，样式为五指分开皮手套；其二叫"瓦拉开依"，意指拇指独分、四指连体的皮手套；其三为"考胡鲁"，俗语也称"皮手闷子"，意指不分指套的暖手皮筒。

赫哲族传统皮手套所用材质多以狍皮、麅皮、鱼皮为主，近现代狗皮、羊皮亦很常见，当代山区、乡村赫哲族民众还多以棉布缝制。无论材料如何变化，其样式的基本造型和用途，仍保持着赫哲族传统皮手套的设计原型。从用途上讲，五指分开式沙拉耶开依多在冬季活动中需要手部做精细化操作时使用，如烹饪、系结、缝制、摄取。一分四合式瓦拉开依多在主要依靠掌部、臂部出力的户外生产时使用，如搬运、把持、操控等。五指不分式考胡鲁则多在冬季室内外静态休闲时保持手部温度所用，或煨火闲坐，或在庭院信步。当赫哲族、鄂伦春族、达斡尔族等关外地区的少数民族手套样式陆续传入关内后，奠定了我国清朝以来北方地区和长江流域部

第二章　赫哲族传统服饰

分地区的冬季手套的基本样式。在这三种基本样式基础上，根据各地气候和用途的差异，还衍生出各种变体样式，如江南一带冬季的绒线编织半截五指手套等。《红楼梦》中对贾府贵妇们冬季使用皮手闷子的描述也多处出现，往往还配合各种可以收在皮手闷子里并且可以反复加温使用的小型炭火手炉、暖水手壶等配套物件。

赫哲族皮手套制作工艺，一如赫哲人兽皮、鱼皮、桦皮的传统制作工艺特点，无非刀匕裁割、皮筋缝合而已，大同小异。但选材上，沙拉耶开依多用较为细薄的鱼皮、狍皮、鹿皮，以免皮张过厚影响指部操作时的灵活性；瓦拉开依则多用狍皮或羊皮，不仅要求保暖，还要具有一定的耐磨抗损能力；考胡鲁则用连皮带毛的狗皮、羊皮做皮筒子，皮毛自然是越厚越好，毛绒不但有保暖性，而且还有一定的装饰性。

很难考证完全是由赫哲人独创了这些皮手套经典样式，但可以确信无疑的是：现存的赫哲族传统系列皮手套，是中国甚至东亚地区各国同类服饰用品最流行样式的源头之一，受众广泛，影响巨大。研究它的创意设计、工艺特点和延伸发展、派生功能，是中国传统服饰的设计学研究中不可或缺的内容。通过对赫哲人传统样式皮手套的考证、研究，可以启发当代中国设计师们牢固树立一个正确观点：大众式设计的全部价值，完全来源于生产与生活实践的具体需要和实际条件；一个设计创意得以延续的生命力，也来源于针对彼时此地生产、生活内容的变化而进行设计上的持续改良与不断变通。能领悟出赫哲族传统皮手套等传统设计范例带给我们的这层启示，比设计出更多花样的手套样式会更加有价值。

图片来源

图一　"中央研究院"民族学研究所
图二　王浩滢　制图
图三至图七　单芳霞　制图
图八　张泽国　摄影
图九　王健、单芳霞　制图

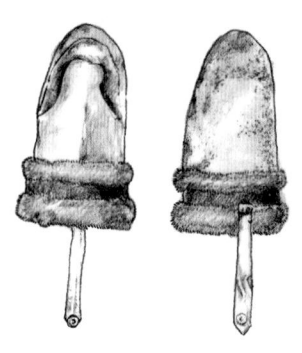
麂皮手套

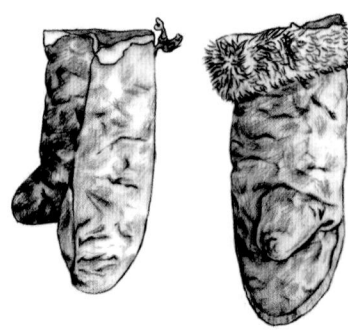
麂皮瓦拉开依

现代赫哲族鱼皮考胡鲁

图二　赫哲族瓦拉开依与考胡鲁示意图

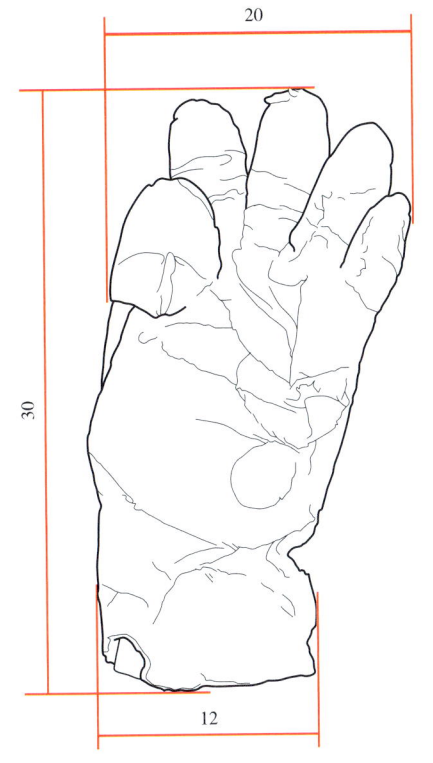

图三 赫哲族沙拉耶开依尺寸图（单位：cm）

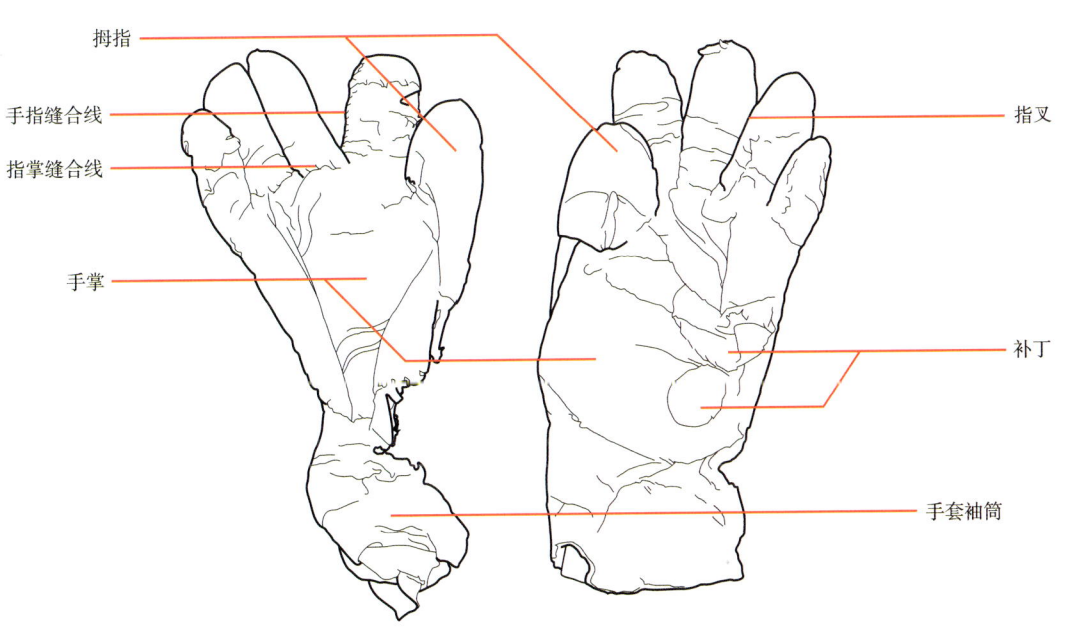

图四 赫哲族沙拉耶开依结构名称图

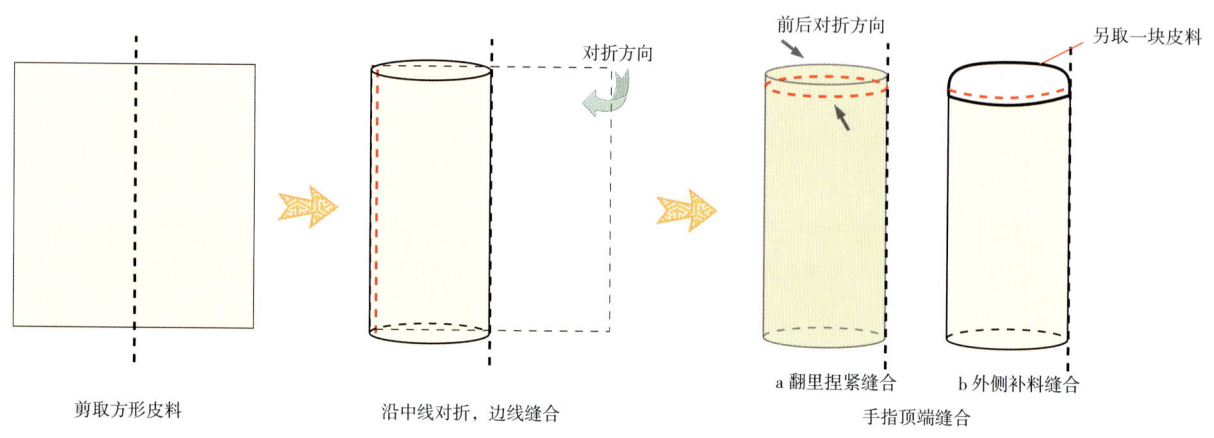

图五　赫哲族沙拉耶开依单指缝合原理示意图

图六　赫哲族瓦拉开依穿戴示意图

图七　赫哲族瓦拉开依使用情境图

鱼皮

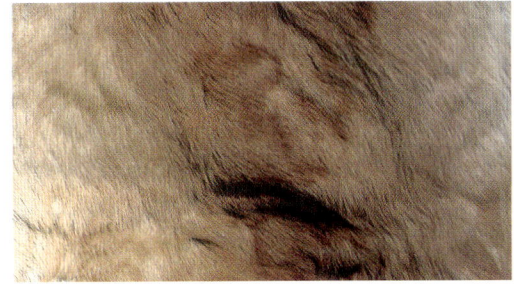
狍皮

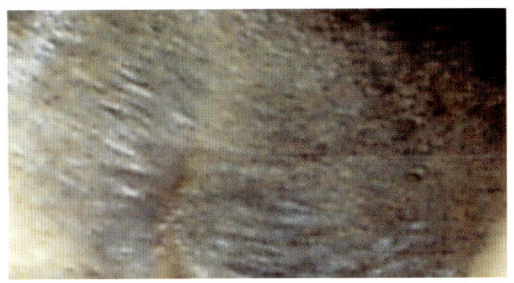
麂皮

图八　赫哲族皮手套的主要皮革来源实物图

鞣制皮料

裁剪缝制皮手套

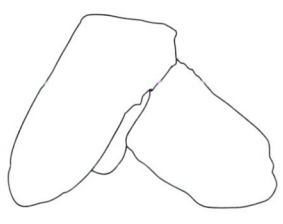
缝制好的考胡鲁

图九　赫哲族皮手套制作过程示意图

赫哲族桦皮帽

图一　赫哲族桦皮帽主图

桦树皮制作的帽子，是赫哲族特有的服饰物件，赫哲语称为"博如"。赫哲族桦皮帽的形状、大小类似华南及长江中游流域的斗笠，锥形尖顶加阔边帽檐，尺寸无固定标准，习惯上帽高通常在 30～40 厘米，径围在 60 厘米左右，用赫哲人聚集地最常见的桦树皮制成。

赫哲族桦皮帽多在夏季佩戴，有防晒、防风雨、防蚊虫叮咬的实用功能，也有配合容妆、服饰的装饰功能。热恋中的赫哲族青年男女，彼此互赠一顶桦皮帽就是较为常见的爱情信物。这类桦皮帽的帽筒和帽檐阔边均饰有精美纹样和图案，帽檐纹样多以抽象的几何状云卷纹、水曲纹或点、直线为主，帽筒纹样则以相对具象的动物为主，如赫哲人熟悉的狍子、麂子、熊和各种鱼类等，还有各种花卉、草叶、山石、鸟虫等。

赫哲族传统桦皮制作工艺通常有如下几个工序：

首先是选取合适树龄的桦树，采选、剥取树皮，一般要挑选树龄在十年以上的成年桦树为佳，此种树皮坚韧、密实，制成品有相当的耐久性，且厚薄、柔软度适中，方便制作。

然后是将采选剥取的新鲜桦皮束缚成捆，置于清水中浸泡数日，使其吃水后柔软并分解消除草酸等异味、杂质；也有直接将新采桦皮放在大锅内滚水煮沸的快速处理法。再将浸软或煮透的桦皮在背阴处晾干即可。桦皮不宜曝晒，因过度、过速脱水会导致皮张起皱或开裂。

接下来是裁割、缝纫。将桦皮原张按照

预设物件的基本型样裁割到位，类似服装制作之"开片"，然后以骨针（现多为缝被钢针）用兽皮、兽筋（现多以涤纶线代替）逐一缝制合成。

最后是成品装饰。赫哲族桦皮制品通常不做染色，讲究桦皮天然本色肌理、光泽。纹样和图案等配件多以深浅色度均与主体有较大差异的另色桦皮剪刻成各种形状小片，再用骨胶黏合于制品之上；也有用木块、石板将饰片锤砸、挤压进坯体的"镶嵌法"，吻合度、凸凹感更佳。

桦树，是赫哲人聚集地区最常见的树种。与其他树皮材质相比，桦树皮柔韧性、密致性最为突出，因此具有很好的防水、抗腐蚀性能。赫哲人用桦树皮制成的各种器物和服饰，不但制作简便，成本低廉，而且经久耐用、不易破碎，还易于携带，方便维修。古代时期，世界上所有高寒地带，从远东到北欧、北美广袤地区的众多狩猎民族，都有用桦树皮制作日常器物的漫长历史，中国地区的北疆和东北各少数民族亦有悠久的桦皮造物传统。赫哲族桦皮传统工艺在各种桦皮传统工艺中显得尤为突出，不但历史悠久，而且原态工艺保存完好。赫哲族的传统桦皮鞋帽、器皿久负盛名，其中又以桦皮帽最具代表性，其工艺保留的完整性、精彩性，基本概括了赫哲族传统桦皮制作工艺和纹饰风格，也体现出赫哲族传统造物文明的基本特征。作为赫哲族传统造物的主要载体之一，如何整理、保存及部分开发、利用赫哲族传统桦皮制作工艺及装饰纹样，理应是当代中国设计学界和民族学界时不我待的重要课题。现在一息尚存的赫哲族桦皮帽手工制品，为我们这方面的研究提供了一份弥足珍贵的活体样本，非常难得。

图片来源

图一　王浩滢　摄影

图二　凌纯声.松花江下游的赫哲族［M］.北京：民族出版社，2012.

图三、图七、图九　单芳霞　制图

图四　张子扬　制图

图五　王永强，史卫民，谢建猷.中国少数民族文化史图典：东北卷［M］.南宁：广西教育出版社，1999.

图六　冯晶晶、单芳霞　制图

图八　黄雪清、冯晶晶　制图

普通防蚊帽　　　　　　防蚊夏帽

图二　赫哲族防蚊帽示意图

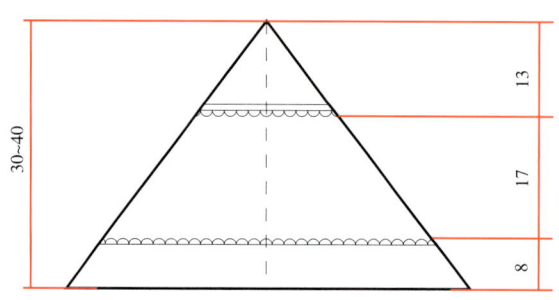

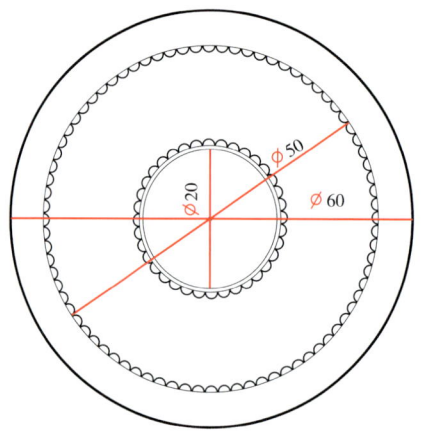

图三　赫哲族桦皮帽尺寸图（单位：cm）

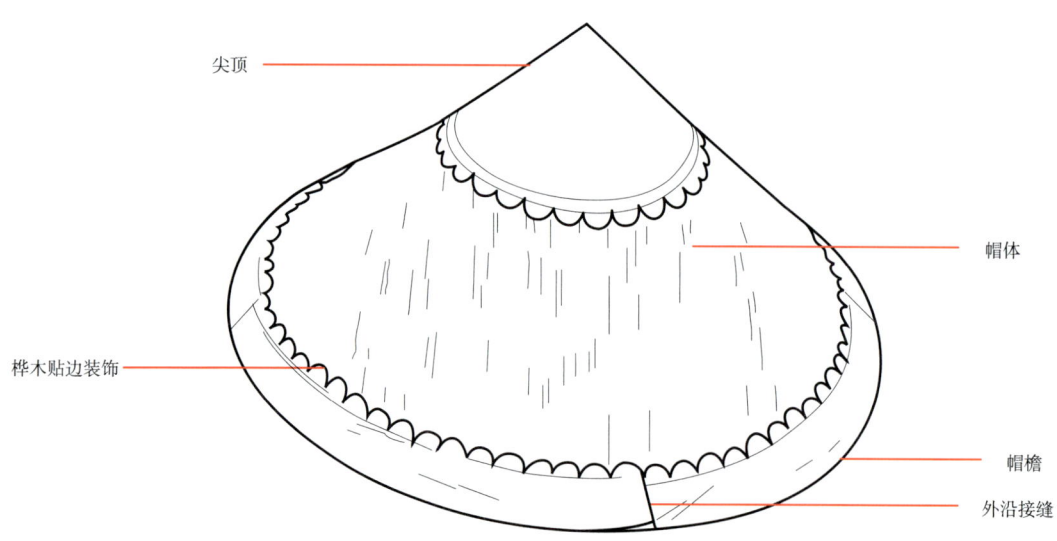

图四　赫哲族桦皮帽结构名称图

图五 赫哲族桦皮帽制作材料来源桦树林实景图

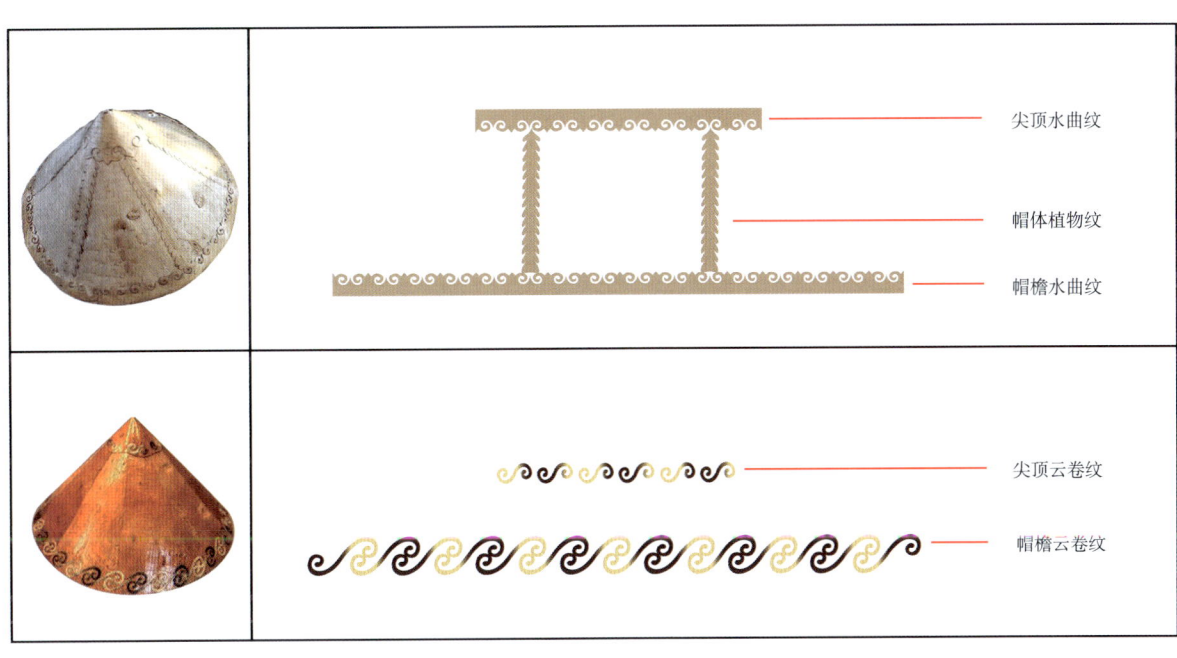

图六 赫哲族不同桦皮帽纹样分析图

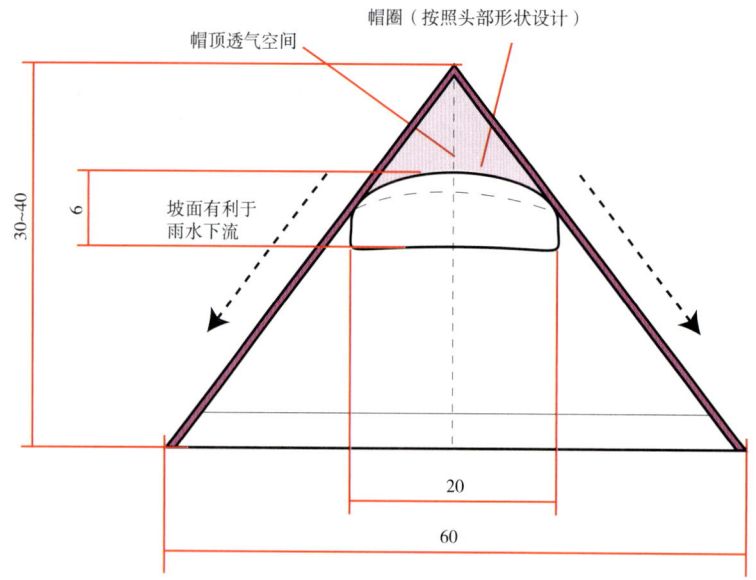

图七　赫哲族桦皮帽结构分析图（单位：cm）

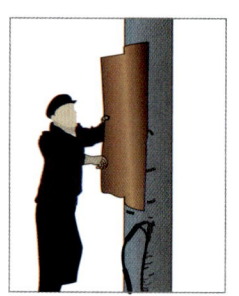

采选树皮

缝制

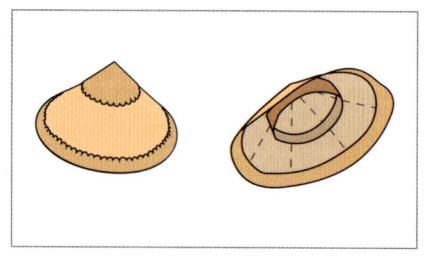

成品

图八　赫哲族桦皮帽制作示意图

图九　赫哲族桦皮帽佩戴效果图

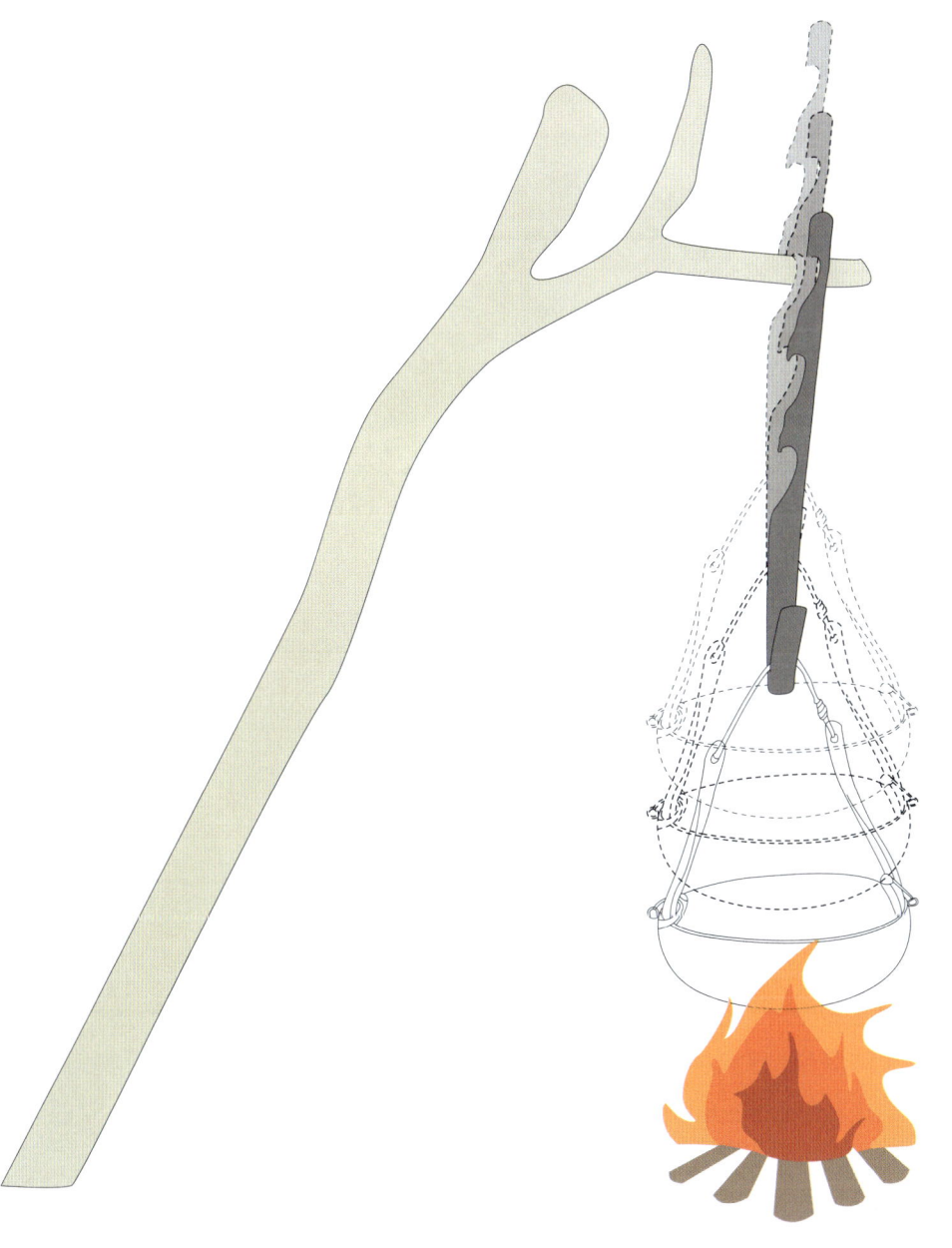

第三章 赫哲族传统餐饮

赫哲族鱼类食材与菜式

图一　赫哲族凉拌生鲜鱼片主图

传统的赫哲人祖祖辈辈打鱼为生、逐渔而居、以鱼为食，因而在食材和菜式上以鱼为主的特色十分明显。赫哲人尤喜生食鱼片，各类新鲜或冷冻拌食生鱼，是赫哲人主要的食鱼菜式。一般新鲜鱼肉在捕鱼季节劳作现场直接食用，如塔拉卡、拉铺特克、它斯罕等；冬季休渔则在室内做冷冻鱼菜，如他勒卡、苏拉卡等。

赫哲族传统生鱼菜主要有：

塔拉卡，即凉拌生鲜鱼片，汉人俗称"刹生鱼"。塔拉卡一般用刚捕获的鲤鱼、鳟鱼为上佳食材，从背鳍切开，去头、剔骨、剥皮，细切成丝，以米醋浸透入味，待食材泛白后，加上生鲜蔬菜丝，如土豆丝、菠菜、香菜、豆芽等，再调入佐料盐、酱油、香油、葱姜末、野辣椒等，做法与东北地区百姓人家常见的凉拌菜完全相似，然后拌匀，即可食用。其味肉质滑爽，菜蔬脆嫩，合味醇厚，鲜香可口。

拉铺特克，即活鱼割片，现蘸现吃。拉铺特克通常是赫哲人在捕鱼季节的作业现场一家老小日常就地进食的主要菜式：在江边捕鱼作业地点就把刚捕获的新鲜肉厚的活鱼剥皮剔肉，再横切成薄片，蘸着醋汁、盐、辣椒油当场饱餐尽欢。这种吃法古风盎然、野性生猛，却汁鲜肉嫩，美味无比。

它斯罕，汉语直译是"鱼毛"的意思，

即切鱼成丝，拌糖而食，汉人俗称"炒鱼毛"。它斯罕的食材以新鲜鱼肉为主，具体做法相对简单：挑选个大肉厚的肥鱼，取少刺肉嫩处剔下鱼片，再精切成丝，越细越好。切好鱼丝后，将其码入盆中，加白糖等调味料来回翻炒拌匀，使之浸透入味，再上桌进食。赫哲人多爱烟酒，皆视它斯罕为下酒佳肴。它斯罕也可以加入剁碎的韭菜充作饺子馅儿，其风味独特。它斯罕还常被用于鱼肉贮藏：先将鱼肉切成细丝，码放入坛，再置于地窖里冷冻保鲜，可经年不坏。冬季休渔期间可随取随食，现拌现吃，丰俭由人，方便自如。

他勒卡，即加入各种蔬菜的凉拌生鱼片，与塔拉卡近似，区别在于塔拉卡鱼多菜少，分量充足，佐料考究，赫哲人常以塔拉卡待客；他勒卡则为赫哲人自家寻常小菜，鱼肉与菜蔬比例没有常数，且拌法与佐料常"因陋就简"，完全视进食者身份、人数和具体条件而定，没有定式。但凡赫哲人留客进餐，条件再不好，最起码也得有道他勒卡，否则会被视作极端怠慢客人的失礼行为。

苏拉卡，即将鱼肉（鲟鱼、鳇鱼为佳）去皮后切割成犹如木屑刨花般的小薄片，再拌佐料食用，汉人俗称"刨花鱼"。苏拉卡多为赫哲人在冬季的上等冷冻鱼菜，具体做法是：去地窖取出冻鱼，先将鱼皮用刀刮削剔尽，再将冻鱼肉层像木匠刨切木件般削出一片片薄如刨花的鱼片，收集入盆，然后依自己或客人口味，依次拌入土豆丝、萝卜丝、绿豆、粉丝等，再加上盐、辣椒油、米醋、韭菜花酱等佐料，充分拌匀即可食用。苏拉卡因鱼肉食材冷硬脆薄，拌料丰富，因而既保持嚼劲，又易于入味，食之香脆兼得，口感上佳。苏拉卡多为冬季休渔时节的待客佳肴，至今仍十分流行。

赫哲族传统鱼菜也有烧烤类鱼菜，如达勒格切：捕鱼现场将活鱼宰杀剁块，用枝条串起来以篝火焙烤，至半熟后取下，蘸料拌食。赫哲人还有煮食类的鱼菜，如各种鱼子，均被赫哲人视为最富营养的补品，尤其是鲢鱼的鱼子，透明红艳，颗粒饱满，味道醇厚，被奉为极品。赫哲人常将收拾好的鱼子烹煮或熬汤，老弱者和产妇常以此为滋补佳肴。受汉族饮食文化影响，赫哲族现在的家常鱼菜作法已非常丰富，熘、炒、蒸、炸、煎、炖，无所不及，但正宗的赫哲熟食鱼菜依然保有自己的某些特色：喜爱将鱼肉和各种兽肉合锅混煮，风味独特。赫哲族其他非生鲜拌食的鱼菜还有鱼干、鱼松等鱼肉制品，其中鱼松（赫哲语称"它斯根"）是赫哲人日常饮食中最常见的鱼肉制品，几乎一日三餐，顿顿不离。

每个民族的饮食习惯，往往与其聚集地的自然条件和民族自身的造物水平密切相关。与汉族一样，中国境内的各民族所具有的特色菜式烹饪技术与食材加工技术，通常是各民族创意造物水平这种最本质的文化积淀的直接反映。赫哲人传统鱼菜，正是赫哲人传统渔猎生产方式和迁徙式生活方式的可靠参照物之一。赫哲人传统鱼菜的食材加工与菜式烹调所折射出的是赫哲族在饮食上独有的文明创造力和文化影响力，同样在华夏民族大家庭的美食体系中占有值得骄傲的一席之地。

图片来源
图一、图七　饶河政府网
图二至图四、图六、图九　单芳霞　制图
图五　来源1：饶河政府网
　　　来源2：单芳霞　制图
图八　李娜　制图
图十　吕大吉，何耀华.中国各民族原始宗教资料集成：鄂伦春族卷·鄂温克族卷·赫哲族卷·达斡尔族卷·锡伯族卷·满族卷·蒙古族卷·藏族卷[M].北京：中国社会科学出版社，1999：前言9.

生鱼片
土豆丝
辣椒油
菠菜
瓷盘

图二　赫哲族凉拌生鲜鱼片主配料名称图

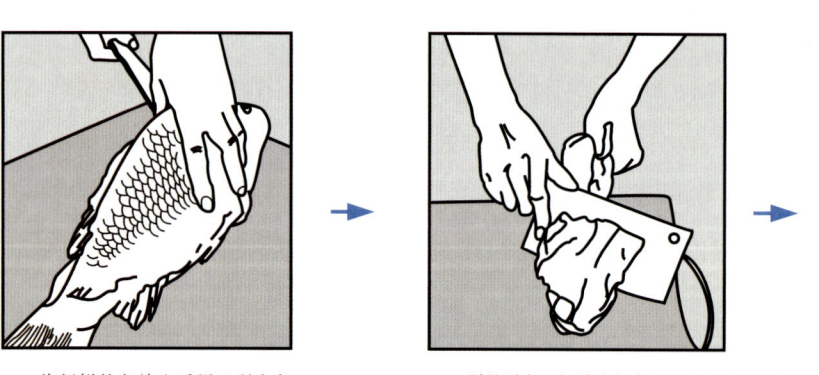

将新鲜的鱼放血后用刀刮去鱼鳞，从背鳍切开

剔骨剥皮。把单片鱼肉用刀竖切改刀，每片要切得薄厚均匀，不可以将鱼片切断

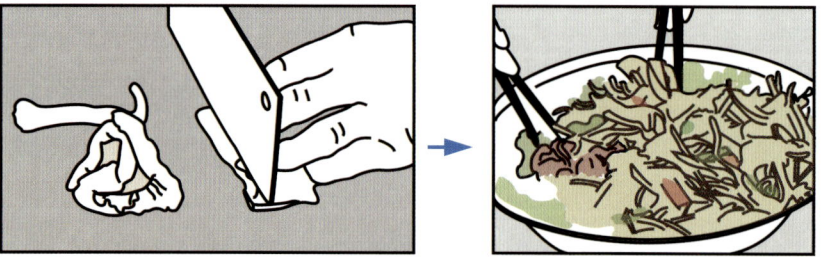

将去掉皮的鱼肉切成肉丝

加上开水焯过的土豆丝、菠菜等生鲜蔬菜丝，调入适量的醋、盐、少许味精、生姜丝及辣椒油等佐料，充分搅拌后装盘

图三　赫哲族凉拌生鱼片制作过程示意图

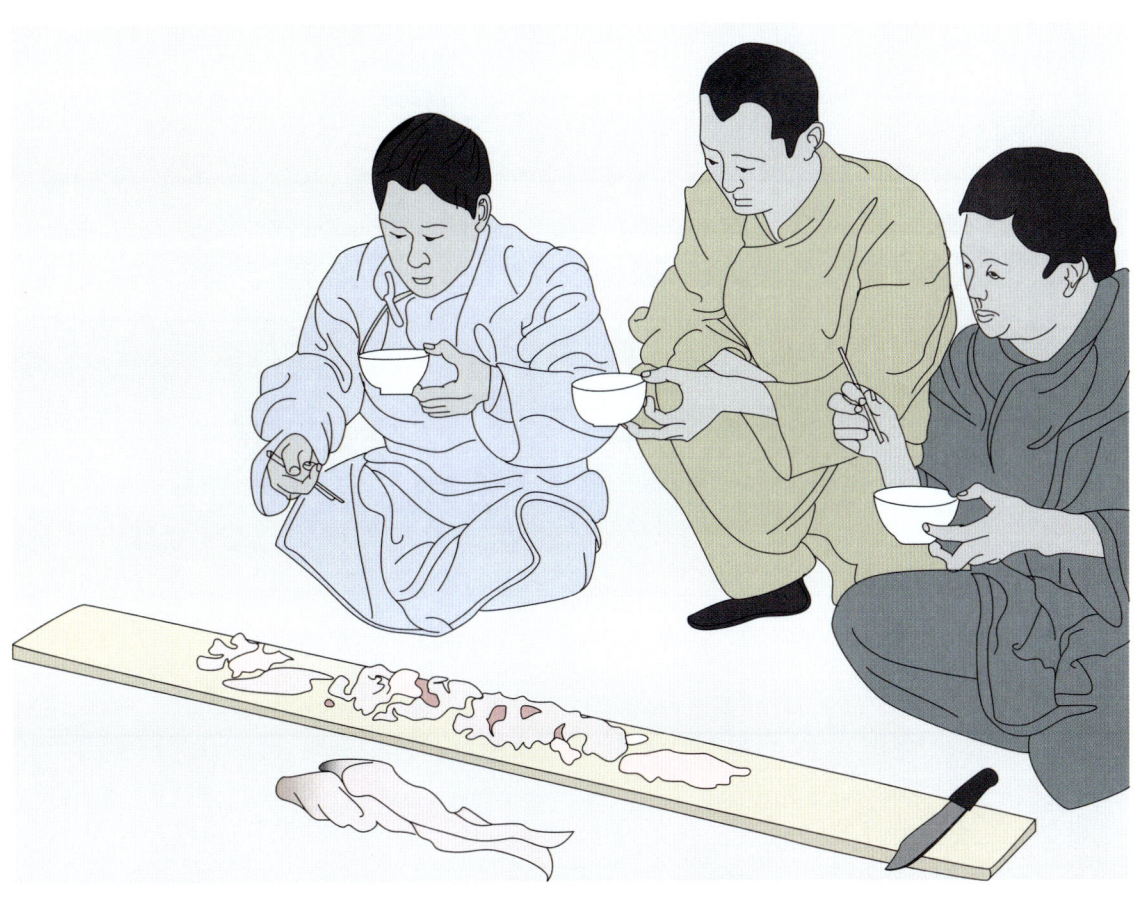

图四　赫哲族活鱼生吃情境图

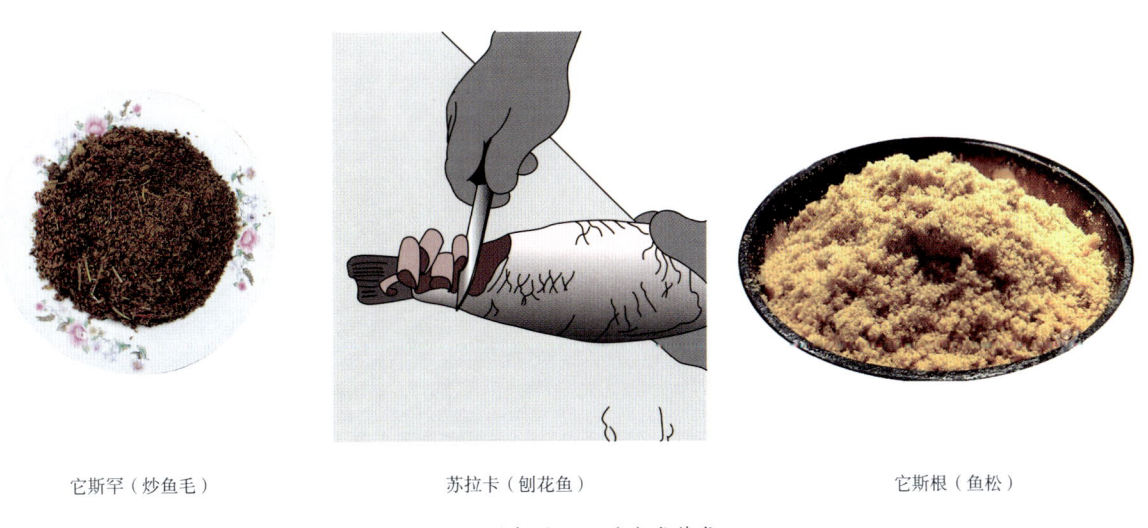

它斯罕（炒鱼毛）　　　苏拉卡（刨花鱼）　　　它斯根（鱼松）

图五　赫哲族不同的鱼类菜式

第三章　赫哲族传统餐饮

图六　赫哲人捕鱼劳作情境图

图七　赫哲族大马哈鱼子实物图

图八　赫哲族烤鱼情境图

图九 赫哲人捕鱼现场烤鱼情境图

图十 赫哲人冬季冰餐实景图

赫哲族传统食具

图一　赫哲族木盆主图

赫哲族传统食具，包括赫哲家庭日常使用的所有与盛食、进食、取食、贮食有关的器具。这些食具的材质与工艺基本都是围绕赫哲族传统木作、骨作、皮作等手工艺进行的。赫哲族食具主要包括进食类的木碗、木盘、木碟、皮毡等；盛食类器具主要包括木罐、木盆、木钵、皮盆、皮箩等；取食类器具主要包括骨筷、小刀、木勺、皮铲等；贮食类器具主要包括木桶、皮袋、木匣等。这些食具多由赫哲家庭自制，很少进入商业流通领域，因此在形制、尺寸、造型及装饰上没有固定标准，显得丰富多彩、花样繁多。本案例重点以具有代表性的赫哲族食具之木盆为代表进行解析。

赫哲族传统食具与攫具，从时间概念上讲，是指近现代赫哲地区出现的以定居、农耕与手工业谋生为基本生产、生活方式的赫哲社会生活用具。在原始渔猎时代，古代赫哲族尚不事农耕、烧造、冶炼，以生食为常、不兴厨炊；夏季以渔为生、以鱼为食，冬季以猎为生、以肉为食。除去一把人人必备的随身小刀和野生植物果实、块茎、植叶，加上随烤现吃的篝火烤食，基本上不需要什么盛食、取食、进食、贮食等专用食具。晚清起，出关汉农、邻国移民将内地农耕技术和境外制物工艺逐渐普及于赫哲地区。在赫哲族大多数人家，谋生主业由渔猎转为半农耕、半手工业，不再逐渔而迁，开始定点居住，与汉地相仿的日常生活方式逐渐建立起来。其饮食习惯中的主食也发生了根本性的变化：从纯粹的采集型食物为主转变为以生产型食物为主。赫哲族即便在民国初年大多转为定居生活方式后，依然较少从事农耕，多以皮货换取各种农产品。至伪满时代，三江平原被日本移民和关内汉农广植水稻，大米开始进入赫哲族普通家庭；同时，赫哲地区的窑烧、作坊和机制金属器具工厂也日渐普及，赫哲家庭也用上了陶盆、瓷碗、玻璃瓶、搪瓷锅等食具。据民国学者凌纯声在20世纪30年代所作的田野考察表明：即便是身居荒原野岭的冷僻乡屯，再穷的赫哲普通人家，在30年代初这些食具已经是寻常之物了。

与此同时，赫哲族日常食具在日益受汉族文化影响的进程中，在食具的设计与制造方面也保留了一些自己本民族的特点，以更加适合自己日常进食习惯。如赫哲地区特有的攫具木勺，有两种基本形制：一种是勺池（即勺子的头部）为木块挖凹，背面钉上一根木条当勺把，勺把上缠裹细麻线或雕花刻纹，再以生漆通体罩涂。此种造型、制法与日本北海道阿伊努人（在日旁支赫哲人）有近似之处。另一种是整木挖成勺池、勺柄，与内地华北、胶东民间木勺酷似，属于地道的汉制"刳器"，又与俄罗斯通古斯地区（在俄旁支赫哲人）民间木勺相仿。此两种木勺原型究竟出自何方，学者对此说法较多，但尚未确定。

竹木筷子，是汉族在数千年前进入新石器农耕时代之初就创造的独特攫具，属于世界级设计案例之一，如今已普及全球半数以上人口。赫哲族筷子在造型上与汉制类似，但材质差异较大。赫哲地区地处寒带，从无竹子，也不长大型硬木类树木，因此赫哲族传统筷子多为骨筷，以野兽胫骨剖而纵裂，然后研磨至顺而成。与竹木筷子相比，骨筷分量略重，手感更好，也便于清洁；缺点是质地脆酥，易于破损，加上费工耗时，造价略高。

在整个民国时期的不到40年间，赫哲地区纯手工创意、制作的传统食具基本被异

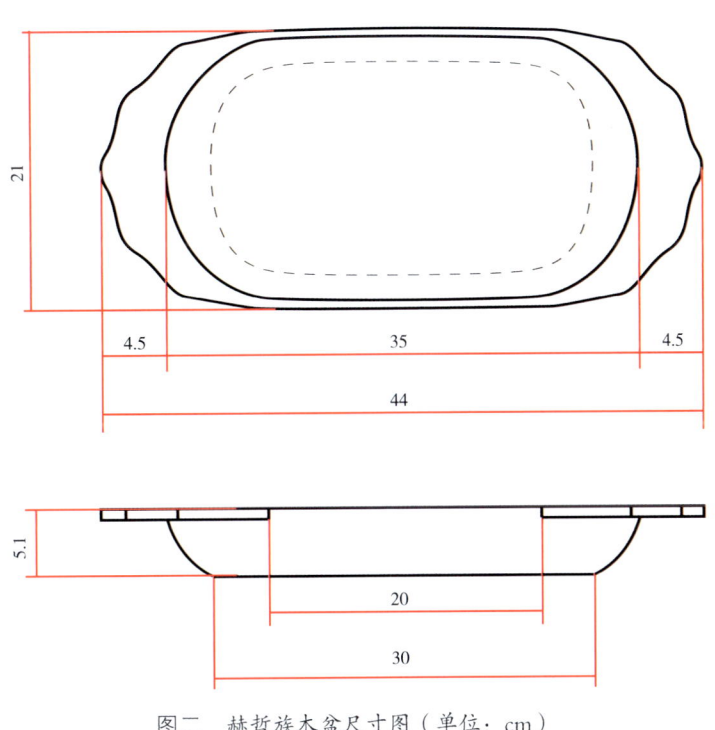

图二　赫哲族木盆尺寸图（单位：cm）

族制品取代，如白瓷类盛食和进食所用碗、碟、盘等；金属类厨炊所用吊锅和碗、碟、勺等；挂釉硬陶类贮存食物所用罐、钵、缸、盆等；搪瓷类厨炊和盛食所用锅、碗等；玻璃类佐料瓶、粥类用碗、拌碗等。当代的赫哲族家庭所用食具，基本上全是陶瓷、金属、玻璃甚至塑料等工业化生产的机制食具。传统的赫哲族食具中，除大型拌碗（制作炒鱼毛、拌凉菜用）理论上尚有实用价值外，其他多属供游人观赏购买的手工制品。

赫哲族传统食具，是二三百年前赫哲地区进入农耕社会后陆续出现的事物。这些食具反映了赫哲族在地理环境、社会形态不断变化的近现代社会文化传统特征消亡与承传的基本史实。赫哲族食具在引入其他民族众多长处的同时，依然保有本民族的部分特色，使之更加适应赫哲家庭独有的日常生活习俗，充分证明赫哲族造物传统在时代变迁中"设计事物产生于生产生活实际需要，又反过来改良生活品质、提升生产效率"的设计学基本规律。

图片来源
图一、图七、图八　"中央研究院"民族研究所
图二至图六　单芳霞　制图

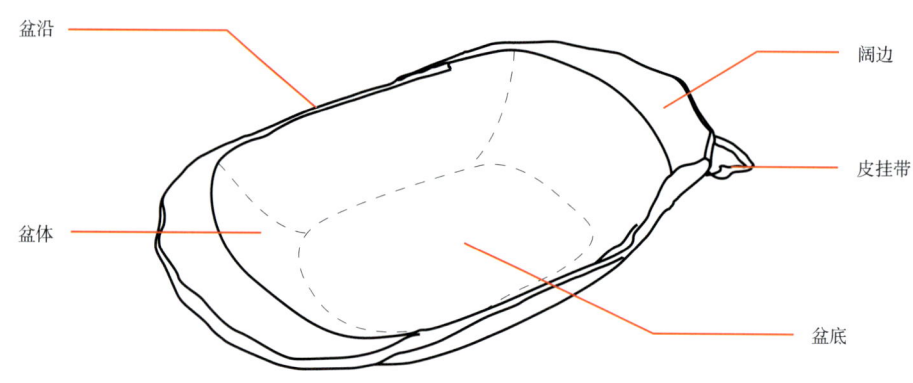

图三　赫哲族木盆结构名称图

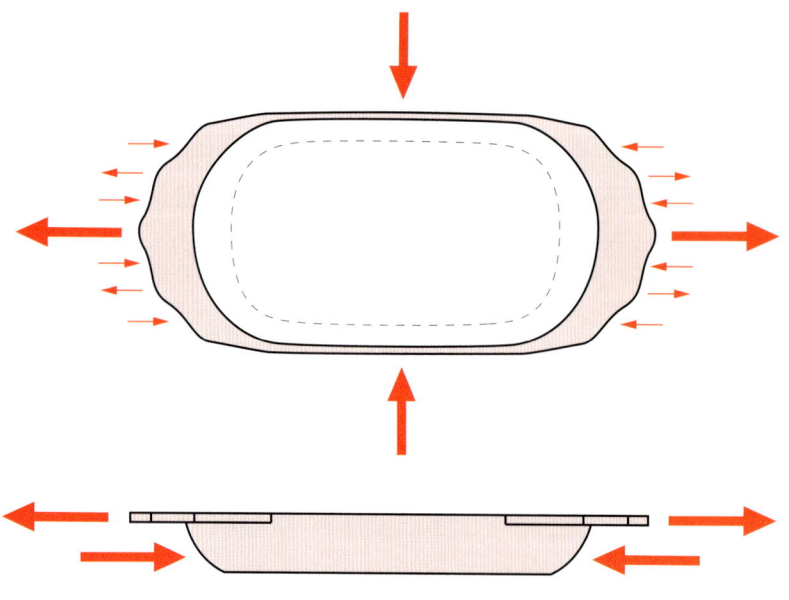

图四　赫哲族木盆俯视、侧视图

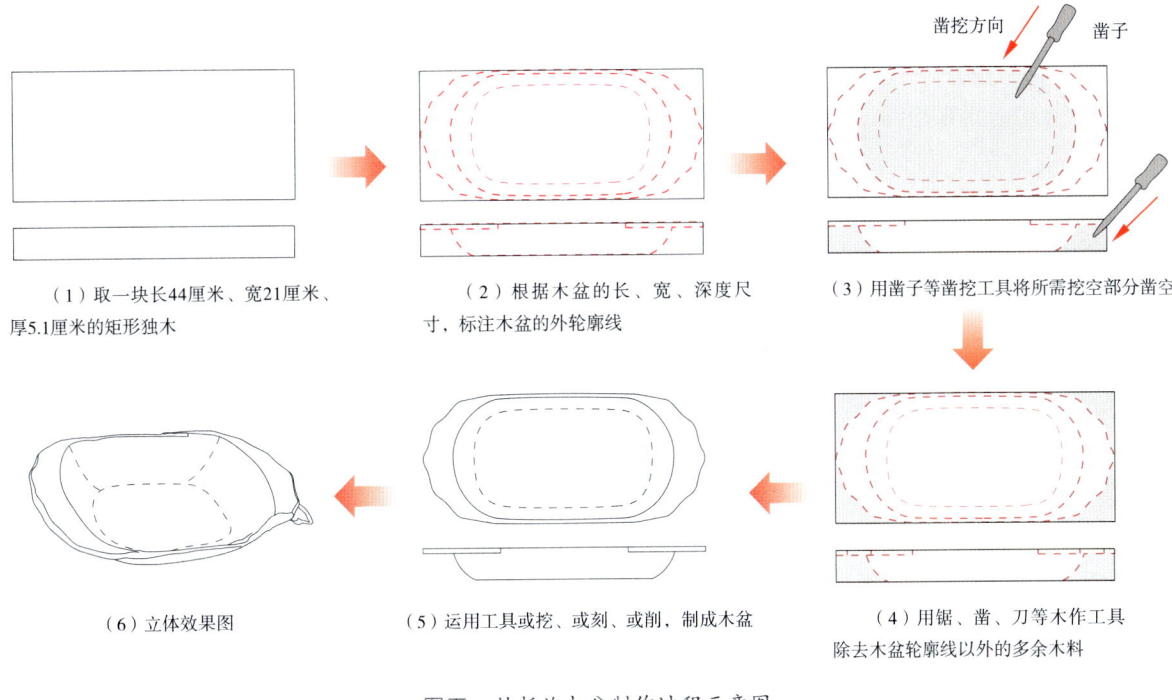

图五 赫哲族木盆制作过程示意图

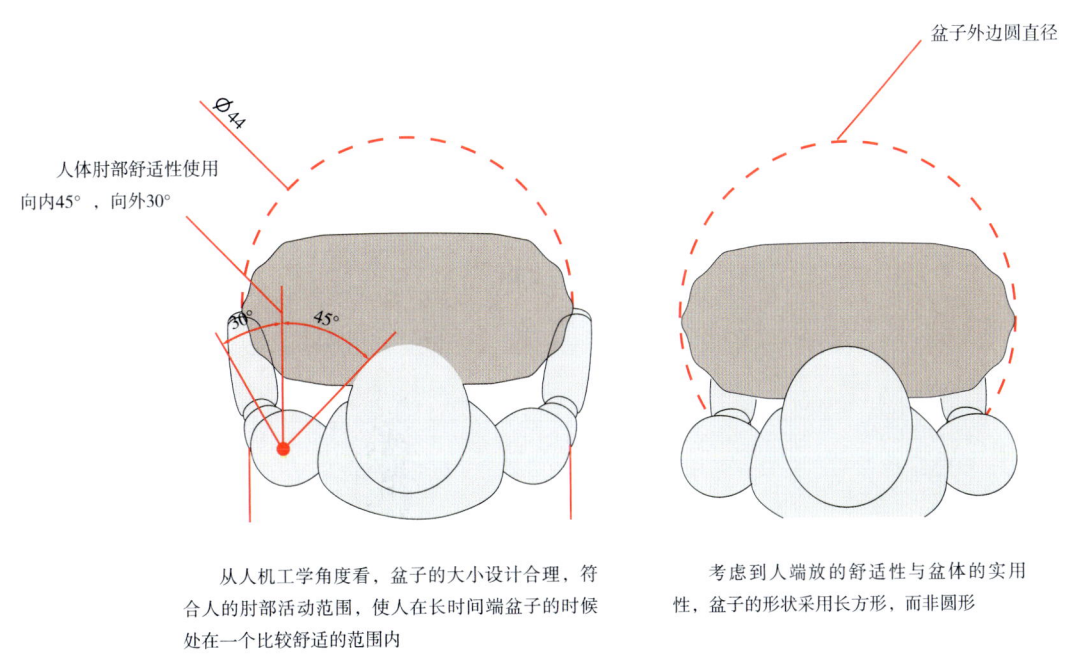

图六 赫哲族木盆人机工学分析图（单位：cm）

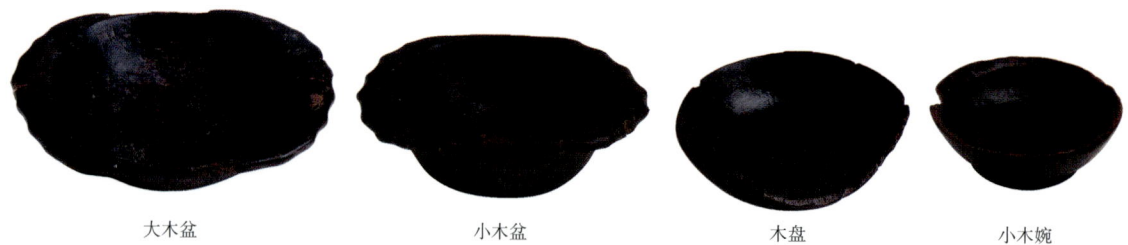

大木盆　　　小木盆　　　木盘　　　小木碗

图七　赫哲族传统食具实物图1

木勺　　　木匙　　　木碗、桦皮碗　　　骨筷

图八　赫哲族传统食具实物图2

赫哲族传统水具

图一 赫哲族桦皮桶主图

赫哲族传统水具，有三大类型：饮水用具、取水用具、贮水用具。饮水器包括杯子、小盏、碗等；取水器包括桶、勺、瓢等；贮水器包括缸、盆、仓等。

赫哲族长期从事渔猎生产和不定期迁居生活方式，决定了赫哲族水具的造型与功用。赫哲人从不烧造、冶铁，因此没有用于餐饮的陶器和铁器。从民国时期考察的状况看，赫哲人饮水、取水、贮水用具的选材相对宽泛，从各类木材到各种皮革都有涉猎，如鱼皮水杯、桦皮小盏、兽皮囊壶、车木大碗等，唯独没有内地汉人常用的挂釉硬陶类和金属类水具。

赫哲人常用的水具以桦皮、桦木制造居多。桦树是赫哲地区主要的树种，木材软柔，但防水性很好，具有易雕易刻的特点，同时又质地相对稳定、结构严密，因而用途广泛。桦皮则更加细致、密实，防渗防漏达到极致，又能随意卷曲、舒展自如，作为水具用材更加理想。赫哲人通常用桦皮、桦木作为水具的主要选材，是很有几分道理的。赫哲人以桦皮制造水具，通常先将截取的皮张放入水中浸泡，再以文火烤，待其彻底软和柔顺后，再拼接吻合。桦皮桶通常卷曲成形，再以麻线缝合上桶底，边口还要缝上边条加固，桶底处抹上松脂松香以防渗漏。

赫哲人还在桦皮杯、桦木碗上雕刻或镶嵌各种动植物图案，以抒发自己的艺术情怀和创意想象——这成为除赫哲服饰之外另一个赫哲图案的主要来源。赫哲人在水具上装饰纹样通常有三种方式：一是涂抹颜料，将图案描绘在器物表面。因颜料成分及起源时间待考，颜料的种类和这种做法的起源也有待考证。二是雕刻，用指甲或刀背在木质上雕刻（赫哲人似乎没有专业雕刻工具），留下所需纹样，剔除其余部分；或是直接将纹样阴刻成凹凸纹。三是将鱼皮、兽皮或桦皮裁剪成纹，"嵌"（其实是以树胶黏合）在水具上形成图案。

赫哲族特有的方形杯在制作上很有讲究，先是将桦皮裁割成以杯底为中心的辐射状结构，再将四面杯壁折起来，最后是给杯口包边，以强化杯口牢度。鱼皮杯是赫哲族水具的另一项发明，是近现代赫哲人仿制外来物种的本土化杰作：先将鱼皮卷成筒状，杯底有一半与杯壁相连，再缝接手把。这类水具比汉人的搪瓷杯要优越许多，不但在使用上毫无问题，而且打不烂、压不垮，特别适合尚处于半农耕半渔猎时代的赫哲人日常生活。赫哲族的桦皮囊壶显得十分古老，显然受到北方游牧民族影响。裘皮贮水用具也是赫哲人日常使用的主要水具，形式有水囊、水包和水袋。

近现代赫哲人受汉人与外来文化影响，多使用木料、陶瓷、搪瓷、塑料及玻璃制品作为主要水具，原有的赫哲水具仅存在于少数无形文化财产继承人制造的手工艺品中，现在极少有实用价值。

赫哲族在自己长期的生产与生活实践中造就了富有特色的水具，其中以桦皮方杯、鱼皮杯、桦皮囊壶和桦皮桶最有代表性。一般地说，饮水、取水、贮水代表了一个民族日常生活的极其重要的方面，赫哲族水具则说明了赫哲族在这一造物领域的丰富多彩。

图片来源
图一　王健、单芳霞　制图
图二　来源1：张泽国　提供
　　　来源2：凌纯声.松花江下游的赫哲族[M].北京：民族出版社，2012.
图三、图七　王健　制图
图四至图六、图八　王健、王若霖　制图
图九　来源1：张泽国　提供
　　　来源2：王健、洪淑莹　制图

提梁桦皮桶

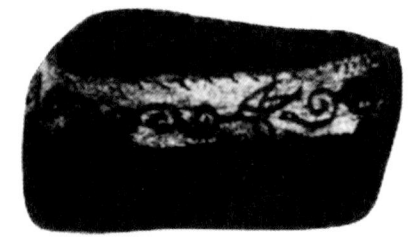

桦皮碗

图二　赫哲族桦皮用具实物图

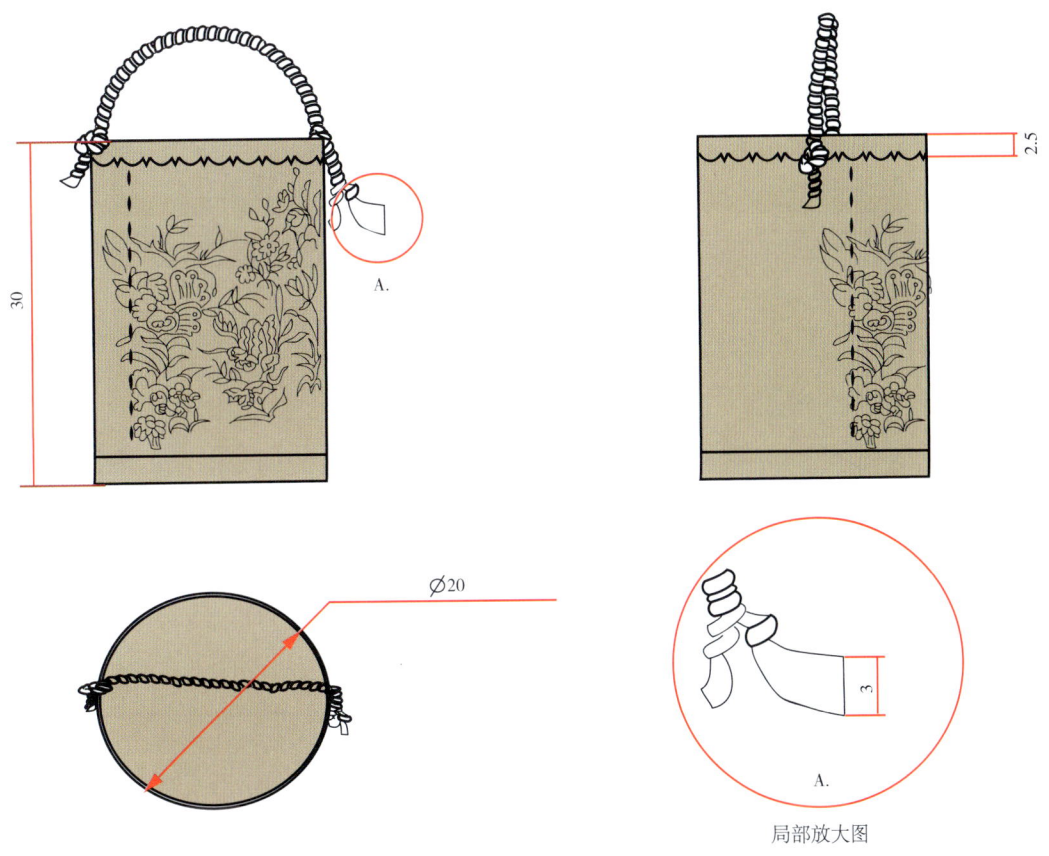

图三 赫哲族桦皮桶尺寸图(单位:cm)

图四 赫哲族桦皮桶结构名称图

图五　赫哲族桦皮桶工艺分析图

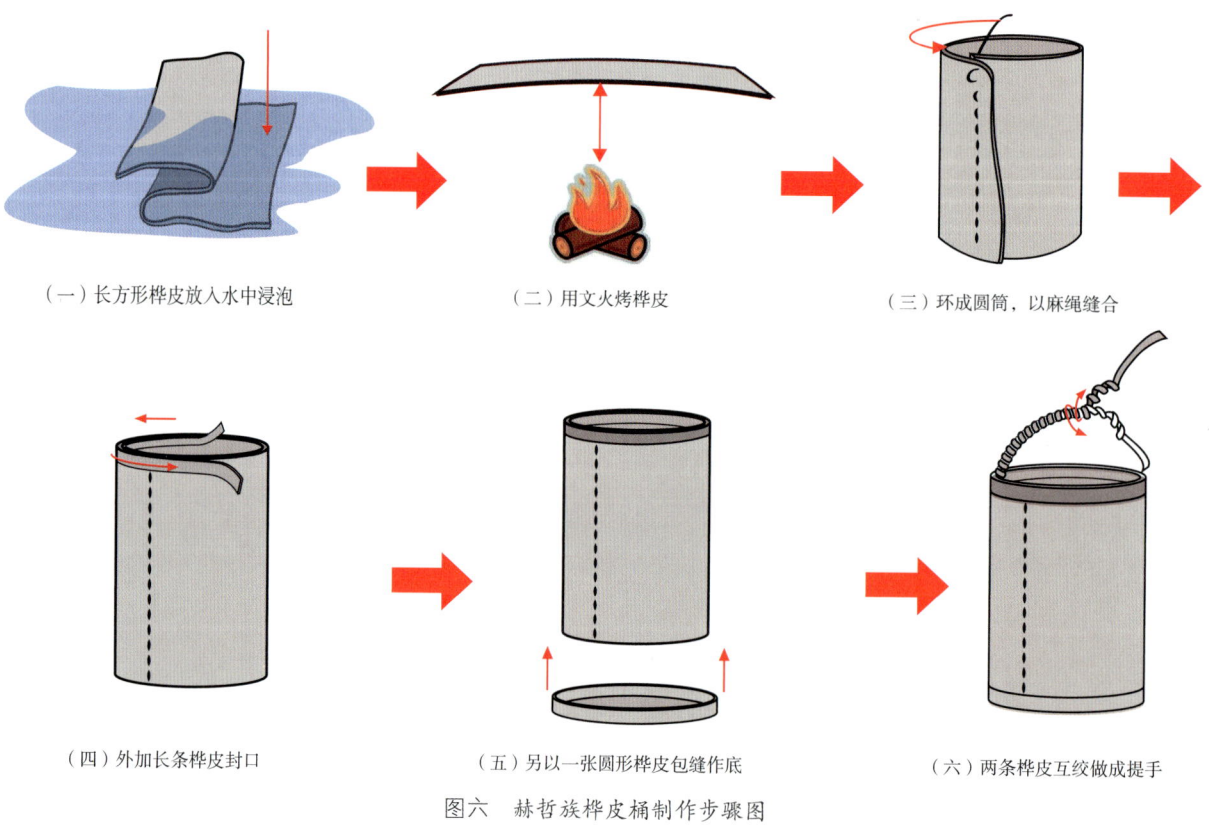

图六　赫哲族桦皮桶制作步骤图

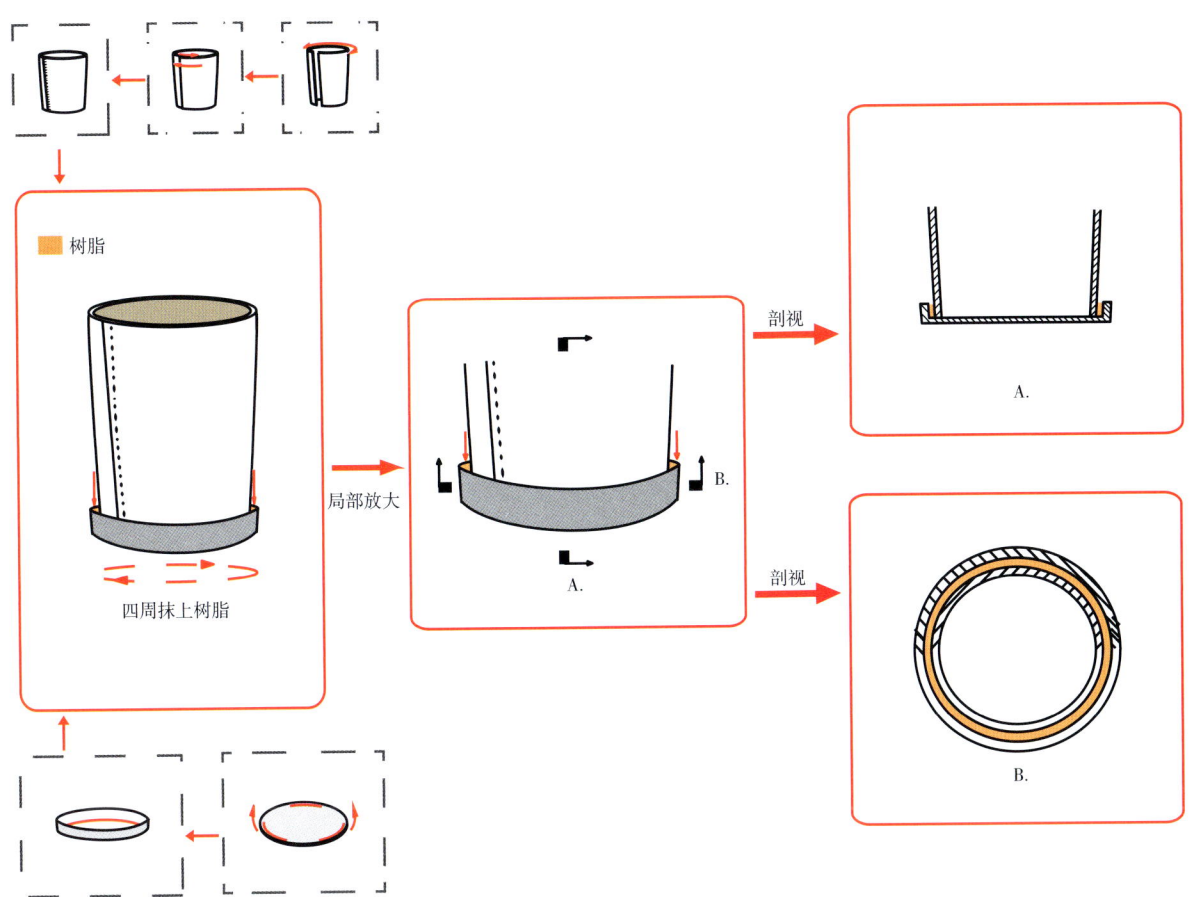

图七　赫哲族桦皮桶局部工艺分析图

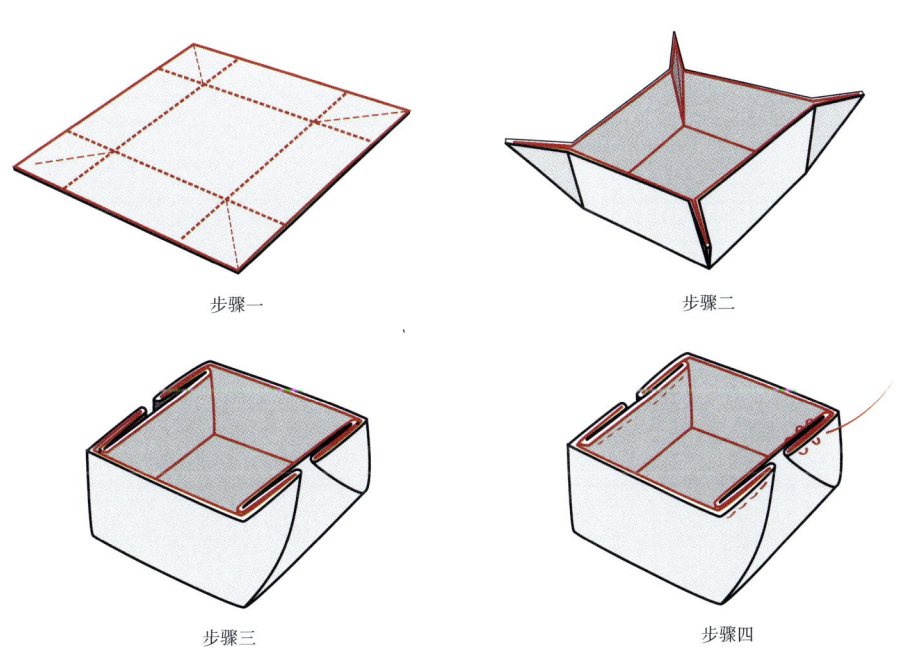

图八　赫哲族桦皮方杯制作步骤图

第三章　赫哲族传统餐饮

赫哲人使用的面盆实物图

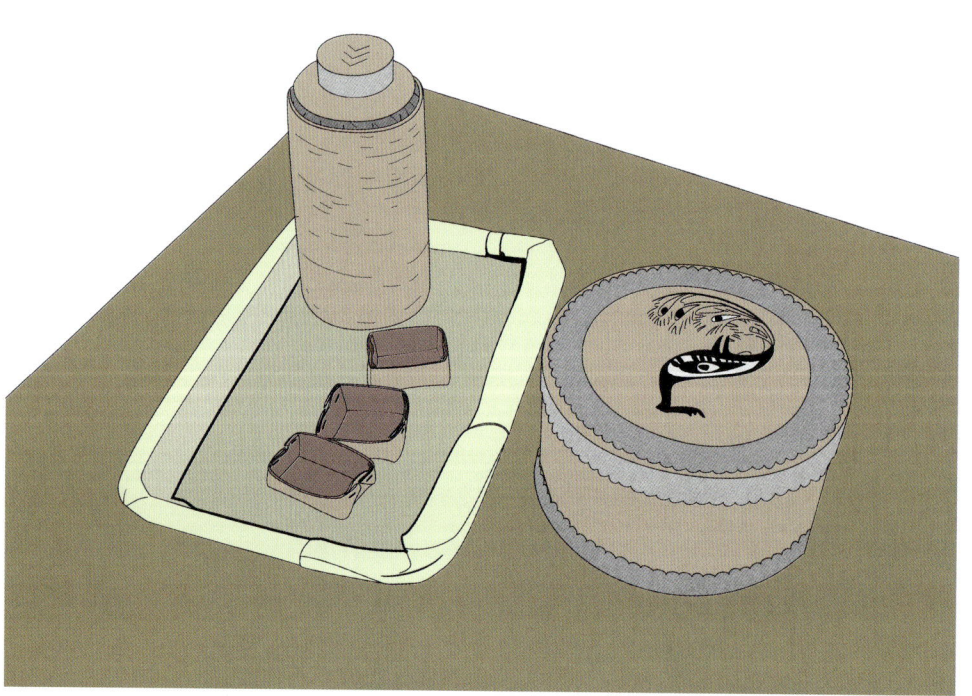

赫哲族桦皮方杯情境图

图九　现代赫哲族桦皮用具

赫哲族吊锅

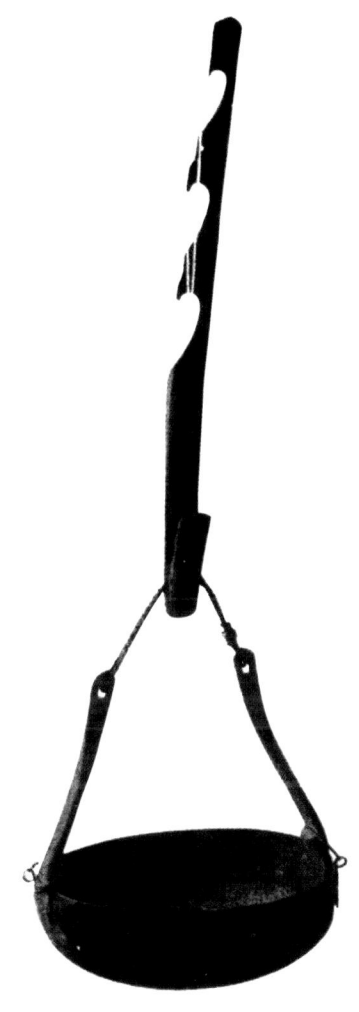

图一　赫哲族吊锅主图

赫哲人很早就掌握了火烧、火烤、水煮、炒制食物的方法。用火烧是最简单的方法，打来的猎物直接丢在火堆里，食物熟了之后，即可食用。用火烤的方法比直接用火烧要讲究得多。人们把生的食物串在细树枝上面，手握住树枝的一端，把食物放在火上烤。赫哲人喜爱吃的塔拉哈（烤鱼）就是用这种方式加工而成。串食物的树枝算是赫哲人的炊具之一。水煮和炒制食物则用铁锅。据说木锅是在铁锅出现以前用于水煮食物的器皿。煮食物时，把许多水和食物放在木锅里，然后陆续放入烧热的石头，石头的热量使水保持沸腾，这样食物即可煮熟。

铁锅是赫哲人水煮食物的另一种炊具，

它以两种方式煮食物：用架在炉灶上的铁锅烧饭，这种使用方式与东北农村汉族的使用方式别无两样；另一种方式则是用吊锅在野外烧饭，这种吊锅赫哲语称为"哈其法"。架在炉灶上的铁锅是在家中用，吊锅是在野外做饭时使用。

"铁锅、吊锅传入赫哲地区，大约在辽金时代。据考古资料记载，在黑龙江省的许多金代窖藏，其中都发现了吊锅"（黄永刚，2004）。

吊锅分三个部分：铁锅、锅钩、挂钩。本案例中的铁锅直径38.8厘米，锅深达13.5厘米，锅左右各有一只铁环，锅钩有两只，各长35.2厘米。铁钩上端有一个细小圆孔，可以用来穿绳，使两个锅钩相连。挂钩为木制，长82厘米。木制的挂钩顶端刻出三个钩子，可以挂在树上，并可升降，使用方便。不用铁锅的时候，可以把它放在皮带编结的口袋中，便于保管和携带。

吊锅的造型特点与赫哲人的生活方式息息相关。赫哲人的食物以鱼肉、兽肉为主，他们经常在河边或森林渔猎，因此需要便于携带的铁锅满足烹煮食物的需求，而吊锅只需悬挂于树枝即可生火煮制食物。这种铁锅的锅钩易于拆卸，木制挂钩也很轻便，所以赫哲人外出打猎或捕鱼时，通常携带这种吊锅。

吊锅的材料为铁制。赫哲人自己没有冶铁工艺，但是他们有铁器加工技术。赫哲人用的铁器是靠与其他民族交换得来的。他们利用其他民族的旧铁器，用炭火高温溶化后，打造成自己需要的铁器。这些铁器包括鱼钩、鱼叉、箭镞、小刀等物。

吊锅的锅体部分与现代都市普通人家用的炒锅锅体形状有些相像，但是普通都市人家的炒锅直径通常只有30~32厘米，深10厘米或10厘米以下。本案例中的吊锅直径达38.8厘米，深13.5厘米，这种尺寸表明吊锅的直径超过现代炒锅，深度也深于现代炒锅。另一方面，吊锅的口部外沿到锅底的坡度很陡，而现代家用炒锅却相对平缓。综合上述原因可以得知，赫哲族吊锅的容积比现代炒锅的更大，充分考虑了它的使用空间。当用这种吊锅烹煮兽肉时，估计它至少能供应五到七名成年男子的食量。

吊锅的悬挂设计使铁锅彻底摆脱对炉灶的依赖，让它更适合野外炊煮。赫哲人获取到猎物，即可在简单清理后，随便找一棵树，选择适当高度树枝挂上吊锅，生火做饭。吊锅的可升降设计体现出赫哲人的智慧，如果赫哲人没有找到合适高度的树枝来悬挂吊锅，那么他们也可以选择挂钩的不同位置来调整锅距离地面柴火的高度，满足烹饪需要。挂钩长出锅钩两倍多，它本身又为木制，所以在使用过程中，操作者提起木制挂钩改变锅离火的距离或是把铁锅置于地面，都不会因为铁锅太热而烫伤自己。

还有一种吊锅，结构更加简单，它没有挂钩，主体结构为锅体、挂带，还有一根呈"7"字形的木棍或树枝。把这根木棍斜插在泥土里，然后挂上吊锅，就可以做饭了。

吊锅用完后，使用者会把它放在一只皮带编结的网状兜中，背负身上，这样可以解放双手，提高狩猎或行走的效率。网兜由于自身的镂空设计，使铁锅保持通风，不易滋生细菌，同时铁锅上残留的油渍还可以保养皮带本身。编结网兜来放置铁锅比用整块皮料做兜子要节省得多，只要把平时没用的皮料边角整理一下，即可用来编结网兜。

吊锅是一款适合野外炊煮的铁锅，它容量大，易于操作，便于拆卸，安全性强，适合携带，是体现赫哲人智慧的重要案例之一，说明了赫哲族炊事、厨事的变迁。从篝火烤食到吊锅烧食，再到大铁锅烹饪，赫哲人由单一性生食民族向复杂性熟食民族逐渐过渡，其间的渔猎与农耕生活方式的变化，是造成这种熟食方式的主要原因。这反映出设计发生学的一条重要道理：不同的生产和生活方式导致出现不同的造物形式——赫哲族吊锅从侧面证实了这条具有普遍意义的道理。

图片来源

图一　凌纯声.松花江下游的赫哲族[M].北京：民族出版社，2012.
图二　黑龙江省民族博物馆
图三　来源1："中央研究院"民族学研究所
　　　来源2：凌纯声.松花江下游的赫哲族[M].北京：民族出版社，2012.
图四至图九　单芳霞　制图
图十　张子扬　制图

图二　赫哲族吊锅中的铁锅实物图

图三　赫哲族木制挂钩及装吊锅的网兜示意图

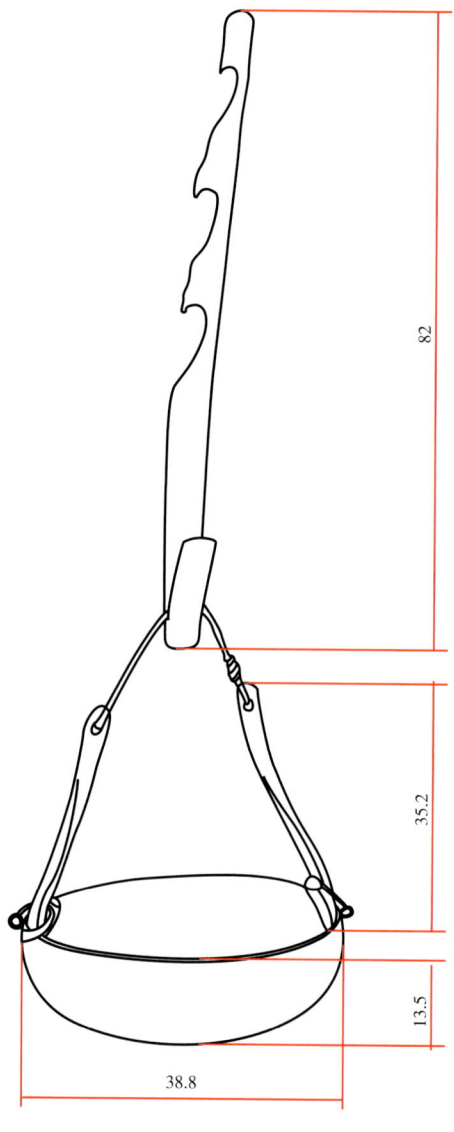

图四　赫哲族吊锅尺寸图（单位：cm）

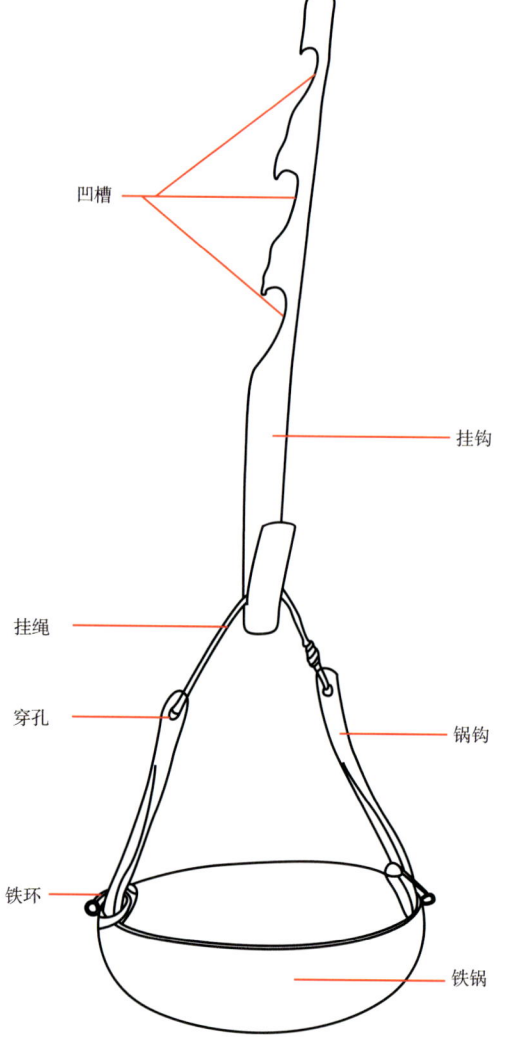

图五　赫哲族吊锅结构名称图

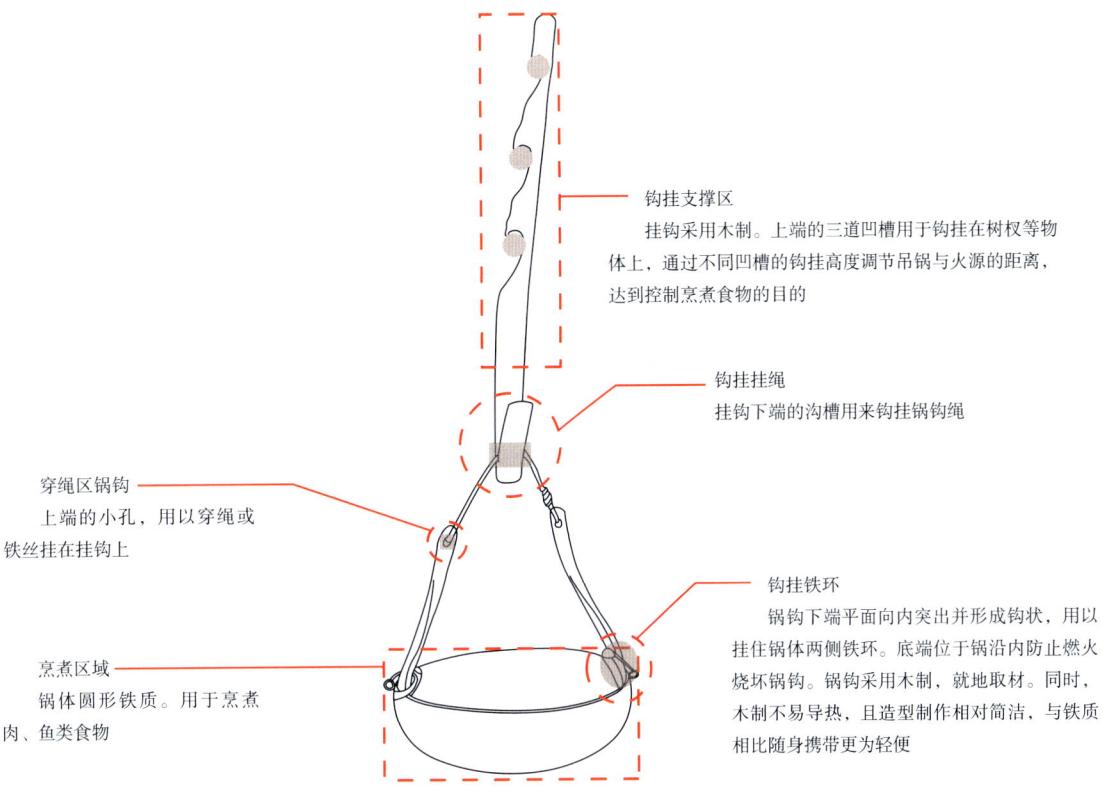

图六　赫哲族吊锅功能分区图

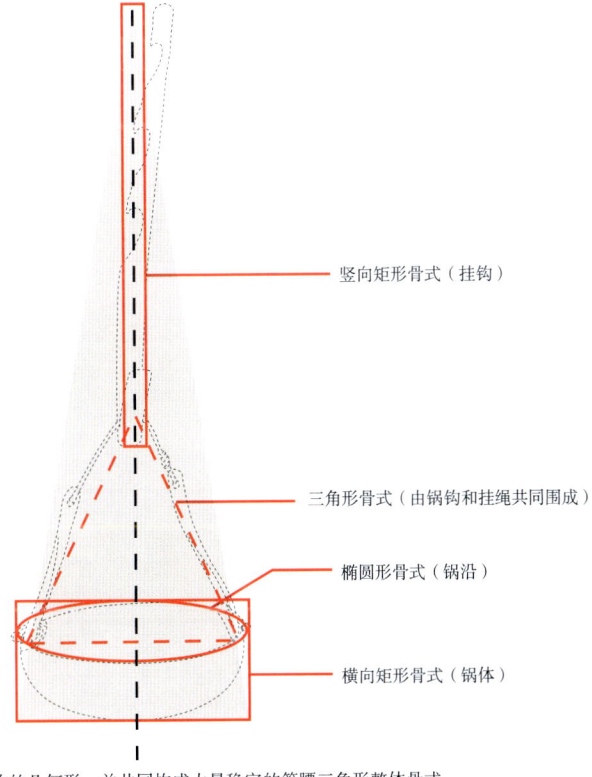

图七　赫哲族吊锅形态分析图

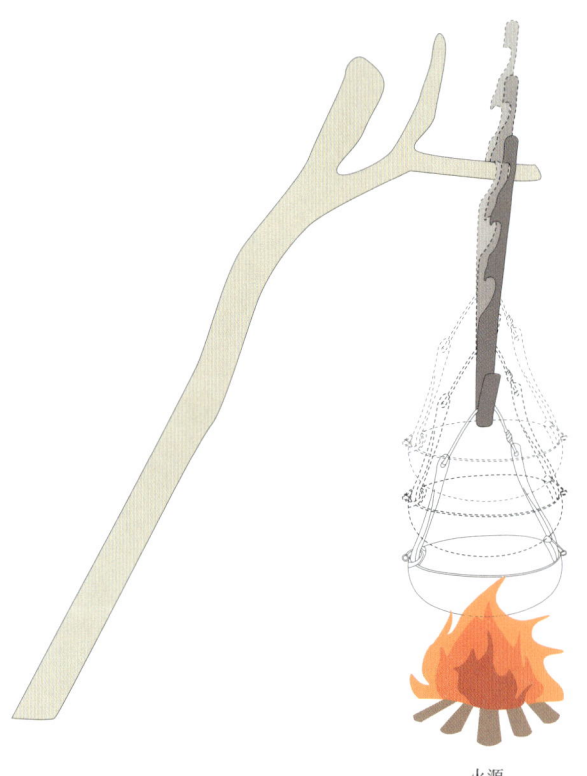

火源

木挂钩上端挖出的三道凹槽，可以升降三档用以调节锅体与火源的距离，锅体的受热度也随之得到调节

图八　赫哲族吊锅操持方式示意图

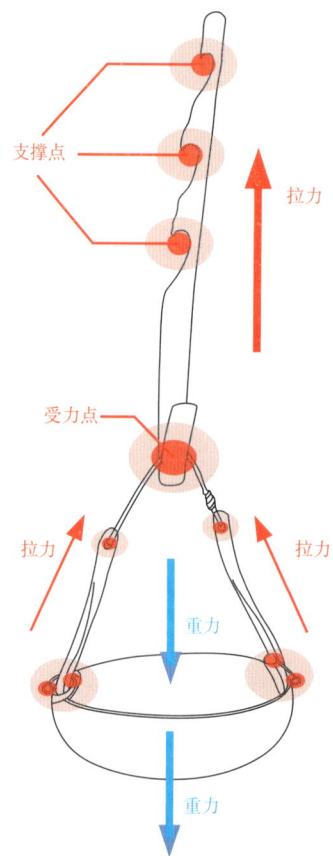

图九　赫哲族吊锅受力分析图

图十　赫哲族吊锅使用情境图

第四章 赫哲族传统生活用具

近现代赫哲族木作家具

图一　赫哲族室外晾架主图

　　近现代赫哲族木作家具，指进入半农耕、半渔猎定居早期的赫哲家庭常用的木质家具。本案例仅以赫哲家庭室外晾架与室内搁架这两种具有代表性的案例进行分析。赫哲人家的室外晾架，由立柱、晾竿与横档组成，不但用来晾晒衣物，而且用来晾晒各种渔猎产品。赫哲人家的室内搁架，由立柱、格档与搁板组成，用来悬挂或分类置放那些盛放各种家什杂物的箩筐、箱盒、囊袋等。

　　赫哲族传统上属于渔猎民族，冬季进山狩猎、凿冰垂钓，住的是尖顶窝棚、地窖；夏季逐渔而迁，居无定所，往往渔场江畔便是栖息地，入夜烧一堆篝火围拢一家人，天当床、地作被。晚清至民国，百万胶东、河北汉民闯关东，再加上俄国移民、日本垦殖家庭、朝鲜人大量涌入，使包括赫哲地区在内的边疆少数民族社会状态发生急剧变化，赫哲族原有的主要渔猎谋生方式与日常生活方式都发生了根本性的转变。很多赫哲家庭放弃原有的捕鱼、狩猎职业，转而种菜种粮、进矿做工、开铺揽活、入家帮佣，因而逐步转为定居式居住，一批最早的赫哲族定居型建筑由此产生。不及百年，定居型建筑迅速演化，基本普及：先是木排垒墙、苦草为顶的马架子房，然后是编席抹泥或"干打垒"墙壁的正房，最后是与内地汉族无异的砖墙盖瓦大平房。定居后，各种源自域内汉人那种木质家具也逐渐进入赫哲家庭，成为近现代赫哲民居内部的必备生活装置。但是赫哲家庭的木作家具并不是完全抄袭汉族木作样式，而是根据自己的实际需要进行创意与制作，处处体现出自己的民族特色。其中最有赫哲族特点的是几乎每个半渔猎、半农耕赫哲家庭都有的两件木作家具：室内的搁架与室外的晾架。

原先为渔猎迁徙民族时，赫哲人没什么家具，搬迁时所有家什都装在大小皮囊、桦皮盒匣或柳条框里，或是江畔泛舟，或用冰上爬犁，或是一骑快马，连装带驮，掣妇将雏，了无牵挂。自打如汉人般当上菜农、粮农或挖矿小工、作坊匠人之后，只能做窝定居，端起了瓷碗，吃上了粥米，也积攒起了各种家具杂物。与汉人家庭不一样，早期定居的赫哲家庭的木作家具，仍保留自己渔猎民族的简朴方式，只有结构简单但实用性极高的室内搁架与室外晾架。这是赫哲族渔猎迁徙社会向农耕定居社会彻底进化时期的过渡型家具样式。如同近现代每个赫哲家庭房前屋后都有的大型晾架，这些装置并不是像汉人家庭那样仅仅用来晾晒洗涤后的衣物，很大程度上更是一种兼有生产、生活双重功能的通用型家具：渔汛季节用于晾晒鱼肉和鱼皮，狩猎季节用于晾晒兽肉、兽皮。这些晾架比仅晾晒衣物负载承重要大得多，在结构设计上就首先要考虑结实、耐久，于是赫哲族晾架大多为立柱加横档的捆绑式结构，形式多样，简繁随意，既有简单如"一面墙"的栅栏式晾架，也有复杂如"窝棚架"的棚式晾架，一切根据自己家庭晾晒物件的多寡、重量等实际需要而架设。正因为有晾晒大批渔猎产品的生产需要，赫哲族晾架的所有构件尺寸要比汉人衣物晾竿大了很多。从学者凌纯声于20世纪30年代田野考察所拍摄照片看，一般赫哲族晾架的立柱直径起码有碗口粗细，左右上下依次排列的晾竿直径一般也有胳膊粗细。

除去室外晾架，过渡型定居的赫哲家庭，其住所的室内陈设除去睡觉的铺板外，最显眼的就是每户必备的搁架。赫哲家庭室内搁架，有的铺设格板，有的犹如屋外晾架，只有立柱与格档。赫哲人的家什杂物通常都分类盛放在兽皮囊包、桦皮盒匣或柳条筐篓里，一家人之间并无禁忌私密，全都开放式陈列，共同拥有。平时这些篓筐、箱匣、囊袋都按使用频率分层分类地、或放或挂地在搁架上贮存，用时按类逐层寻找、随用随取，十分便利。这是一种迁徙游牧民族共有生活特征的遗留，完全符合过渡型定居赫哲家庭的日常生活习惯，其贮存、分类、取用方式上的科学性和合理性，一点不比汉人家具差。

近现代赫哲族木作技艺与工具的历史并不久远，主要是受内地汉人影响较多。凌纯声当年考察时，曾精心绘制过一批小件的赫哲族木作物件，看起来都属于"细木作"工具，掏榫眼、挖凹槽、找平面等，并没有木料开方的铁锯。但其他史料表明，地处林业资源异常丰富的三江流域的赫哲族，在20世纪初就会使用估计是俄国移民传入的欧式双人拉锯来原木开方了，只是没有当时的实物和影像资料存留，甚为可惜，故此不做深议。

赫哲族的室外晾架与室内搁架，是过渡型定居方式时的典型设计案例，具有研究民族习俗变迁、文明交叉影响、自我实际需要决定功能设置等多重研究价值。虽然这些80年前被凌纯声等民国学者发现并研究过的重要木作器物如今已消失殆尽，但它们当年对每一个半农半渔赫哲家庭日常生产生活的作用是十分重要的、必备的，因此在近现代赫哲族发展历史进程中，特别是在赫哲族传统造物历史中的地位显得十分突出。

图片来源

图一　李胜涛　摄影

图二至图四　单芳霞　制图

图五　卢慧敏、单芳霞　制图

图六　张敏杰.赫哲族渔猎文化遗存［M］.哈尔滨：黑龙江人民出版社，2009：105.

图七、图八　凌纯声.松花江下游的赫哲族［M］.北京：民族出版社，2012.

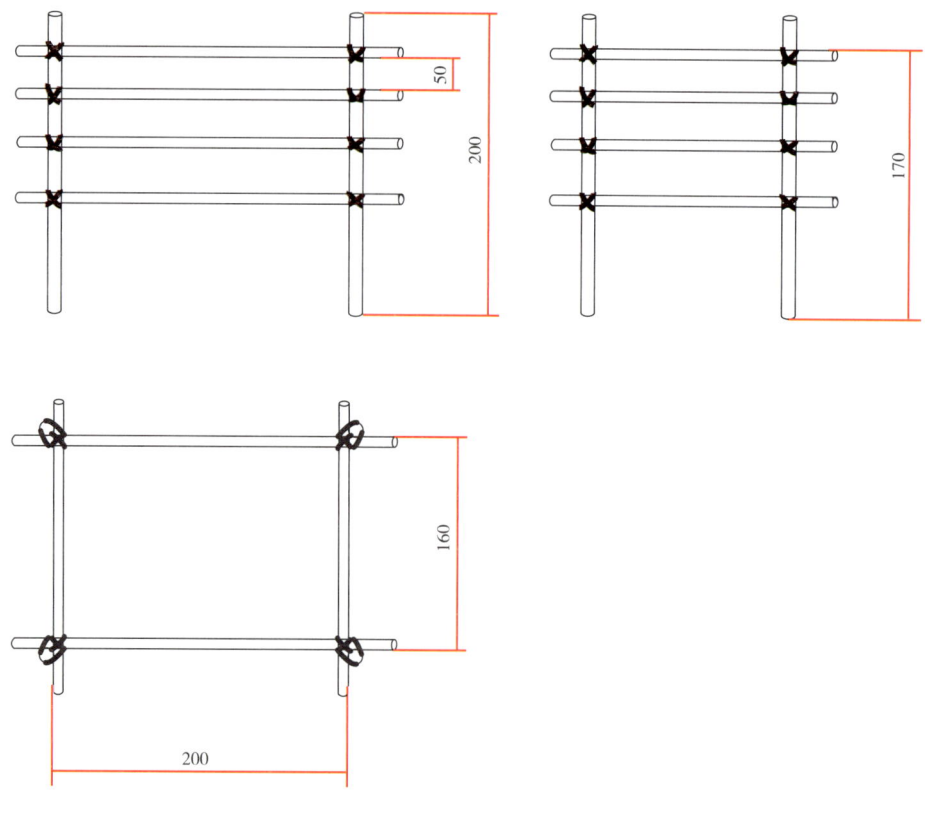

图二　赫哲族室外晾架尺寸图（单位：cm）

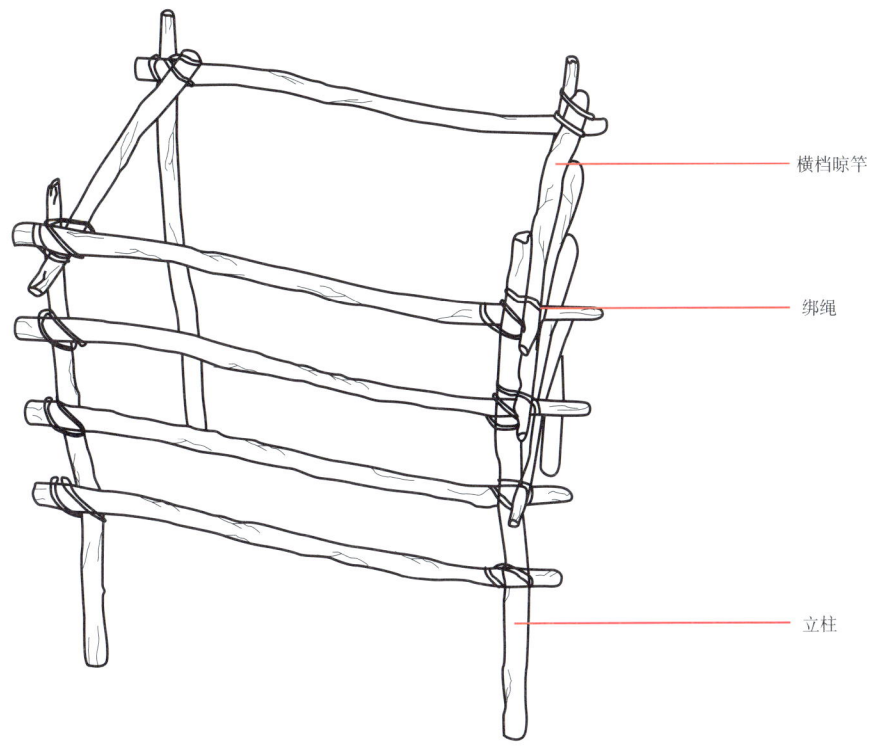

图三 赫哲族室外晾架结构名称图

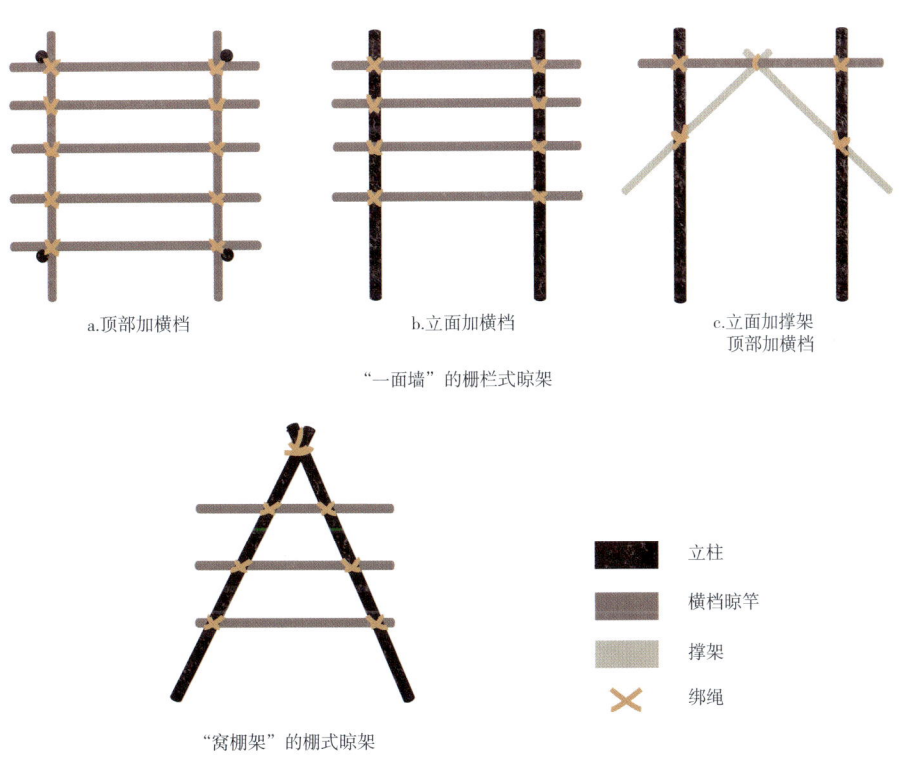

图四 赫哲族不同形式的室外晾架示意图

图五　赫哲族晾架晾晒烟叶情境图

图六　赫哲族晾架晾鱼实景图

图七　30年代的赫哲人家屋前晾架实景图

厨房内置食具的搁架

厨房内供奉的灶神

锅灶及厨房内部的设备

图八 民国时期赫哲族正房内厨具搁架实物图

赫哲族桦皮船

图一　赫哲族桦皮船主图

桦皮船，是赫哲人传统生产与生活中最负盛名的一种水上轻便交通工具。顾名思义，就是用桦皮制作而成，既可以人员乘用出行，也可以用来捕鱼作业。黑龙江地区的各少数民族均有制造桦皮船的传统，如赫哲族、鄂伦春族、满族等，但赫哲族桦皮船素以实用便捷、外形简洁、质地美观、工艺精巧、选材经济等诸多优点见长。

赫哲族桦皮船是纯粹的手工制品，主要材质均为木质材料，船壳以桦树皮缝合后蒙制：首先按大小需要用质地较硬的枝条（以樟木、柳木为佳）捆扎成撑架，然后将剥取的小块桦树皮拼接缝合成大张，再把大张桦皮套在骨撑上裁割得当，并用松树脂熬成的木胶粘糊固定。待胶合住后，再以松脂罩髹（类似汉人漆木工艺的"胎骨封固"），干固后试水，并以树脂弥补拼缝渗水处。桦皮船的船帮边口、隔板和船桨，均为硬木制成。讲究的赫哲船主还会将船桨雕刻出各种神灵造像或动植物图案。一艘标准的赫哲族桦皮船，通常船体长度约为600厘米，舷高80厘米。船首与船尾两头尖翘高度不一样，船头高挑，船尾略扬。一艘赫哲族桦皮船可载重300公斤左右，但自重却仅在20公斤上下，成年人可轻松扛着船行走。赫哲族桦皮船中速划行，一般时速可达25公里。

桦树皮天然纤维密致、质地严实，并具有一定的耐磨、耐浸、耐压性能，且不受水，不霉变，有很好的防潮防腐性能，因而赫哲族的桦皮制品隔水防渗性极佳，且修缮简易、维养方便，甚至可以随弃随换——赫哲人使用桦皮船，一般最多2~3年，便要更换新船。赫哲人不但制作桦皮船，还将桦皮制品作为汲水、盛水、贮水的多种生产工具与生活用具。

清代中晚期，东北"龙兴之地"弛禁，大批汉民进入三江流域之后，汉人的各种平底木板船逐渐流入赫哲地区。这些木作船只主要有花鞋船、挂丝子船、三页板船、快马子船等，流行时期大致都在清晚至民国时期，如今均已基本消失。鸦片战争之后，原本中国内河黑龙江竟成了中俄界河，俄国当局禁止中国边民超越主航道捕鱼。自此，世代江边渔猎的赫哲人捕鱼作业区域骤减过半，部分赫哲人被迫转移至其他河流作业、栖息，往年满江的赫哲桦皮船逐年减少。晚清至民国初年，随着几十万白俄移民入境，俄国人在三江流域搞起了水上客货运输航线，用烧木柴、煤炭的蒸汽小火轮载客拉货；汉人平底木船也在日益普及，加之大多数赫哲人逐渐改变了以桦皮船叉鱼为业的谋生方式，赫哲人的各种传统水面船只便逐渐淡出了人们的日常生活、生产领域。目前，只有少数几个无形文化遗产继承人会制作工艺美术品性质的桦皮船，不过其品质与造型，比之早年来往于三江之上的实用型桦皮船已不可同日而语。

赫哲族桦皮船所凸显的设计特色主要有三点：1.实用。赫哲人祖辈以渔为业、以鱼为食，却不善网捕垂钓，捕鱼主要靠在水面用鱼叉刺扎捕捉。水底鱼游，腾挪移位，聚散静动，须臾变化，稍有滞怠，良机即逝。因而水上作业用船，对操控上的要求远胜于速度，特别讲究轻盈快捷、操控随心。赫哲人的桦皮船多为单人操控，除乘员之外，舱内并无多余空间，类似今日赛艇皮划艇的座舱。行使时，可用长桨在双侧轮回划水，亦可用单桨在双侧划水，可做到进退自如，静动随意。如遇上岸陆行，因桦皮船仅为几根木条与一张桦皮构成，自重极小，可将桦皮船手托肩扛，一路飞跑，并无重负感。赫哲族桦皮船可谓全世界最轻的木质船。2.美观。赫哲人的传统桦皮船，既不同于外国欧美地区那种单人操桨的梭形皮划艇，也不同于汉人那种单桨或撑篙的矩形平底方头船，而是俯视时为尖角橄榄形，侧视时为平口圆肚弧角矩形，截面为上端尖翘、下部弧曲半圆的悬胆形，船形轮廓简洁整齐，线条流畅明快，色泽淡雅清新，肌理细腻精巧，从每个视觉角度看，赫哲族桦皮船的造型都十分美观。3.经济。赫哲人聚集的三江流域平原水网地区盛产桦树、白杨树，因而赫哲族以桦木、桦皮造物的工艺传统久负盛名。桦树举目皆是，桦皮唾手可得，是赫哲人取之不尽、用之不绝的主要生活和生产资源。

赫哲族桦皮船在设计创意与制造工艺上极为考究，具有很高的设计与技术含量，但在材料上采选了环境中最为常见、普通的原材料，实现了设计学意义上的"最佳性价比"。总之，赫哲族桦皮船在实用性、美观性和经济性方面，都极具优点，堪称赫哲族造物文明的典型事物，不但是赫哲族传统文化形态的重要实物例证，也是赫哲族传统造物设计的经典设计范例之一。

图片来源
图一　张泽国　提供
图二至图六　张帅　制图
图七　凌纯声.松花江下游的赫哲族[M].北京：民族出版社，2012.
图八　张帅、齐乐　制图
图九　单悦　制图

参考文献
凌纯声.松花江下游的赫哲族[M].北京：民族出版社，2012.

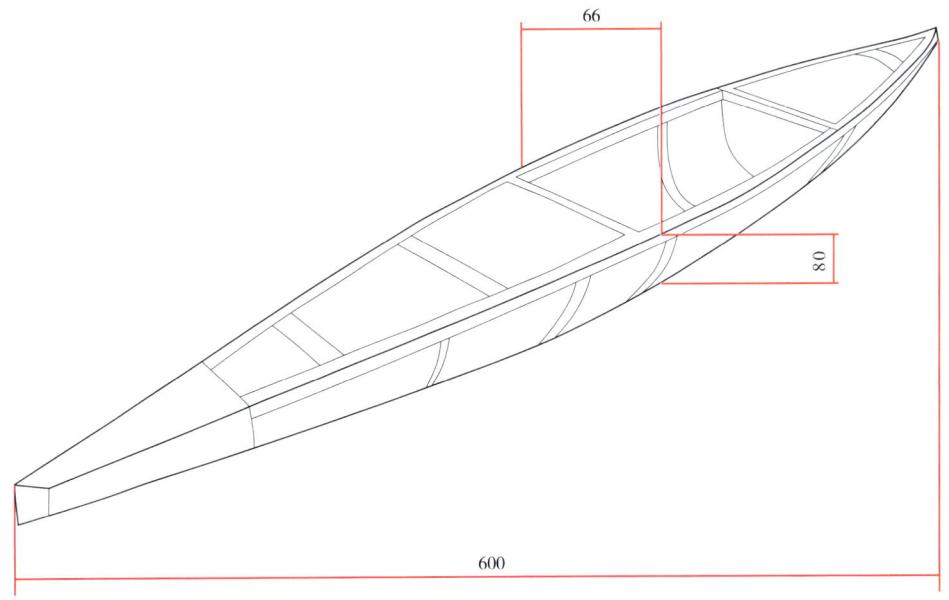

图二 赫哲族桦皮船尺寸图（单位：cm）

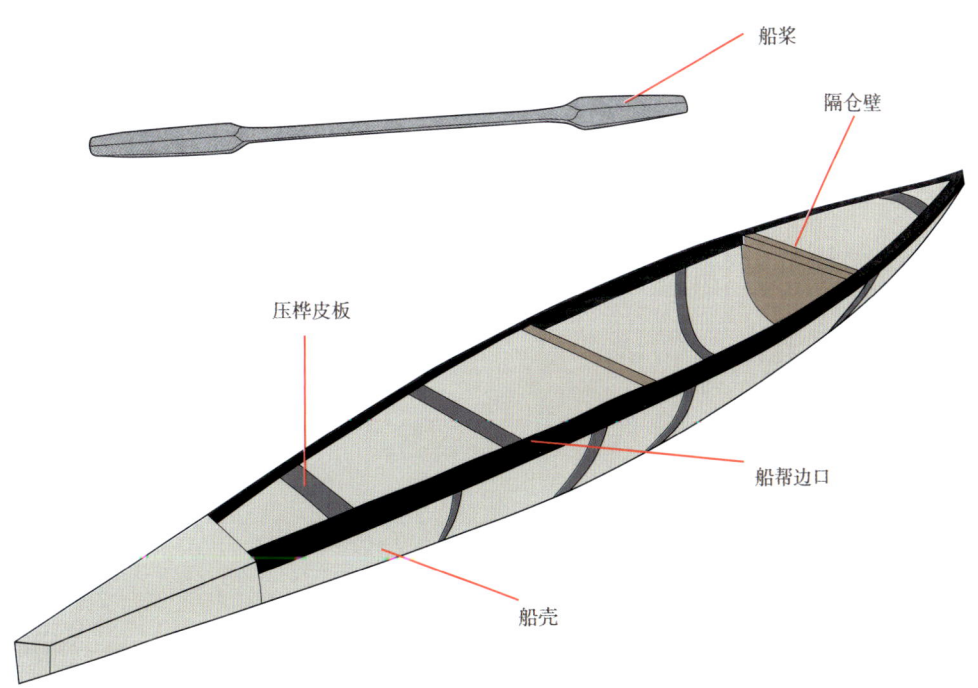

图三 赫哲族桦皮船结构名称图

船底首尾柔和上翘，利于入水出水，前可减少水阻，后可减少水的黏滞阻力

船体入水部位尖滑，船体窄长、光顺，利于破水前行

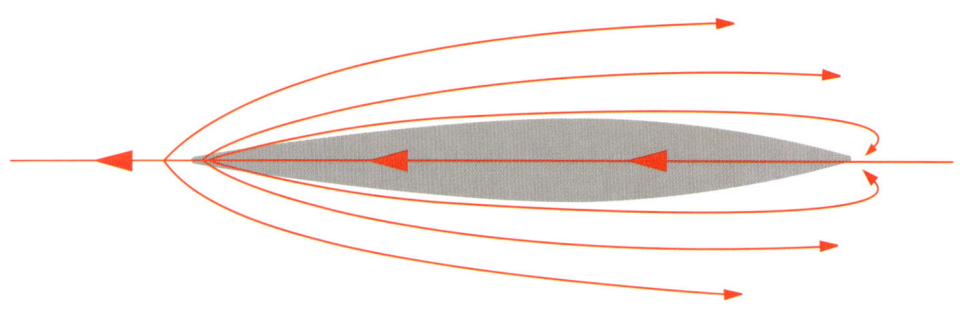

图四　赫哲族桦皮船造型功能分析图

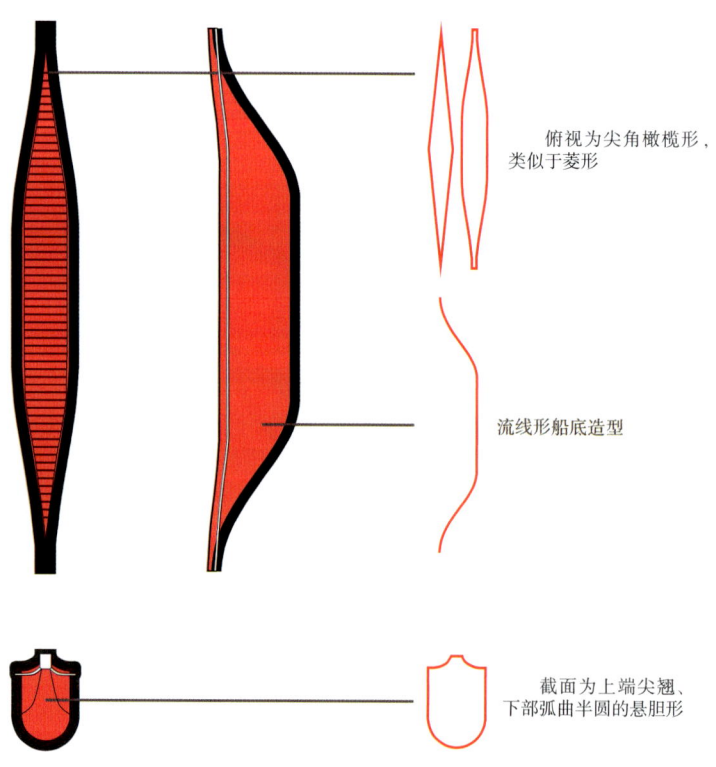

俯视为尖角橄榄形，类似于菱形

流线形船底造型

截面为上端尖翘、下部弧曲半圆的悬胆形

图五　赫哲族桦皮船三视造型分析图

图六　赫哲族桦皮船木雕船桨效果图

1. 压平桦皮

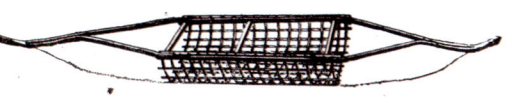

2. 制成桦皮船骨

3. 桦皮船骨外包桦皮

4. 完成桦皮船骨及船头

5. 完成桦皮船

图七　赫哲族桦皮船制作步骤图

图八　赫哲族桦皮船划行情境图

图九　赫哲族恰哈拉人乘桦皮船划行情境图

赫哲族滑雪板

图一　赫哲族滑雪板主图

赫哲族的木质滑雪板，当地赫哲人俗称"木马"，是赫哲人在冰雪覆盖的严冬季节单人出行使用的主要滑雪工具。赫哲族滑雪板在形制、材质和功能上与中外各严寒地区的滑雪板基本相似。文献记载中的赫哲族滑雪板单板一般长约180～230厘米，宽约10厘米，两头翘起，中间系有绳索，以绑缚固定滑雪者的脚部。雪板一般以相对坚实耐磨的柳木、梨木等硬料制成，也有属于软料的杨木、桦木。在材料上无论软木硬木都各有利弊，取舍由人：硬料结实耐久，一副滑雪板可使用3～5年，甚至更长，但其加工麻烦，费工费时；软料相对不够结实，通常仅使用一年便丢弃，但制作简便。赫哲族滑雪板的主要做法是：先将原木开方裁料，再将雪板两头削成尖锐状，然后火烤，使两只滑雪单板都弯曲成"W"形，即单板两端头部上翘，中部也略微凸起。如此构造可使滑雪板在高速滑行中尽可能缩小与积雪的摩擦面积，达到减少阻力、提升速度的功效；中间凸起，既是为了尽量减少雪板接触地面的摩擦阻力，又是为了避免绑缚人脚部的绳索在滑行时磨损。滑雪板制成后，还要在雪板中间处用铁钉固定住一段兽皮条，使之形成半截弧圈，可套住滑雪者的脚，还要用系结在皮圈上的结实麻绳或皮绳将脚与脚踝牢固捆扎在雪板上。赫哲族特有的这种"W"形滑雪板造型设计，在实用中丝毫不逊色于现代体育与旅游项目中常见的那种两端圆头微翘、中间直来直去的西式金属滑雪板。前者摩擦面积小、阻力小，后者接触雪层面积较大，因而阻力更大。

赫哲族聚集区域位于祖国东北边陲的三江平原，人口稀少，土地广袤，一年中冬季气象要占据全年的过半时间，气候寒冷，雨雪丰沛，地面常年被冰雪覆盖，人迹罕至，车马不通。因此，在漫长的冬季要是不会滑雪，基本是寸步难行。而每个冬季都是勤劳的赫哲人繁忙的生产季节：深秋至初冬，是各类野兽（以麂、狍、鹿、狐、獾、兔、鼠为主,貂、熊、虎、狼等已基本绝迹百余年)膘肥肉厚的时节,也是赫哲人狩猎的生产旺季;严寒深冬季节,大小河流湖泊均冰封雪冻,但却是赫哲人凿冰开洞、垂钓网鱼的大好时机。这一切冬季的户外生产活动,都有赖于赫哲人滑雪技术与装备的掌握。从历史文献记载中,我们很难判断赫哲族滑雪板究竟是赫哲人独创的滑雪装备,还是境外传入的滑雪器材,但即便是引入物种,赫哲族滑雪板在造型设计上的改良,也充分体现了赫哲人在造物思维方面的聪明才智。根据部队作家曲波自传体小说改编拍摄的影片《林海雪原》,就描述了20世纪40年代在赫哲人聚集地牡丹江地区活动的一支解放军剿匪小分队,他们就是靠每人一副赫哲族滑雪板机动灵活地驰骋雪原的,这部影片至今脍炙人口。苏军在二战期间和边疆常备守军,也一直设置有专门的滑雪部队。

赫哲族滑雪板是赫哲人冬季出行的主要交通工具,它的设计创意、制作工艺与使用方法,都反映了赫哲族重视功能、一切从实用出发的造物传统。特别是板材被处理成"W"造型,这种特别高妙的结构设计,充分体现出赫哲族在吸纳外来事物基础上,根据自己民族特有的自然条件与使用环境,因地制宜地进行了一系列改良设计,独创出独特样式。赫哲族滑雪板的改良设计,印证了中国设计传统在古代各文明形态中得以硕果留存并延传千年的一个根本原因:对传统事物不断进行现代化改造,对外来事物不断进行现代化改造。这种开放、兼容、实事求是的文化心态,理应是从过去到现在,还要延续到将来的华夏各民族共有的文化承传基因。

图片来源

图一至图五　樊进　制图

图六　张孙晨　樊进　制图

图七　凌纯声.松花江下游的赫哲族[M].北京:民族出版社,2012:322.

图八　刘忠波.赫哲族[M].北京:民族出版社,1981:92.

参考文献

1.凌纯声.松花江下游的赫哲族[M].北京:民族出版社,2012.

2.刘忠波.赫哲族[M].北京:民族出版社,1981.

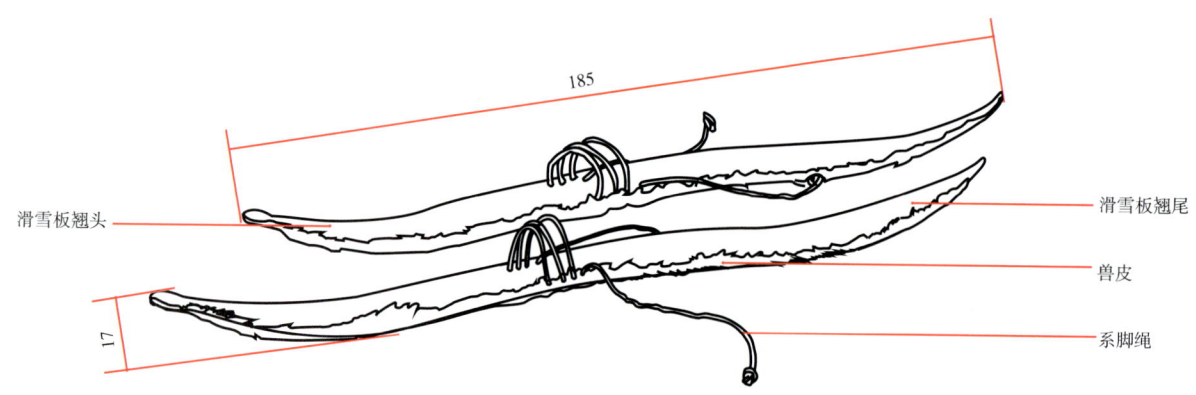

图二　赫哲族滑雪板尺寸、结构名称图(单位:cm)

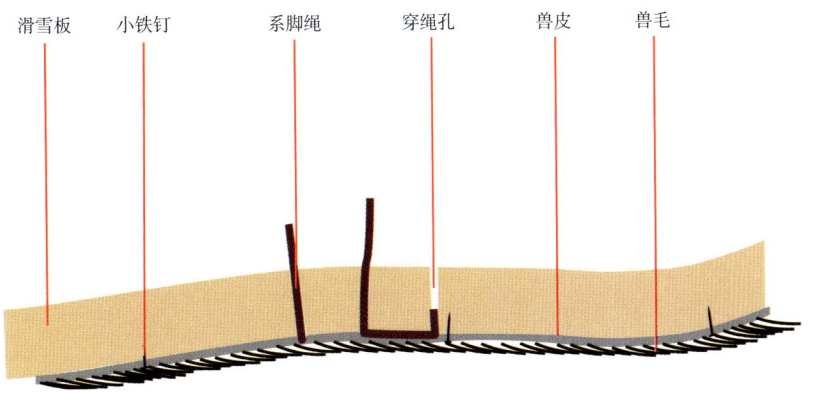

图三　赫哲族滑雪板结构分析图

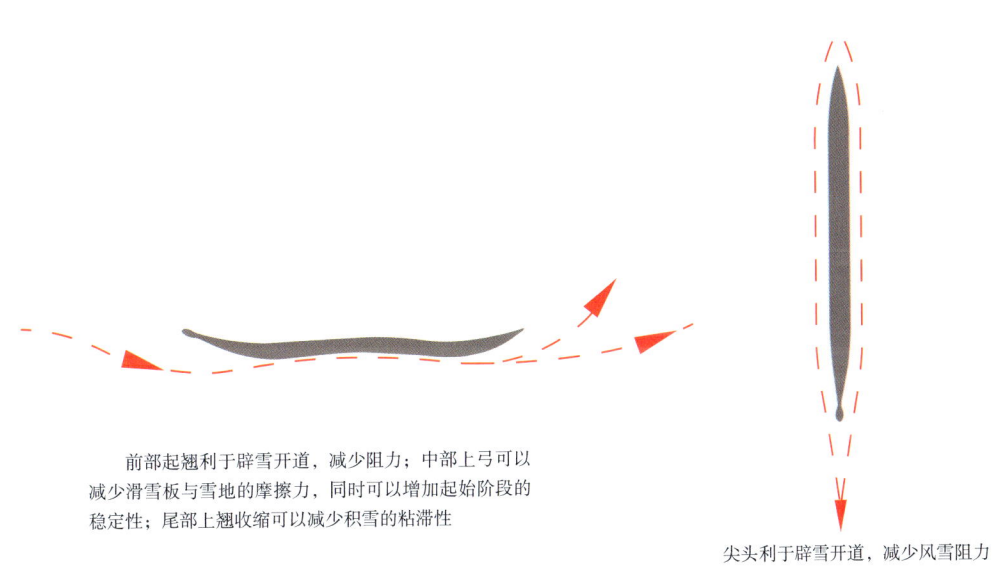

前部起翘利于辟雪开道，减少阻力；中部上弓可以减少滑雪板与雪地的摩擦力，同时可以增加起始阶段的稳定性；尾部上翘收缩可以减少积雪的粘滞性

尖头利于辟雪开道，减少风雪阻力

图四　赫哲族滑雪板造型分析图

图五　赫哲族滑雪视光动态分析图

图六 赫哲族滑雪板操持方式示意图

图七 文献记载中的赫哲族滑雪板实物图

图八 赫哲族猎人滑行打猎实景图

赫哲族狗拉爬犁

图一 赫哲族狗拉爬犁主图

赫哲族狗拉爬犁，赫哲语为"拖日乞"，是赫哲人冬季出行载人拉货的主要用具。辽阔的三江平原是赫哲人散布地区，其中黑龙江省北部则是赫哲人的主要聚集地。在漫长的冬季休渔季节（通常长达七个月），赫哲族交通出行的大量人员往来和大宗货物运输，主要靠传统的狗拉爬犁和俄式马拉雪橇来完成。

赫哲族狗拉爬犁的具体制作方法是先做用以装货、坐人的主要承重结构——爬犁底板：以两根5厘米粗细、长约280厘米的长木棒作为滑行橇棍，对其进行细作处理，即将橇棍两头约半米处之间切削成平薄状，两端则切削成上翘尖状。这两根滑行橇棍呈弓弧状，末端尖锐是为了减少与地面冰雪的摩擦面积，从而减少阻力，增加滑行速度。木棒中端平阔，是为了使在其上安装的四根承重立柱（即"橇棍腿"）与滑行橇棍之间的构件接触面增大，提高构件衔接的牢固度。四根承重立柱均约半米高，其上再搭建各类横档和隔板（通常是2纵4横），形成供人乘坐、供货搭载宽约60厘米左右的厢体。厢体底部横铺一层厚厚的软枝条，形成缓冲层，为的是在爬犁运动状态下对承载物体起一定缓冲、避震作用，减缓颠簸给乘坐人员造成的不适和货物移动时造成的损坏。赫哲族狗拉爬犁套狗的方法，是先将一条固定在橇棍立柱上的牵引主绳以"交叉跨肩"方式套在一只经过训练的"头狗"身上，其余的狗各依其在狗队中所处位置先以皮圈脖套固定，然后再用长短不一的绳索系结在"头狗"与爬犁之间的牵引主绳上，以便在统一行动时产生牵引合力。赫哲族狗拉爬犁所用狗队，因有以"头狗"编队排列的缘故，均为奇数，各视所需速度、载重多少而定，配以5~10余只不等。

据20世纪80年代当地民族学者考证，赫哲地区在元代起就建有赫哲族狗拉爬犁的管理站点，俗称"狗站"，专门供给往来犬只和驭手饮食、过夜休息及货物配送，必要时还要换掉疲惫、伤残的犬只。狗站的职能类似于古代汉人专门管理长途马匹和人员物资补给的驿站，通常一昼夜路途（约100公里）设一个狗站。与中国境内其他各民族不一样，古老的赫哲族与犬只之间的关系，可谓亲密无间、源远流长。赫哲人几乎家家养狗，人人喜欢狗、爱护狗；狗也为赫哲人看家护棚，增添情趣，还提供了赫哲人冬季交通与运输的所有畜力。偶尔或特殊情况下，个别赫哲人也有吃狗肉的行为，但狗肉从来没有登上赫哲族传统主食与各种食材、菜式的名单中。由于犬只是赫哲人使用的唯一畜力，古代赫哲族又被称为"犬部""犬国"。赫哲地区的夏季水上交通网也有类似的站点，俗称"水狗站"，专门负责三江流域河沟湖汊水网地区船只往来的人员歇脚、饮食与船只修缮、维养和物资集散。至晚清和民国初期，大量俄国移民入境，其冬季主要用马拉雪橇，夏季用烧劈柴的蒸汽客轮，载人多、拉货重、速度快，使赫哲地区古老的冬季狗站和夏季船只水狗站在短短的几十年内逐渐消失，迄今已荡然无存，实物例证毫无踪迹可寻。

黑龙江省地处中国最北端，地理位置接近高寒地带，气象学意义的冬季气候（零下温度、不时有降雪过程）通常要占全年气候的一多半。由于常年低温，今日的黑龙江各地城镇均建有统一的市政或商业机构，用锅炉设备燃烧煤炭以烧气供暖，并建有密布于各个家庭居住点之间的供气管网，集中向辖地居民家庭供气取暖，一般从当年的10月初开始供气，次年5月初停止供气，时间长达7个月。除新疆北部的阿勒泰、塔城地区，黑龙江全省地区在气候上冬季长度超过其他三季的地区，在中国可算是绝无仅有。赫哲人聚集地区的这种常年冰雪覆盖的地域特征，加之赫哲人爱狗、养狗的民族共性，使得狗拉爬犁成为赫哲人在冬季出行的主要传统工具之一。北欧、北美地区也多见狗拉雪橇，彼此间在厢体、木橇等木质构件制造与套狗方式、人坐物载方法上的相互借鉴和相互影响，是完全可能的。现代赫哲地区的狗拉爬犁早已退出日常实用领域，仅成为民族节庆活动时的体育竞赛项目——赛拖日乞。研究赫哲族狗拉爬犁的形成、功能、演化、被替代的全过程，可以使我们更加理解一个道理：设计事物产生于"特定时空概念范围人们"的日常生产生活的具体需要，并受具体自然条件、技术条件和文化积淀的制约，反过来又可以作用于这些相对应"特定时空概念范围人们"的日常生产生活，以提升生产效率、改良生活品质。

图片来源
图一　张谦　制图
图二、图三　赵桐　制图
图四、图五　周正飞　制图
图六　周亚东　摄影
图七　单芳霞　制图
图八　凌纯声.松花江下游的赫哲族[M].北京：民族出版社，2012.
图九　《赫哲族简史》编写组.赫哲族简史[M].哈尔滨：黑龙江人民出版社，1984.
图十　黑龙江省民族博物馆

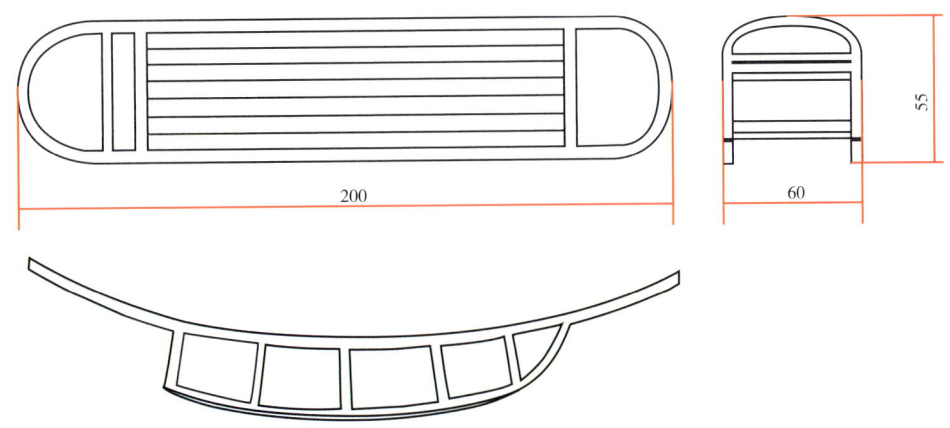

图二 赫哲族狗拉爬犁尺寸图（单位：cm）

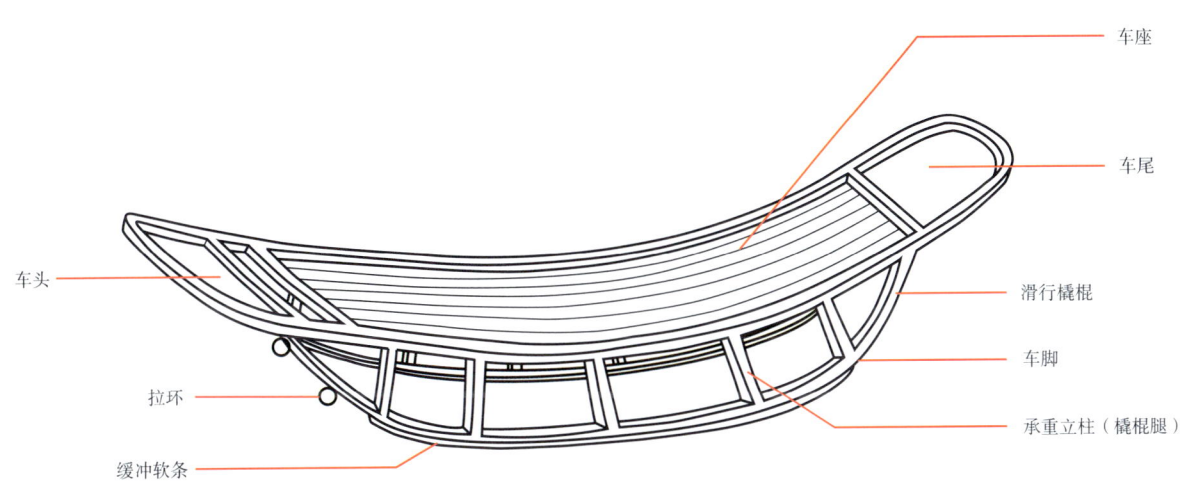

图三 赫哲族狗拉爬犁结构名称图

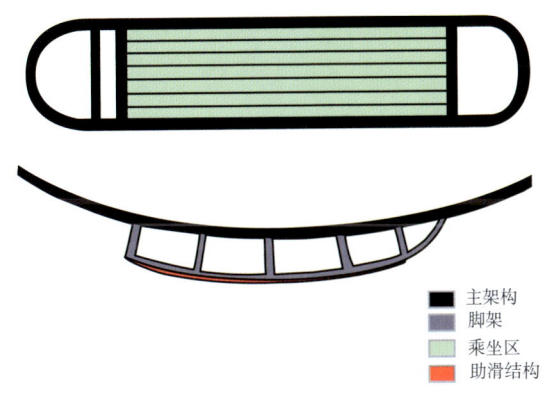

图四 赫哲族狗拉爬犁结构分析图

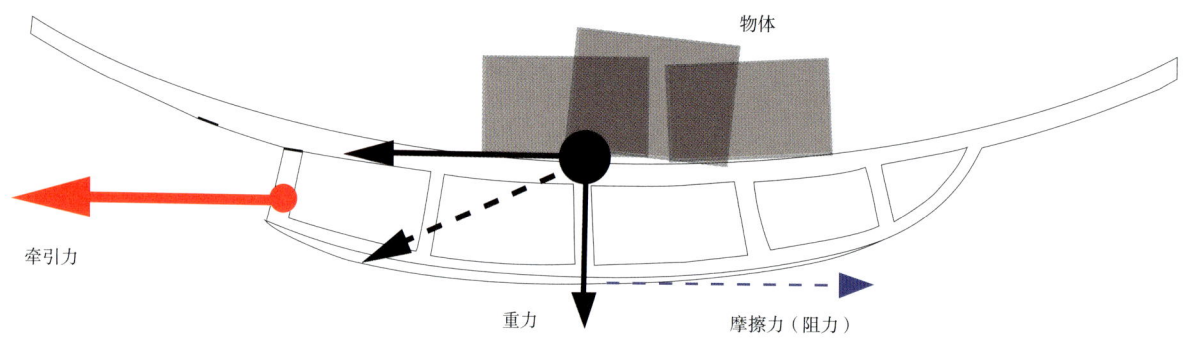

图五　赫哲族狗拉爬犁动力分析图

牵引力　　　重力　　摩擦力（阻力）

图六　清代《广舆胜览》局部图

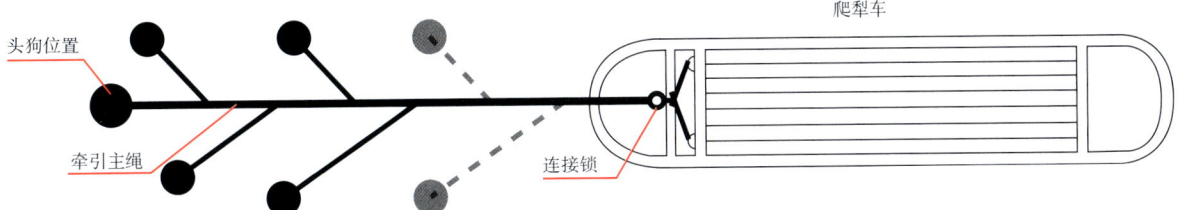

套狗的方法先是：将一条固定在橇棍立柱上的绳索（牵引主绳）以"交叉跨肩"方式套在一只经过训练的"头狗"上，其余的狗各依其在"狗队"所处位置均以皮圈脖套固定，全用长短不一的绳索系结在"头狗"与爬犁之间的牵引主绳上。所用"狗队"因有以"头狗"编队排列的缘故，均为奇数，各视所需速度、载重多少而定，配以 5 至 10 余只不等

图七　赫哲族狗拉爬犁狗队位置分析图

图八　赫哲族拖雪车狗的挽具示意图

图九 赫哲族狗拉爬犁实景图

图十 赫哲族马拉雪橇实景图

近现代赫哲族平底木船

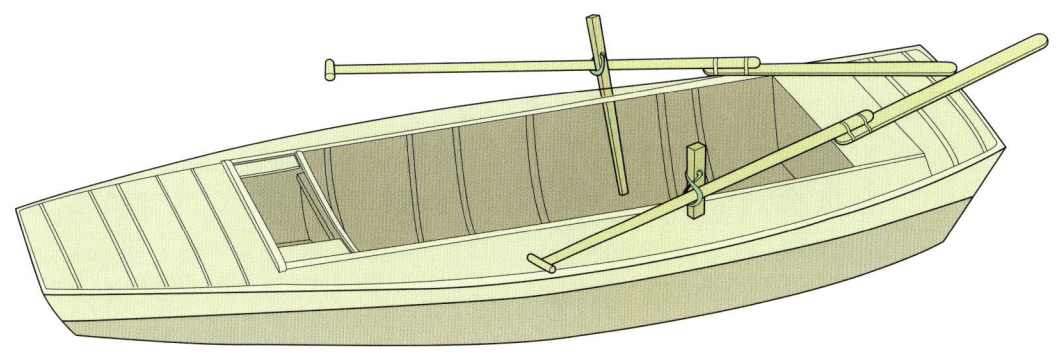

图一　近现代赫哲族平底木船主图

平底木船，是近现代赫哲人水上出行与渔业生产的主要交通工具，包括近现代在赫哲地区普遍使用的有舵、橹、帆、桨的各类平底木船。赫哲地区传统渔业、出行船只既有木制船，也有鱼皮船、桦皮船，多为弧形船底或尖底龙骨小船，自内地平底木船引入后，基本取代了上述各类船只，成为近现代赫哲地区生产与出行的主要水上用船。

古代赫哲人不事农耕，亦不擅匠作，近现代赫哲地区的洪炉业（专营铸铁、锻打各种铁质品的打铁铺）、烧造业（专营低温无釉粗陶器皿和砖瓦制品的窑场）、木作业（专营棺材的寿材铺和各种家具、晾架、搁板的木匠铺）和营造业（以内地土木技术结合当地资源专营建造各类定居式民房的泥瓦木工）等，基本都是晚清以来出关农耕的内地汉民和境外移民陆续开办的。这些外来文化事物的融入，一方面确实大大改善了已半农半渔半定居状态的赫哲家庭的生活品质，极大地提高了生产效率，另一方面也给赫哲社会传统的谋生手段与生活习俗都带来巨大冲击，使其祖辈承传的一些事物逐渐消失。如内地平底木船和俄式铁壳烧柴蒸汽小火轮先后传入赫哲地区，就迅速瓦解了赫哲人聚集地区几乎所有的水上出行与渔业生产既有方式。相对于传统的桦皮船、鱼皮船或当地木船等，由于航道条件要求低、持续航行时间长、操作方式简便、舱位充足载重量大、乘用及作业船体稳定性高、保养维修相对方便等诸多优点，这些由入关汉民引入的木船自晚清至今，已逐渐成为赫哲地区普通人家特别是渔民家庭日常主要用船。这些新事物使赫哲渔民的传统捕鱼方式和出行方式发生重大变化：原先夏天快舟扎鱼、冬天凿冰钓鱼的方式一律被网具和木船所取代；三江流域各主要河道航行的长途客运与摆渡基本被俄式蒸汽船垄断，短途水上交通则完全由各类内地平底木船所包揽，使原本赫哲人各种小皮船、小木船在经营上完全没有了立足之地，逐渐退出所有水面客运、货运业务，成为少数赫哲家庭偶尔自用和旅游、休闲"工艺品"。

这是一种典型的设计事物影响生产与生

活方式发生文化变异的内联现象,也可以称之为造物文化的"蝴蝶效应",由一种看似不起眼的设计事物,产生一系列连锁反应,最终波及、发展成牵动全局的重大变化。赫哲地区引入内地平底木船,就是扇动赫哲社会变迁之风的第一只"蝴蝶翅膀"。从清末新政时期到民国中期,在短短的三四十年内,自古赫哲渔民家庭每家必备的单人单桨、扎鱼兜鱼的桦皮船、鱼皮船和尖底小木船,被汉人的平底木船基本取代。平底木船在赫哲地区的普及,又带来了内地渔民撒网、拖网的捕鱼作业方式,各类网具基本取代了鱼叉、垂钓工具。加上半农半渔半定居的赫哲家庭日益增多,又使赫哲民居过渡型建筑马架子房、正房和汉式土木建筑渐次兴起。这一切最终从根本上动摇了既往赫哲社会生产与生活基本方式的存立基础。研究历史上各种设计事物对各民族社会变迁的诱发、推动作用,认真思考在生产技术与生活需求不断更新的现代社会如何在产业上、应用上确保民族传统文化事物的生存与发展,是中国当代设计学史论研究领域特别重要的学术课题。

图片来源

图一、图五　张帅　制图
图二至图四　张帅、樊进　制图
图六　张帅、单悦　制图
图七　张帅、单芳霞　制图
图八　《民族问题五种丛书》黑龙江省编辑组.赫哲族社会历史调查[M].哈尔滨:黑龙江朝鲜民族出版社,1987.

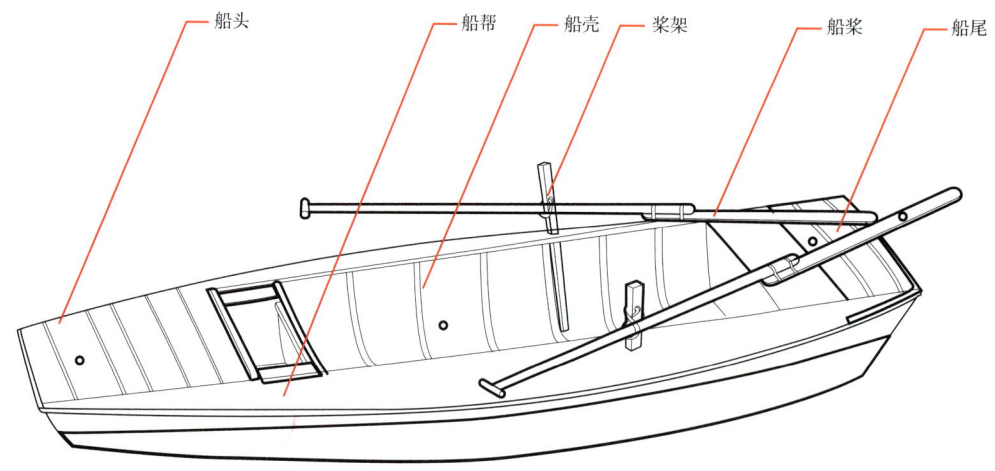

图二　近现代赫哲族平底木船结构名称图

图三　近现代赫哲族平底木船划行分析图

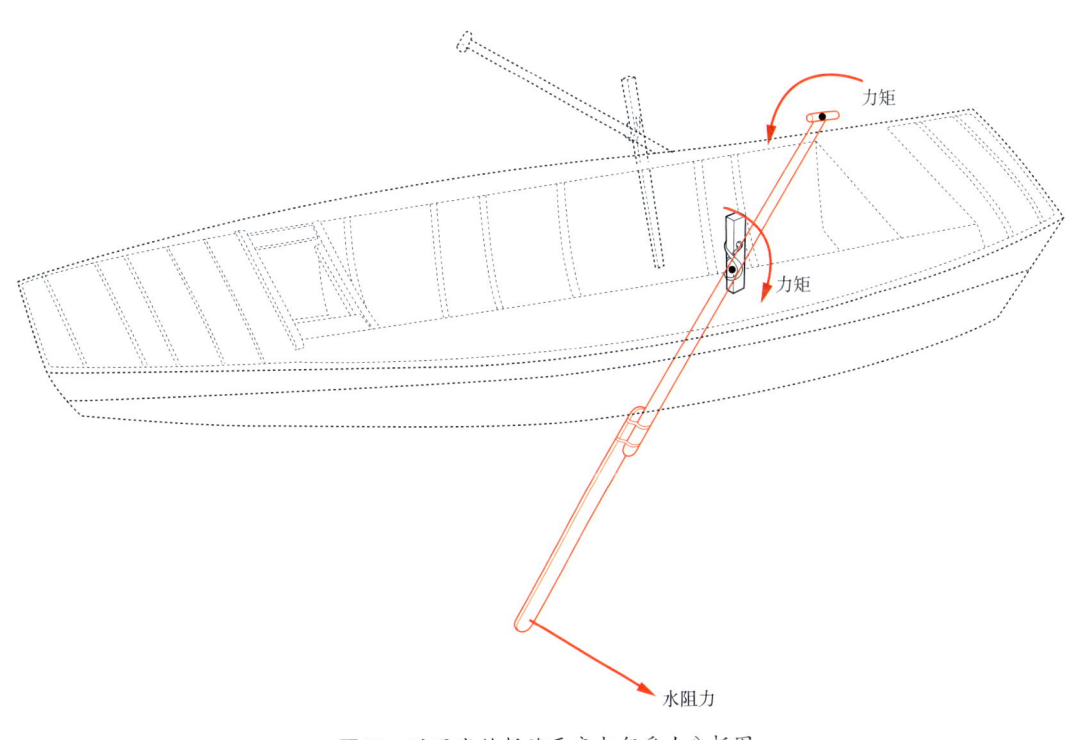

图四　近现代赫哲族平底木船受力分析图

图五　赫哲族传统尖底木船"快马子"示意图

图六　近现代赫哲族平底木船使用情境图

图七　近现代赫哲族渔民在木船上撒网作业情境图

图八　赫哲族挂子船与捕鱼工具实物图

赫哲族狍皮被窝

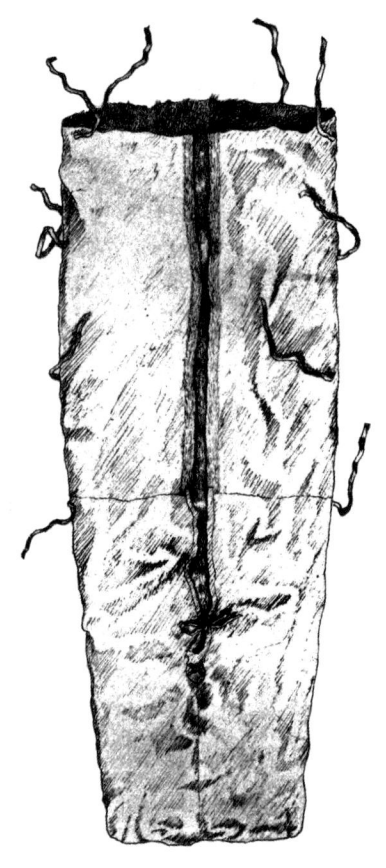

图一 赫哲族狍皮被窝主图

东北地区冬季室外温度较低,尤其长时间的户外活动,极为寒冷。特定的地缘环境、生活生产方式所需,传统赫哲人冬季多进山围猎,以获取生产生活资料。狍皮被窝,赫哲语称"那斯胡尔萨",是赫哲人冬季上山打猎期间休息时使用的卧具。本案例采选自凌纯声先生著作《松花江下游的赫哲族》一书。狍皮被窝长181厘米,宽约65厘米,完全用狍皮为质料。式样为圆柱形,上宽下窄,中有一缝,长115厘米,缝边都有狍皮贴边,被面上有皮带四行,以备卷捆时结扎。赫哲人严冬出猎,必须携带此被,虽在野外雪地过夜,有此即可御寒保暖,防野兽攻击。

此被窝由多张熟制好的狍子皮拼缝而成,兽毛朝里,皮质朝外。密实的毛料贴衣而卧,而外面的皮质料防潮防寒,保暖性能得以充分保证。狍皮被窝的形制与麻袋相似,上半部分(靠头部)有半截开口,下半截(靠脚部)呈筒式,底部缝制,也有圆筒形而侧面开口式。赫哲人在冬季渔猎时,睡觉前先靠近篝火烤暖胸、背及全身，然后将双脚、腰由开口处伸进，直到全身完全进入筒中，再将开口用身体压住即可，或者开口朝上，全身进入后，将两侧皮条进行捆绑。狍皮被面上缀有多道皮条，入睡可作捆绑，携带时亦可卷捆结扎。

从设计学角度看，狍皮被窝的形制、尺寸、材料完全符合人体工程学原理，且就地取材，资源丰富。从功能上看，其轻便柔软，保暖性能良好，又可防潮，携带方便，非常适合风餐露宿、无固定居所的传统赫哲族渔猎生活。狍皮被窝是严寒地区野外宿营的优良卧具，堪称一项重大发明，在一个相当长的历史时期被三江流域各渔猎民族所广泛采用，直至20世纪60年代。据传，美国早年野战部队官兵配备的鹅毛睡袋就是受了这种被窝形式的启发。同时，当下热衷旅游人士所使用的不同材质睡袋形式也是在此种寒冷地区惯常使用的被窝基础上，改良发展而来。赫哲人寝具除了狍皮被之外，还有狍皮褥子，以及狼、熊、獾、野猪等较大型野兽的毛皮制作的褥子，都是因气候苦寒、游动渔猎、野外露宿应运而生的产物。

图片来源

图一、图二　凌纯声.松花江下游的赫哲族[M].北京：民族出版社，2012.

图三至图八　单芳霞　制图

图二　赫哲族野猪皮褥垫示意图

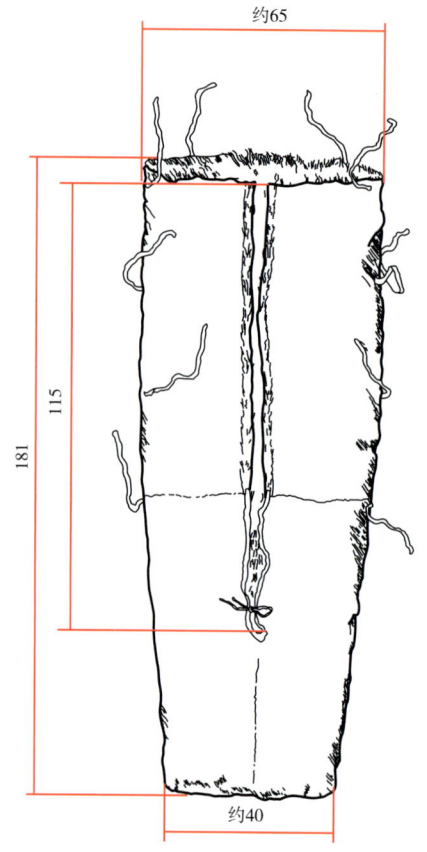

图三 赫哲族狍皮被窝尺寸图（单位：cm）

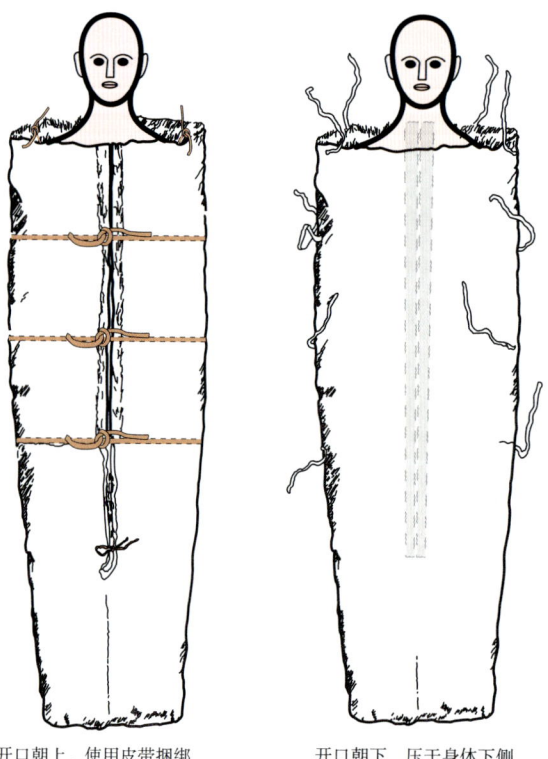

开口朝上，使用皮带捆绑　　开口朝下，压于身体下侧

图四 赫哲族狍皮被窝使用方式示意图

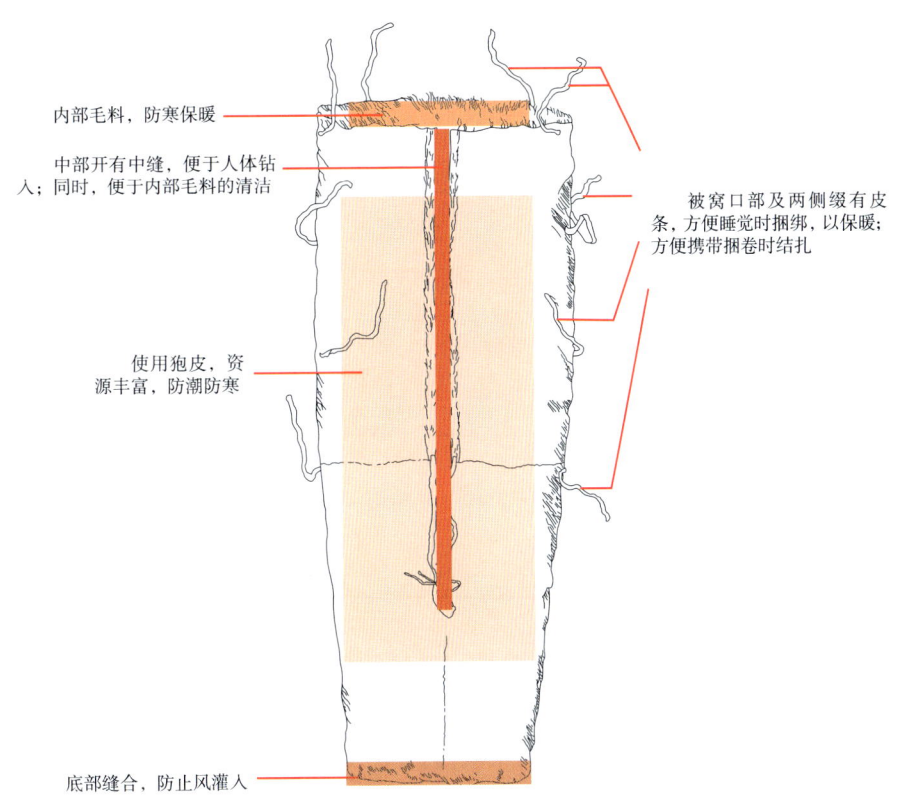

图五 赫哲族狍皮被窝功能分析图

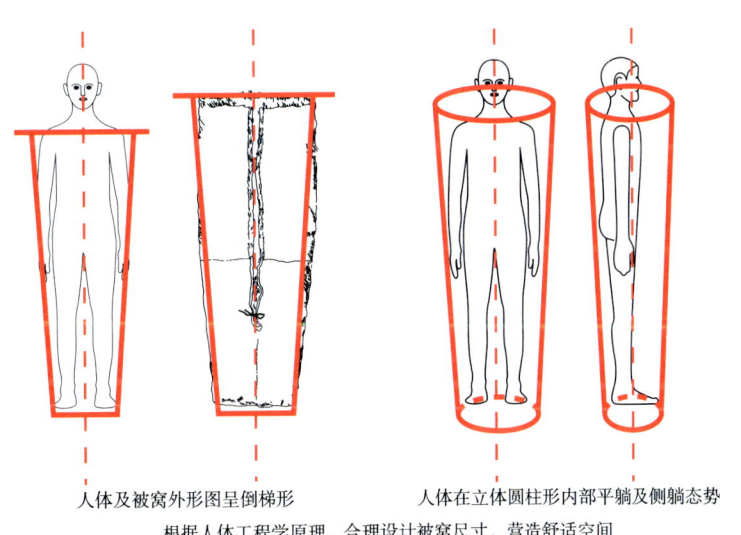

图六 赫哲族狍皮被窝适人性设计分析图

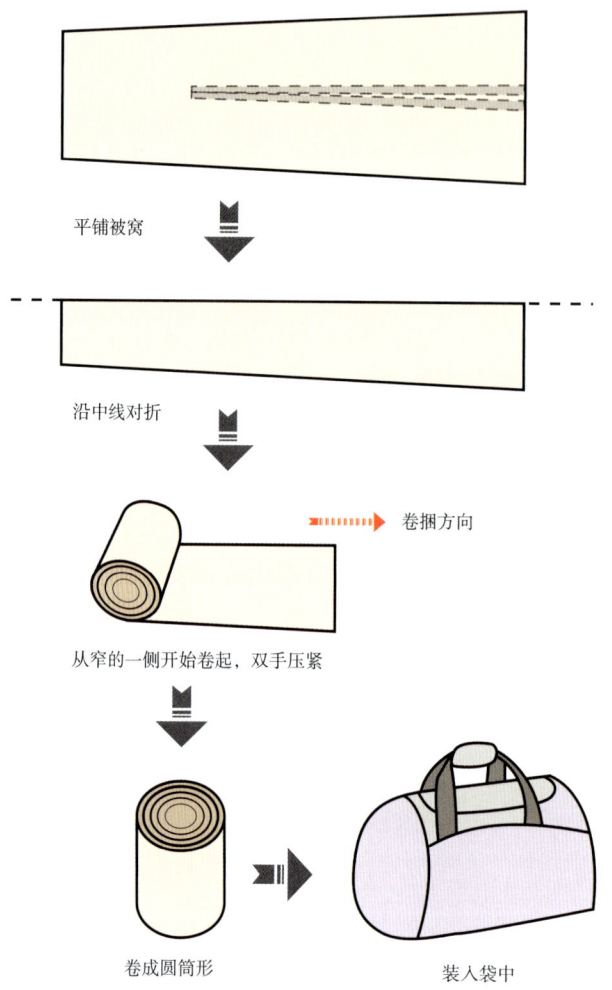

图七　赫哲族狍皮被窝收纳方法分析图

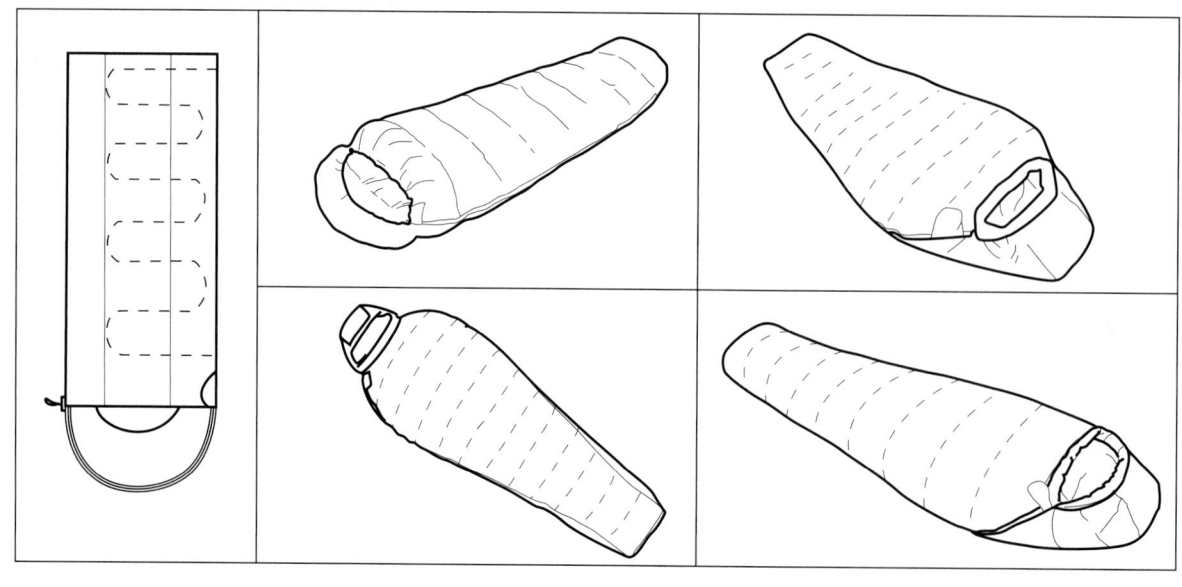

图八　现代不同外形的睡袋示意图

赫哲族摇篮

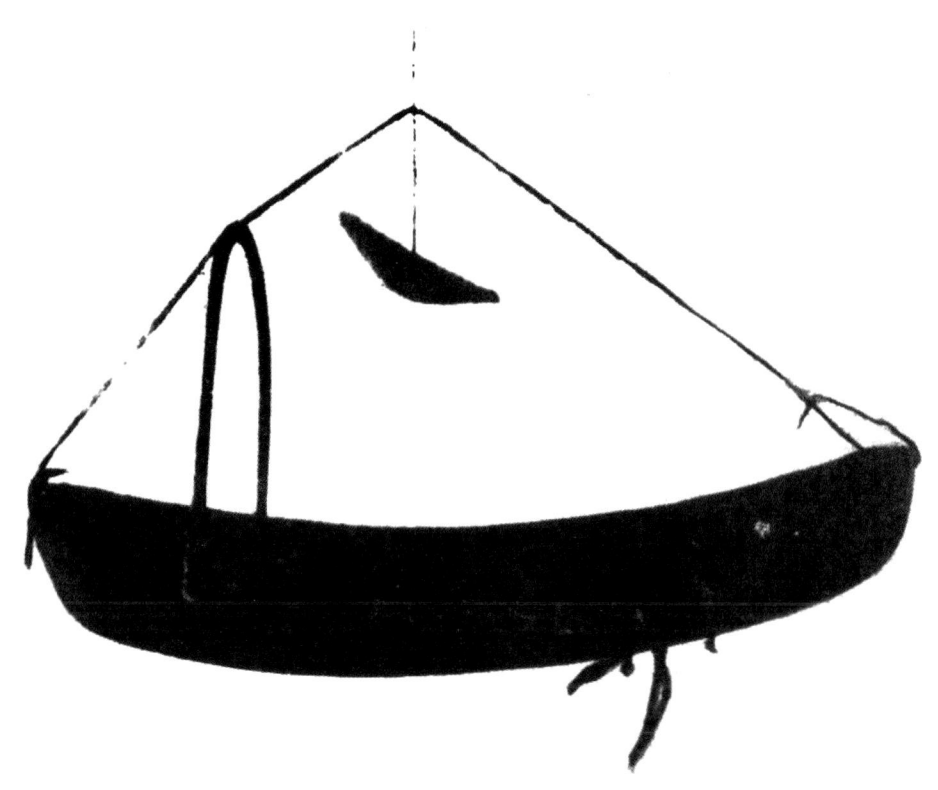

图一　赫哲族摇篮主图

赫哲族育婴器具摇篮，又被称为摇车、悠车。传统赫哲族摇篮大都用独木凿挖而成，后来多以桦树皮或杨木、柳木、椴木薄板制作，接缝处用皮线缝紧。据调查，赫哲族婴儿出生三日后，即将婴儿放入摇篮内，但并不悬挂，满月后才将摇篮挂在屋梁或特制的摇篮杆上。有专家考证，赫哲族摇篮的历史可追溯到距今一千三百余年前。另一种说法是，赫哲族摇篮是鄂伦春族摇篮的变形。这种摇篮是那些乘驯鹿迁移或徒步游动的人们发明的，因为它最适合游牧生活方式，而同时又可普遍使用。它可以吊起来，可以放在地上，也可以由行人背负，甚至可以放在驯鹿背上驮载。

本案例摇篮由独木挖凿而成，长约 96 厘米，阔约 24.5 厘米，外形酷似一只小船，但两端呈椭圆形，头部一方微微向上翘，和摇篮配套使用的有摇篮钩子、绳子、弓子和挂摇篮的橡子。由于东北地区的寒冷气候，使得东北民族的室内活动多在火炕上进行，包括吃饭、睡觉、休闲、娱乐等，因此摇篮一般悬挂在火炕上方，既方便看守孩子的人照顾，又保证了摇篮周围的温度。把婴儿放进摇篮之前，要先在摇篮底部铺垫一层装满谷糠的布袋，以便沥水（婴儿尿床）、透气。枕头也一定是谷糠充芯，以便孩子的后脑发育成扁平状。婴儿包好尿布，还要用一条一尺左右宽的布带把胳膊和双腿以"立正"姿势捆缠好，以便孩子的身体和四肢发育平直，然后放进摇篮里，盖好被子，还要系上一道安全带，防止婴儿掉下来，最后轻轻一摇，这个小摇篮就像秋千一样悠来荡去，孩子的妈妈就可以放心地做家务了。摇篮的上方一般都挂有婴儿喜闻乐见的饰物。为了使躺在摇篮里的孩子尽快入睡，也为了增进母子感情，母亲除了推拉摇篮使其悠动起来之外，还常常小声哼唱摇篮歌。摇篮歌的曲和词并无一定之规，大多是母亲的即兴创作。

其实，挂摇篮的习俗和东北的生活环境密不可分。东北民众久居山林，经常要迁徙，孩子的母亲骑马时，就用摇篮把孩子挎在肩上，方便哺乳，且安全、可靠。东北地区的婴儿摇篮、睡脑袋和敬烟待客的习俗，原本起源于满族和蒙古族，但这一习俗完全被久居东北的各族接受并沿袭下来，所以说，这些民俗都是北方各民族文化相互融合的结果。

图片来源
图一　凌纯声.松花江下游的赫哲族[M].北京：民族出版社，2012.
图二至图九　单芳霞　制图

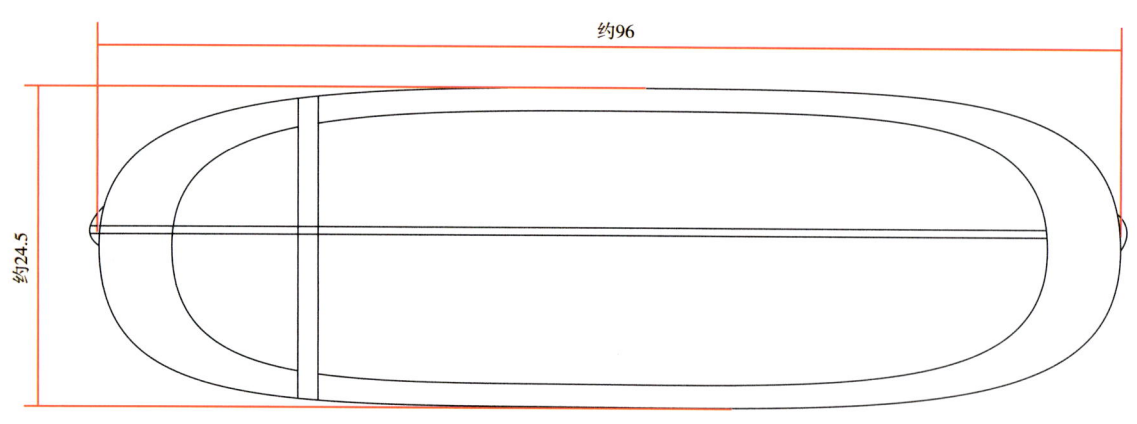

图二　赫哲族摇篮尺寸图（单位：cm）

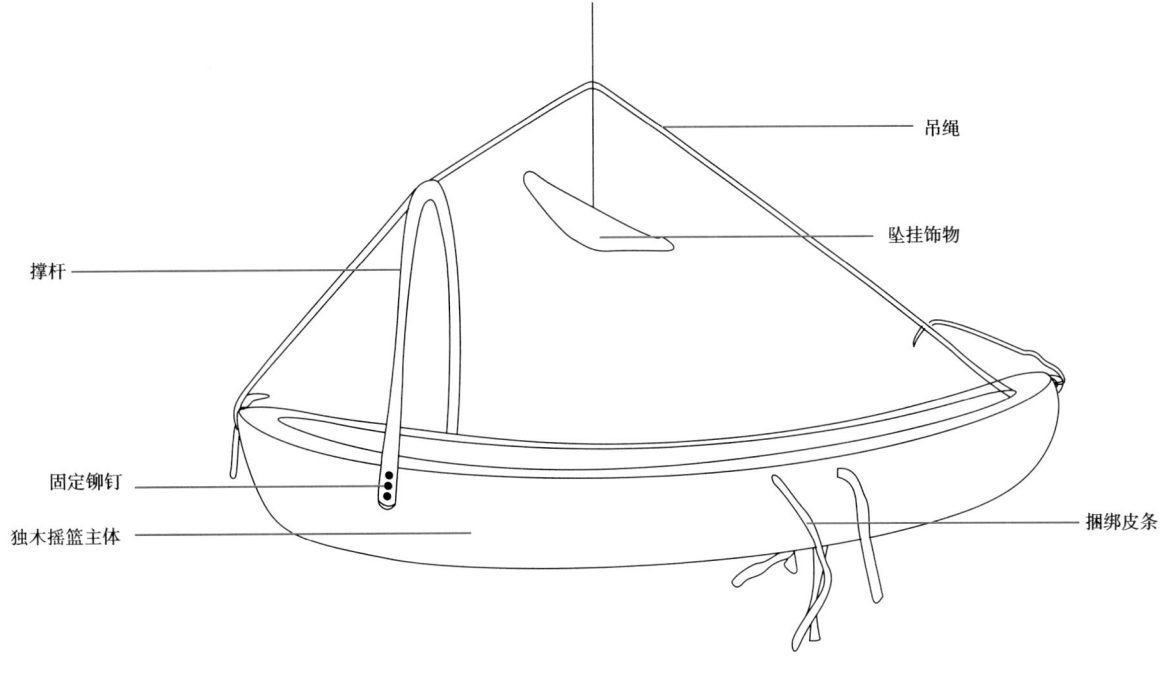

图三　赫哲族摇篮结构名称图

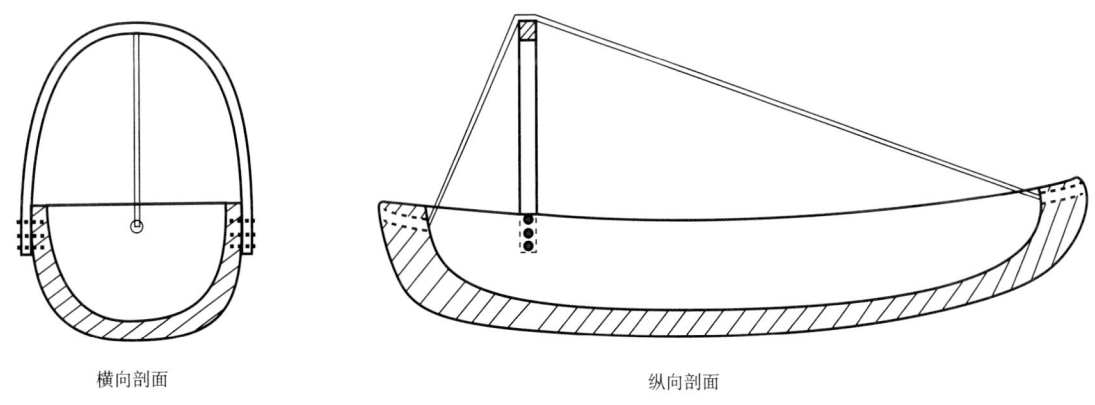

横向剖面　　　　　　　　　　纵向剖面

图四　赫哲族摇篮剖面分析图

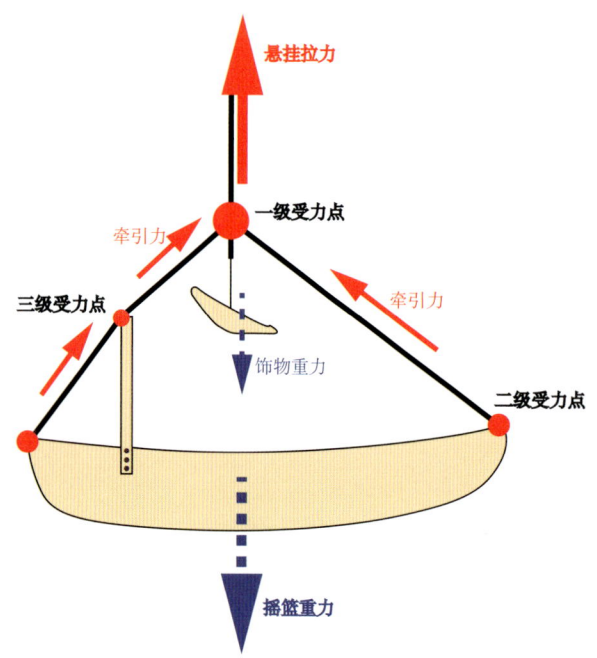

图五 赫哲族摇篮静止状态受力分析图

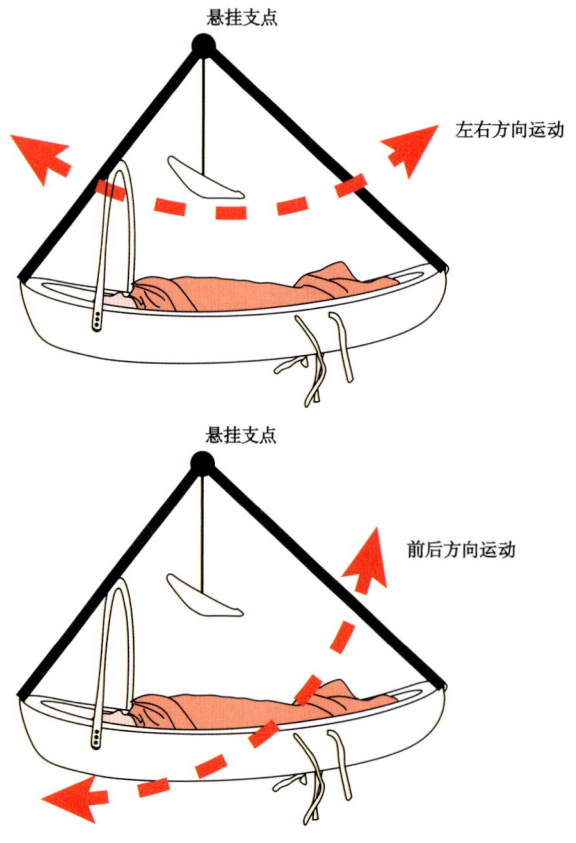

图六 赫哲族摇篮运动方向分析图

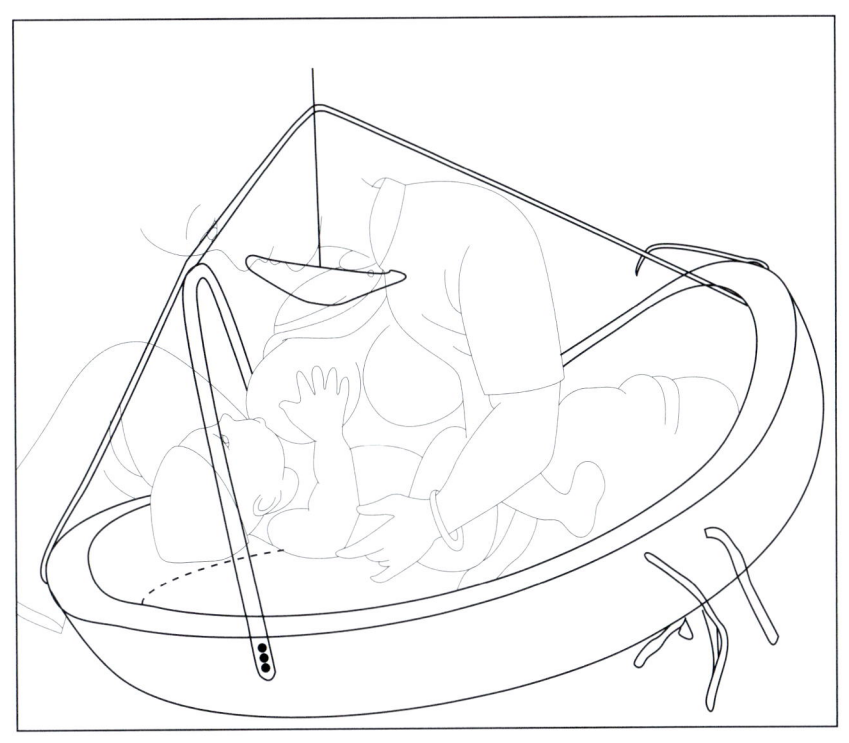

图七　使用赫哲族摇篮哺乳情境图

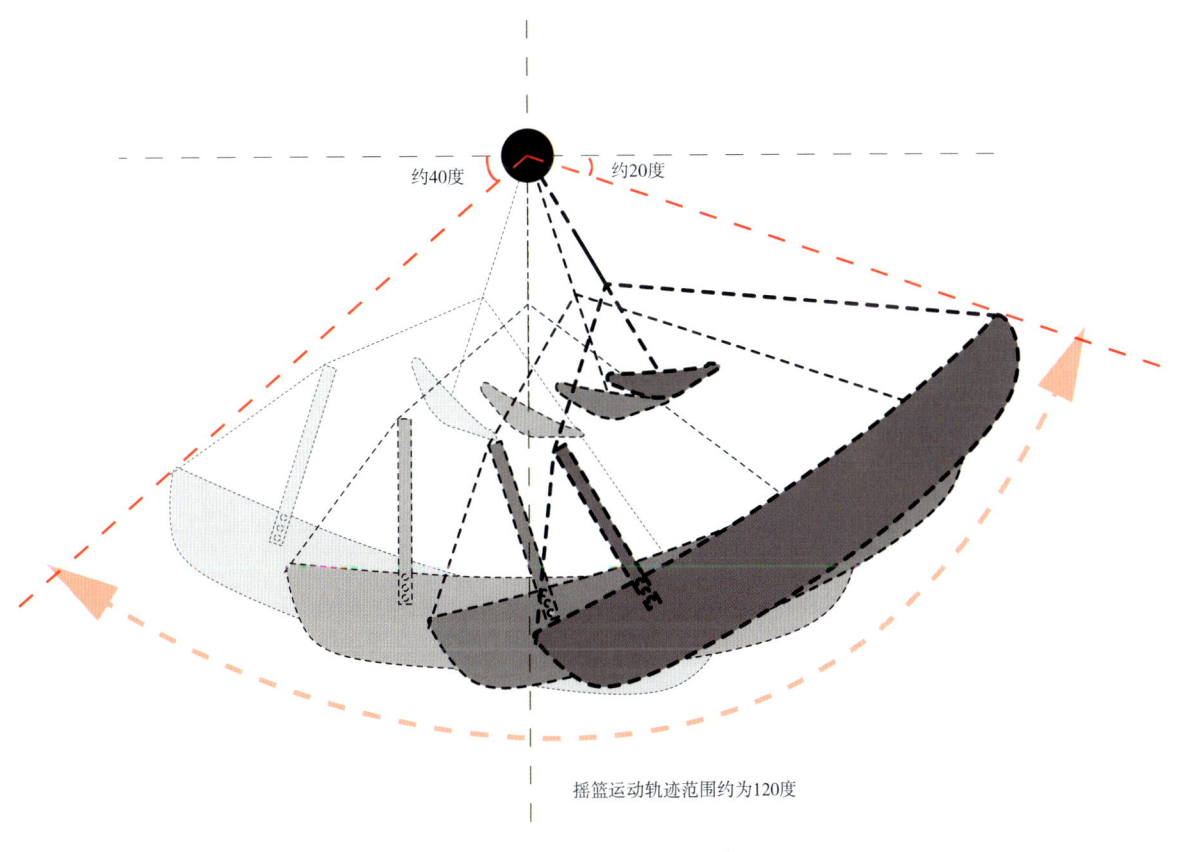

摇篮运动轨迹范围约为120度

图八　赫哲族摇篮运动轨迹分析图

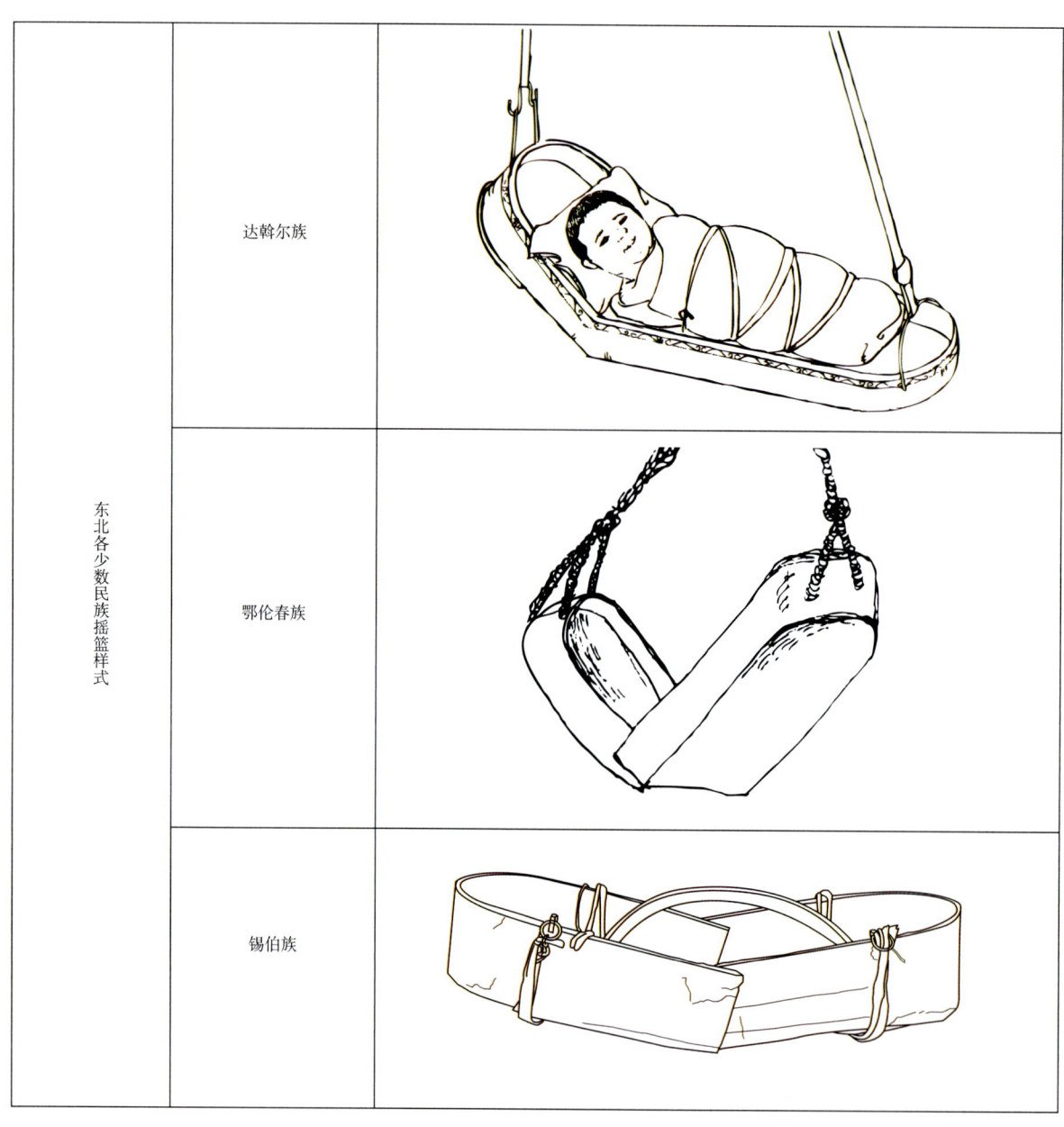

图九　东北各少数民族摇篮样式比较图

第五章 赫哲族传统生产工具

赫哲族渔网

图一　赫哲族抛网主图

赫哲人使用大型渔网捕鱼的历史并不悠久，根据记载最早出现不会早于明代，而基本普及则更晚，当在晚清至民国。因此，赫哲族渔网基本形制源自关内汉地，从使用到护养并无本质差异。赫哲族渔网多为"兜网"（指渔网为口袋状，抛撒时可张口捕鱼），少用"片网"（指用围栏困鱼或挂四角拖网捕鱼）。现代赫哲人撒网捕鱼，一般是夫妻二人协同作业：男人掌舵驾船，女人撒网、收网。20世纪60年代之前，赫哲族渔网多用麻绳与棉线制作，现在赫哲渔民使用的网与关外汉人的一样，多为尼龙化纤制品。

汉族地区捕鱼专用的网具一般有三种：一是抛网，使用时站在船尾，甩动网纲对准鱼群密集处的水面上方抛开，使其充分舒张，靠网纲上等距密布的网坠的自重迅速下沉，快速罩住大部鱼群。这种方式通常为南北方内河、湖泊地区小型船只的捕鱼作业方式，也最为常见。二是挂网，依赖入海河口处密布的竹竿或芦杆，在上面挂上网具形成迷宫般的巷道，一旦鱼群游入，凭其智力是无法记得洄游路线的，于是只能在迷宫内向前游动，最后都聚集在预设好的库塘内束手就擒。这类做法多见于长三角流域和闽粤沿海地区。三是拖网，一般将网具张口拖挂在渔船的尾部，整个网具呈游动的袋形，当渔船驶过密集的鱼群上方，拖挂的网袋便会直接穿过鱼群，将其大部装入网袋。这类一般在深海区域作业时使用，船速要求也比较高，多为现代大型机械动能渔轮使用。传入赫哲地区并被普遍使用的网具多为第一种——抛网。20世纪50年代起脍炙人口的赫哲族风格新编民歌《乌苏里船歌》唱到："赫哲人撒开千张网，船儿满江鱼满仓。"

赫哲人开始使用渔网的确切时间待考。因赫哲人传统捕鱼作业主要靠一人一桨，快船扎鱼，迟至明代，史书典籍中也鲜有赫哲人如汉人般钓鱼、网鱼的记述。但到晚清民初，赫哲渔民已普遍使用撒网捕鱼，垂钓、围网也趋寻常。至民国时期，真正会单船叉鱼的已不多见。随着主要渔具的变化，赫哲人以网为主的捕鱼方式渐成主流，张网动作皆为抛撒。原先狭窄细长、最适合快速划动、专事叉鱼、单人操控的桦皮或鱼皮类小船，因作业面太小，稳定性也不够，无法供人直立撒网，就逐渐被汉人的平底木船替代。现在仍坚持以渔为业的现代赫哲人，基本都是使用抛网捕鱼，兼用垂钓，一如汉地渔事，只有体育竞赛、旅游表演等民族性活动时，才有划船叉鱼的表演。如今，江中的鱼类资源也日益枯竭，早已不复当年"船儿满江鱼满仓"的盛况。

赫哲族传统渔具的变迁，从鱼叉及桦皮船、鱼皮船的弃用，到鱼竿、渔网和平底木船的普及，反映了赫哲地区渔业在时代变迁中的根本性变化，对我们研究文明形态由原始造物行为向设计行为的过渡不无启示。从人类学和设计发生学的角度看，随着种植型经济的生产方式逐渐占据主导位置之后，原有的采集型经济生产方式，无论是技艺还是工具，都势必大为衰减，让位于效率更高、成本更低的新型作业方式，除非原有技艺和工具能在改良、更新的基础上显示出更高的效率与价值。

图片来源：
图一　单芳霞　制图
图二至图六、图九、图十　单芳霞　制图
图七、图八　李娜　制图
图十一　杜殿文　摄影

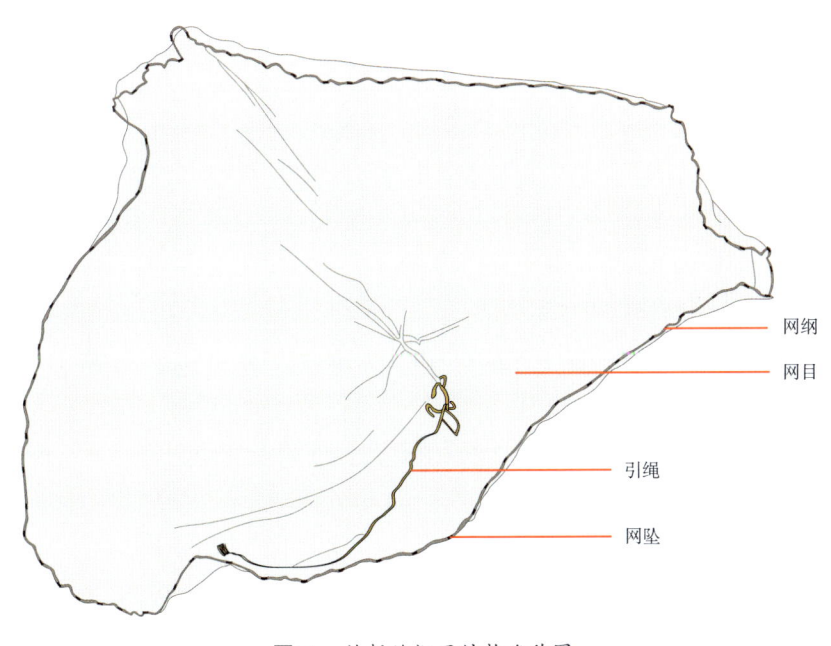

图二　赫哲族抛网结构名称图

网纲
网目
引绳
网坠

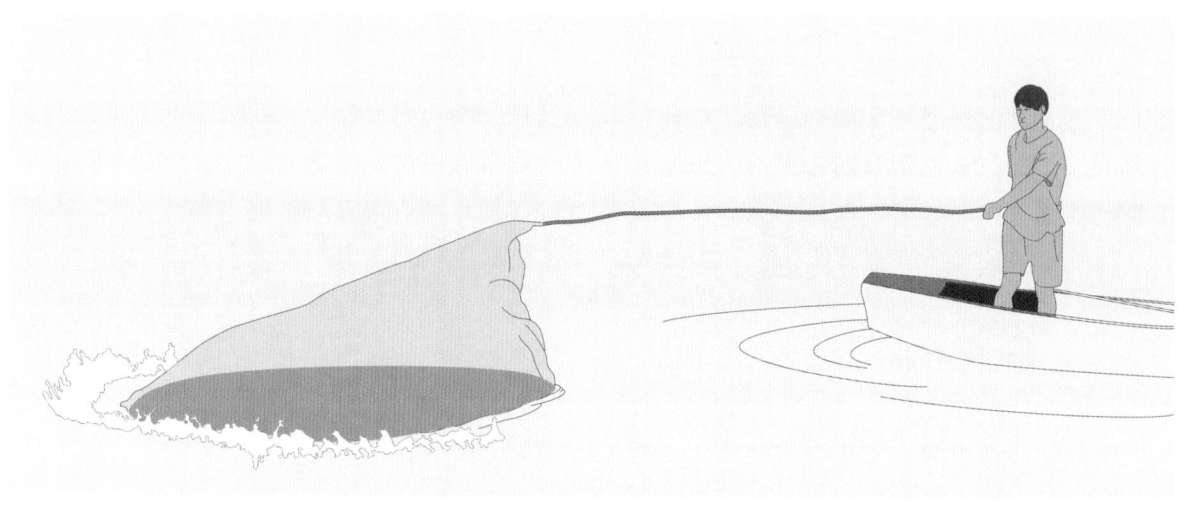

图三 赫哲人撒网情境图

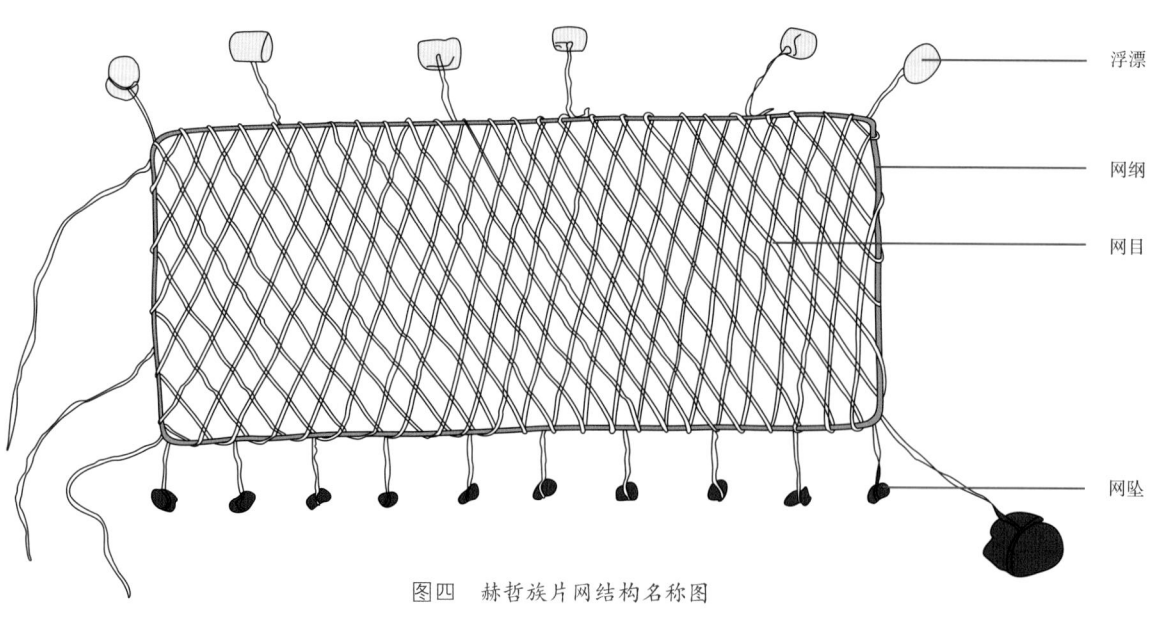

图四 赫哲族片网结构名称图

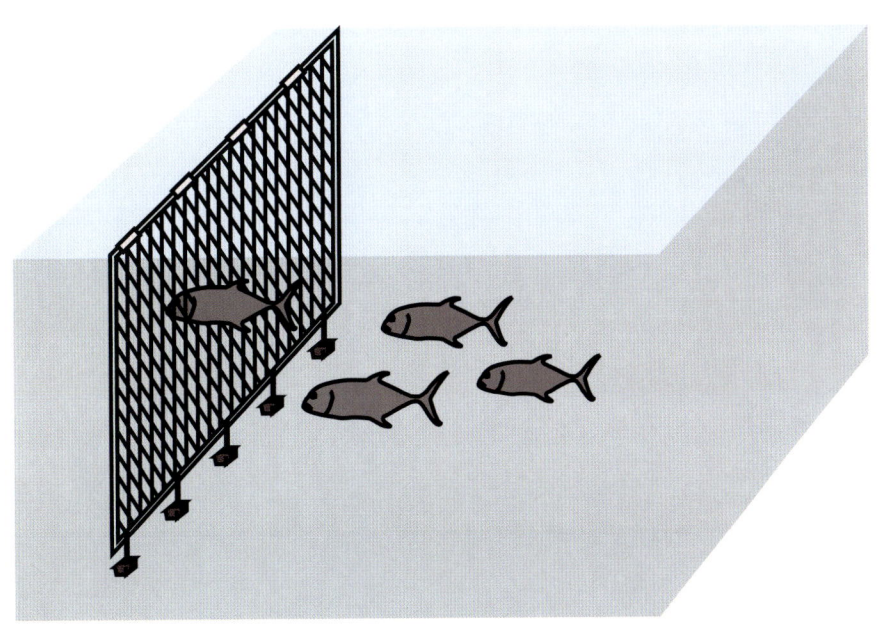

图五 赫哲族片网捕鱼原理示意图

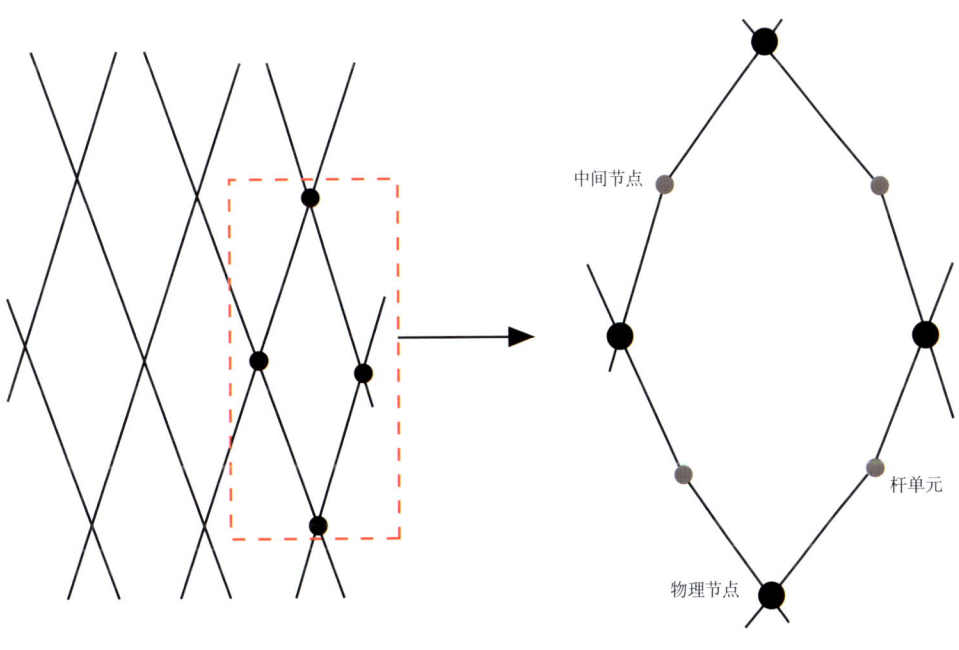

图六 赫哲族片网单元网目扩张示意图

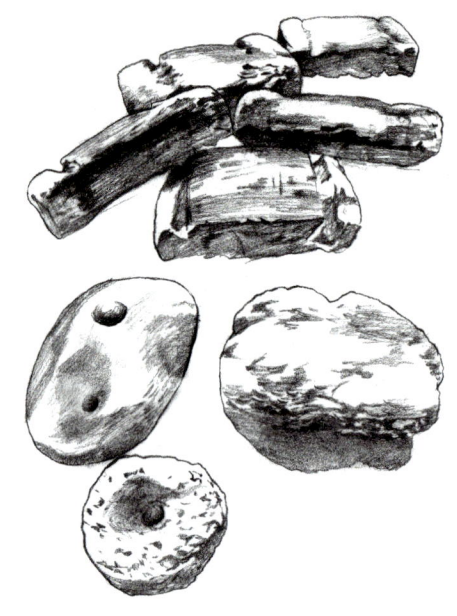

图七　赫哲族不同类型的网坠示意图

图八　赫哲族捞网示意图

图九　南方沿海的围网捕鱼情境图

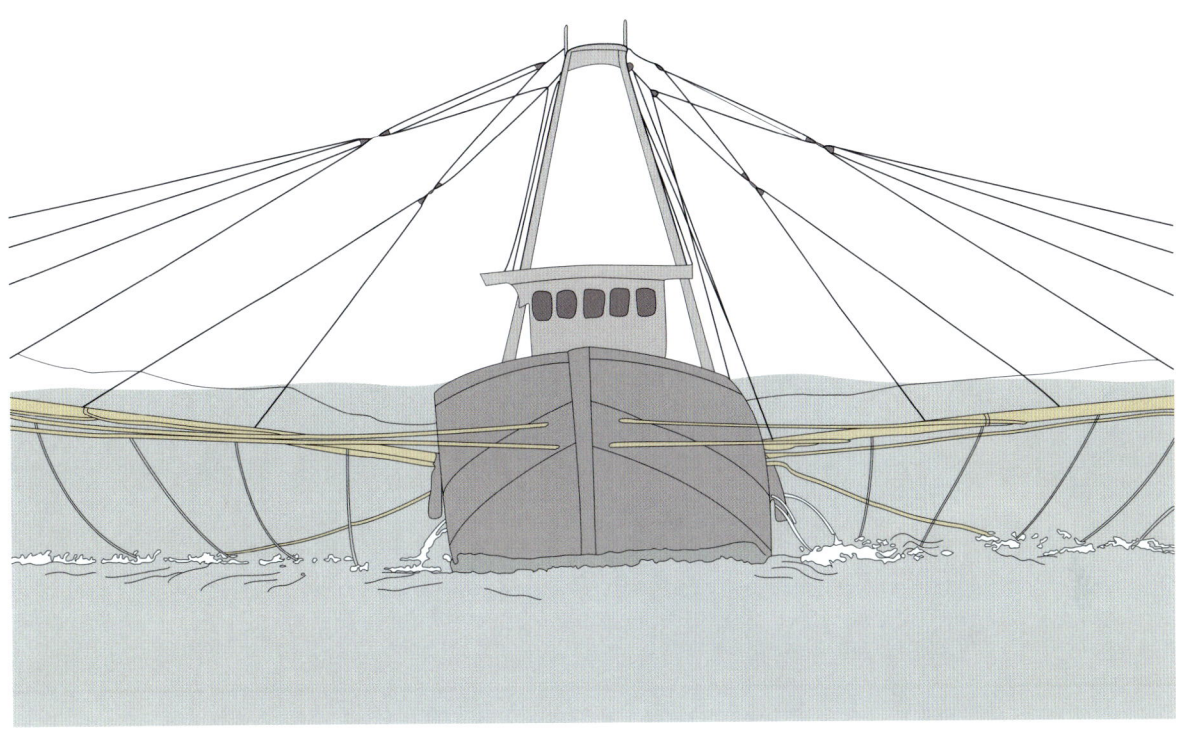

图十　赫哲族大型渔轮拖网作业情境图

图十一　赫哲人用渔网捕捉到大鳇鱼实景图

赫哲族鱼刀

图一　赫哲族鱼刀主图

鱼刀是赫哲族传统刀具中使用广泛、造型独特、功能完备的一种生产类常用刀具。赫哲族鱼刀没有固定的尺寸标准，通常在25～40厘米之间不等，但形制却大致相同，均为尖锋长刃熟铁单片夹裹双侧木片构成。赫哲族鱼刀用途广泛，因此几乎每条赫哲渔船上都有大小不同的鱼刀，以供捕鱼季节生产使用。

赫哲族的传统刀具主要包括四种：1.生产类的剖鱼刀具，用于剥鱼皮、剔鱼骨、割鱼肉等；2.生产类的狩猎用刀具，用于清草割藤以开路、掘坑伏弩以设陷阱及开剥兽肉、打理皮张等；3.生活类的家用刀具，用于厨事切割、进食攫具、木作雕刻、皮料裁割等；4.生活类的随佩类刀具，用于吃生鱼片、打理皮张及装饰、防身等。赫哲族鱼刀属于较为常见的渔业生产刀具，户户都有，人人必备。常见的赫哲族鱼刀通常为熟铁片锻造打制。熟铁指介于生铁与钢材之间的金属材质，含碳量较少，因而既有一定坚硬度，耐磨耐损耐锈蚀，又有一定韧性。赫哲族鱼刀的刃部通常长于柄部约15～30厘米不等，尖锋用以刺戳，长刃用于切割。各种赫哲族鱼刀木质柄部的尺寸较为接近，通常在12～15厘米左右，完全符合人的手与刀具之间握持、操作状况的工作宽度。赫哲族鱼刀常用装柄方式有两种：一种是在铁刃尾端用两块木片夹住，铁刃尾部是分叉倒钩的双侧反向结构，两侧各钩托一块木片，以防柄部松脱，再以麻绳、兽皮条缠裹整个柄部，以利人手握持。

另一种是地道的欧式结构，在铁刃手持部位打孔，木片夹住后，再用铁钉铆住铁质刃部与木质柄部，使两者牢固吻合，可提高刀具的稳定性、耐久性。

赫哲族鱼刀广泛用于捕鱼生产的各个环节，首先是开剥鱼皮：鱼皮是赫哲人传统的服饰、饮食用具甚至建材的主要原料，开剥鱼皮、刮削余渍、裁割皮张，也是赫哲渔民必须拥有的不次于捕鱼本身的专业生产技能。其次是切削鱼肉：在渔业生产中，有时需要将刚捕捉的大鱼趁新鲜赶紧割肉剁片或切丝等处理，甚至在捕捞作业区当场切片拌料进食。再次是剔骨雕刻：鳇鱼、鳟鱼等大鱼的骨架，不但可以制成赫哲族特有的鱼骨工艺品，还被用于制作挂钩等生活杂什用物以及博彩游戏用具、宗教祭祀法器等。冬季休渔时期的赫哲人狩猎季节，鱼刀则被广泛使用为狩猎专用刀具，功能与渔业几乎一致：开剥兽皮、切割兽肉、剔清兽骨以及清障通行、掘坑设陷、伏弩下套等等。除捕鱼、狩猎等纯粹的生产活动外，在长达千年的部落战争、抵御外侵的军事活动中，赫哲族鱼刀还被经常作为近身格斗和贴身防卫的兵器来使用。赫哲族鱼刀制作与购置成本较低，使用频率却很高，是深受近现代赫哲渔民喜爱的设计性价比优良的生产工具。

一般地说，赫哲族不事农耕，不务冶铁，不擅烧造，在宋元时代铁质刀具逐渐引进赫哲地区之前，赫哲族曾长期使用骨匕、石刀。近现代文献记载中，最早的打铁铺出现在晚清时期俄国移民聚集的哈尔滨、牡丹江、佳木斯一带，主要产品以俄式马具为主，诸如马掌、铁镫等，后来针对中国各族原住民，也开始制造一些农耕工具，如镰刀、铁锹、钉耙，以及生活用具，如用白铁皮敲制焊接的各类锅盆罐壶和炉具、马灯，以及铁钉、鱼钩、刀具等。民国初年，内地汉人陆续在赫哲地区开设打铁铺，后来也有少数赫哲人从事这一行业。赫哲人开设的打铁铺专门生产本民族所用生产或生活用具，技术也比较简单。如打制鱼刀，通常从集市上购进熟铁条，在炉火中烧红，锻打至基本形，再锉或磨成厚薄、形状完全符合客户要求的样式，搁入水中淬火，最后装上木柄。这种方法还用来打制三股鱼叉、扎枪、箭镞等。赫哲铁铺还能用铁丝打制各种垂钓鱼钩、铁钉、缝衣针等小的精细铁件。本书作者认为，赫哲族鱼刀与欧式鱼刀有不少相近之处，加之尚无文献记载可以证实赫哲地区最早的铁质刀具源自赫哲本族自行创造，因而可能赫哲族鱼刀在形制与功能的"血统"上确有俄式隐脉。随着近现代赫哲人家从事渔业生产的人

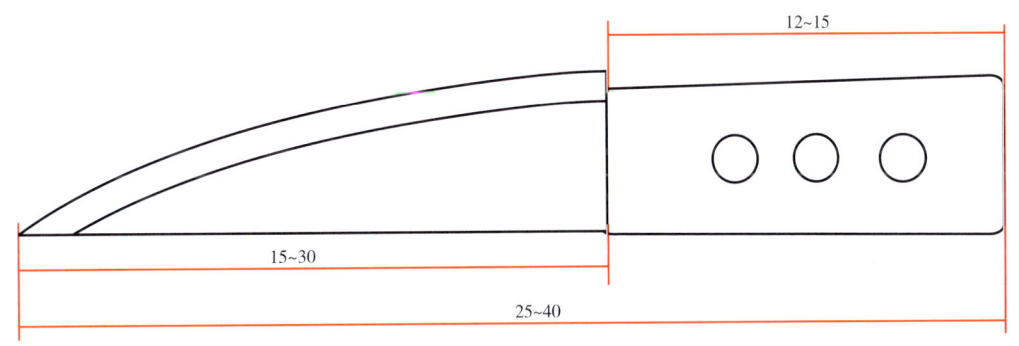

图二　赫哲族鱼刀尺寸图（单位：cm）

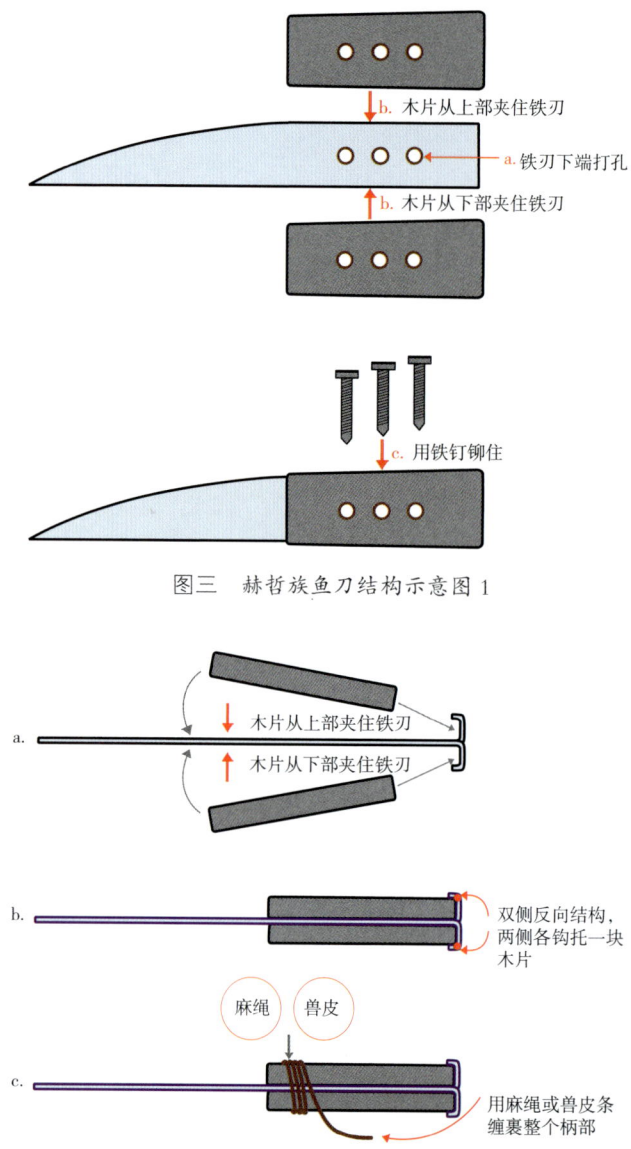

图三 赫哲族鱼刀结构示意图 1

图四 赫哲族鱼刀结构示意图 2

数比例大为下降,原有的赫哲族鱼刀变成了赫哲人家的家用刀具。迄今为止,每个赫哲家庭的厨刀,一律使用由赫哲族鱼刀演化而来的尖锋长刃木柄鱼刀,绝少使用汉人那种长方形的菜刀。

赫哲族鱼刀的选材、工艺、形态与功能,都体现了中国传统民物设计特有的性价比长处,以最低廉的成本、最寻常的材料,去实现最广泛的使用范围,达到最舒适的操作状态,取得最好的工作效果,这就是包括赫哲族鱼刀在内的众多中国传统生产工具给现代设计师们带来的深刻启示。

图片来源

图一 徐润杰 制图
图二至图五 刘艳斌 制图
图六 单芳霞 制图
图七 饶河政府网
图八 "中央研究院"民族学研究所
图九 刘磊 制图

图五 赫哲族渔民使用鱼刀情境图

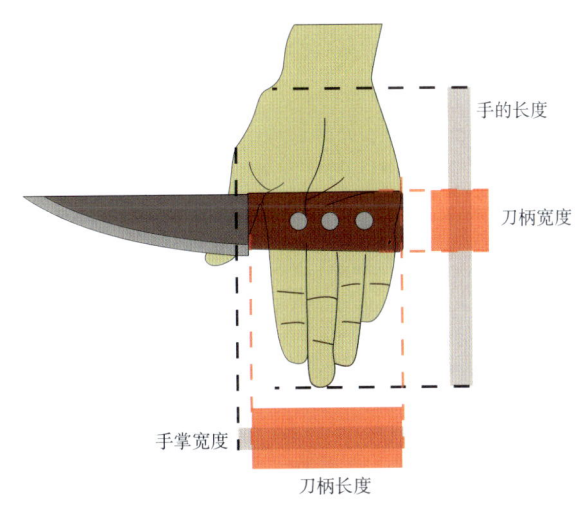

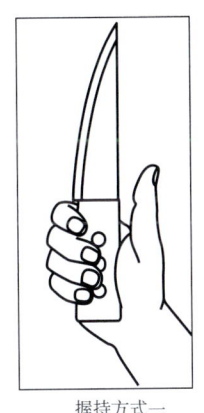

握持方式一

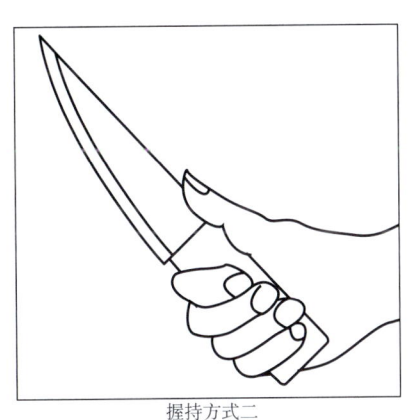

握持方式二

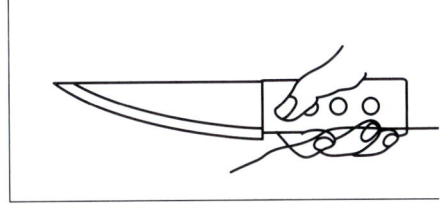

握持方式三

图六 赫哲族鱼刀手部握持示意图

图七　赫哲人吃刹生鱼片时的用刀状况实景图

图八　赫哲族带鞘小刀实物图

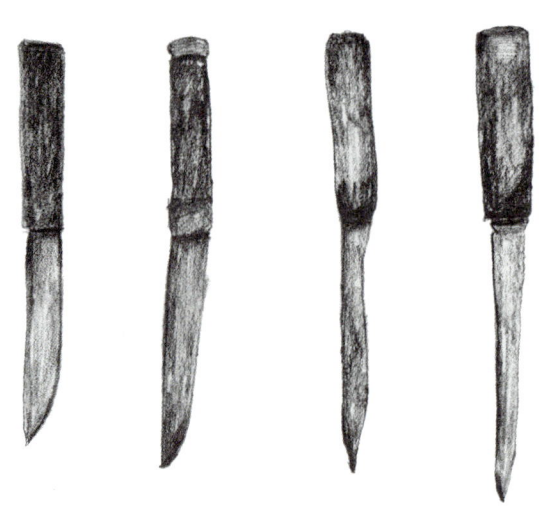

图九　赫哲族划鱼小刀示意图

赫哲族三股铁鱼叉

图一　赫哲族三股铁鱼叉主图

赫哲族传统铁质鱼叉，赫哲语称"阿静左布雇"，矛齿三股，呈扁平状，根部有脱柄斗状结构。其并无固定的尺度标准，各依使用者体力、年龄、使用频率专门打制，从叉齿尖端至柄部斗口约为30～40厘米，两边齿间距约为20厘米。中间主齿笔直，两边副齿下部弧曲对接，三齿皆有倒刺结构，为扎入鱼体后起钩挂作用，防止体大力猛的大鱼挣脱。铁叉下部均有斗状柄口构造，为的是装上木质长柄，便于手部掌握、操持。数百年以来，三股铁鱼叉一直是赫哲族祖辈相传的最主要的捕鱼工具。

赫哲人世代以渔为业、以鱼为生，并根据流域内的自然条件与自己的生活习俗，发明了一系列捕鱼工具。其中，以鱼叉尤为重要。在汉俗传入三江流域以前，赫哲人基本不用渔网打鱼，也不会编结鱼篓或围植篱笆捕鱼，在渔汛到来之际，所有的捕捞作业，全部靠划着小船驶入鱼群汇集的水域，瞅准个大肉肥的鱼，凭借自己多年磨练的经验，眼疾手快地出矛猛扎，一击告获。在铁器传入赫哲地区之前，与其他原始渔猎民族一样，古代赫哲人使用的鱼叉多用绑缚着尖锐石片或锐利骨片的矛，既叉鱼也叉兽，甚至干脆用削制锋利的木棍直接扎鱼。三股铁叉流入赫哲地区后，便迅速取代原有单股石矛、木矛，以其多种优越功能，成为赫哲人叉鱼的主要工具。

赫哲族三股铁鱼叉比原有单股石刃木叉体现出三点无法比拟的优势：一是以三对一，极大地扩展了攻击面，既大大缩短挑选、瞄准动作所耗时间，又直接提高了叉鱼的命中率。二是三股铁鱼叉自重较大，在扎刺动作中，可利用铁叉自身重量和下刺惯性有效增加刺戳的力度。尤其是在对付黑龙江、松花江与乌苏里江特有的体量巨大的鳇鱼、鲟鱼时，足够的刺戳力度可一招降伏猎物。如三江特有的鳇鱼，大者可达300公斤，体如小牛，故当地俗称"牛鱼"。"牛鱼出浑同江（今牡丹江）"（周麟之，1987），是故若以一般木叉、石矛扎刺捕捉，绝非易事。三是三股铁鱼叉无论在耐用性、耐磨性、耐腐蚀性等方面均比木叉、骨叉、石叉强。因此，铁质鱼叉进入赫哲地区后，本质上大大提高了赫哲人捕鱼作业的劳作效率，减缓了劳作强度。

铁质鱼叉传入赫哲地区的具体时间失考。综合各学者相关研究，有三种说法：其一是"欧来说"，来自北欧原创的三股铁鱼叉传至俄罗斯民间和西伯利亚地区，继而再传到俄远东与堪察加半岛地区及周边国家、地区。这种出处的依据在于，赫哲族三股铁鱼叉与欧洲民间鱼叉较为相似。其二为"边贸说"，明清时期中俄边民即有频繁往来，尤其是晚清时沙俄依靠武力不断侵占中国东北土地，原为内河的黑龙江、乌苏里江竟变成了中俄界河，直接进占到当地聚集生息的赫哲族、鄂伦春族社会，两国边民之间的接触随之增加；尤其是清末民初几十万白俄人迁徙入境，客观上导致了生产、生活技艺和工具之间的交流。在中俄边境较大集市的贸易货品中，均有大量的俄式金属器物，如马掌铁、马镫、风灯、鱼叉、铁钉、圆镜、烟盒、农具等，或许三股铁鱼叉正是从这一时期开始逐渐在赫哲渔民中普及，继而取代传统木叉、骨叉、石叉，成为主要的叉鱼工具。其

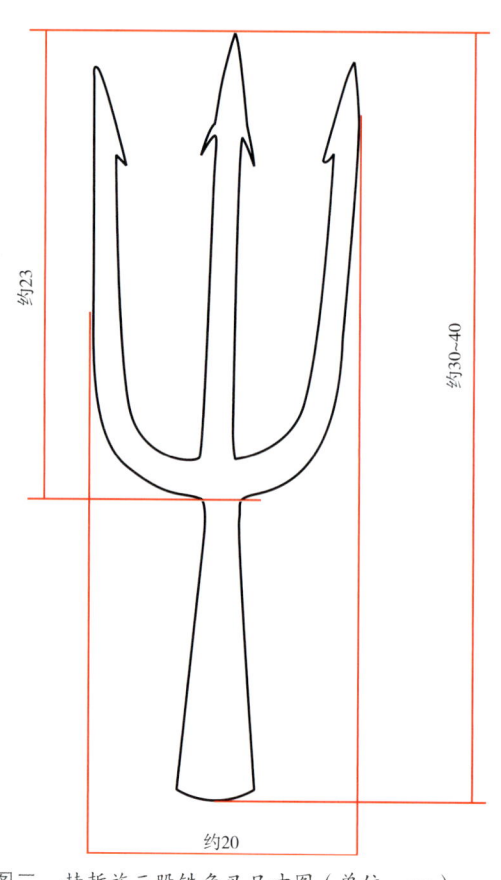

图二　赫哲族三股铁鱼叉尺寸图（单位：cm）

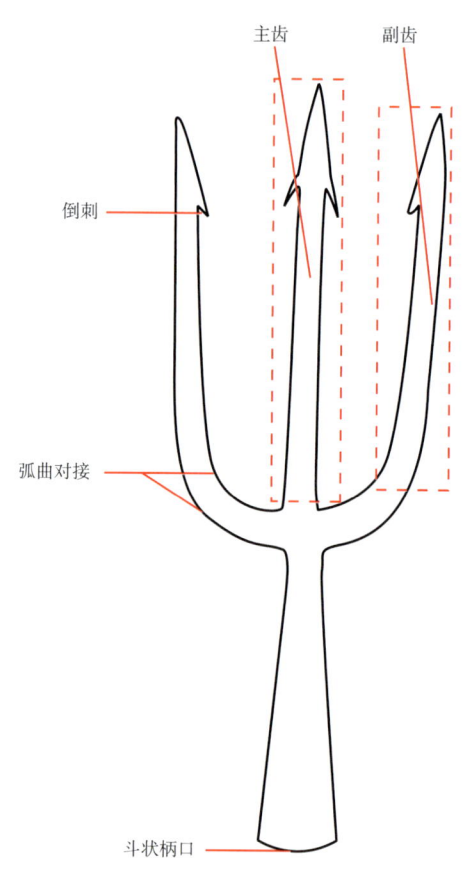

图三　赫哲族三股铁鱼叉结构名称图

三为"融合说",关内汉民的二股铁叉,并不用来叉鱼,而是一种较为常见的普通农具,常用以叉草。闯关东的汉民进入渔业资源丰富的三江流域后,也模仿着赫哲族、达斡尔族和鄂伦春族等原住民在河中叉鱼——只是二股铁叉换成了似乎更加锋利、耐久、手感分量俱佳的三股铁叉。

三股铁鱼叉在赫哲地区的出现与普及,是赫哲族造物文明充分融合其他民族技艺的例证。与所有文明形态一样,任何成熟的民族文化,都是在不断融合和接纳外民族文化优点的基础上不断改良、不断完善的;一旦吸纳外民族文化的能力丧失,这个民族便会逐渐衰败,走向灭亡。从设计学史论研究角度看,赫哲人的传统叉鱼工具三股铁鱼叉的研究价值,正是在于又一次证实了这个普遍存在于设计事物中的一般性规律。

图片来源

图一 徐润杰 制图
图二至图四 刘艳斌 制图
图五、图六、图八 刘艳斌 樊进 制图
图七 樊进 摄影
图九 王世卿,王积信,吕品.赫哲鱼文化[M].哈尔滨:黑龙江教育出版社,2011:54.

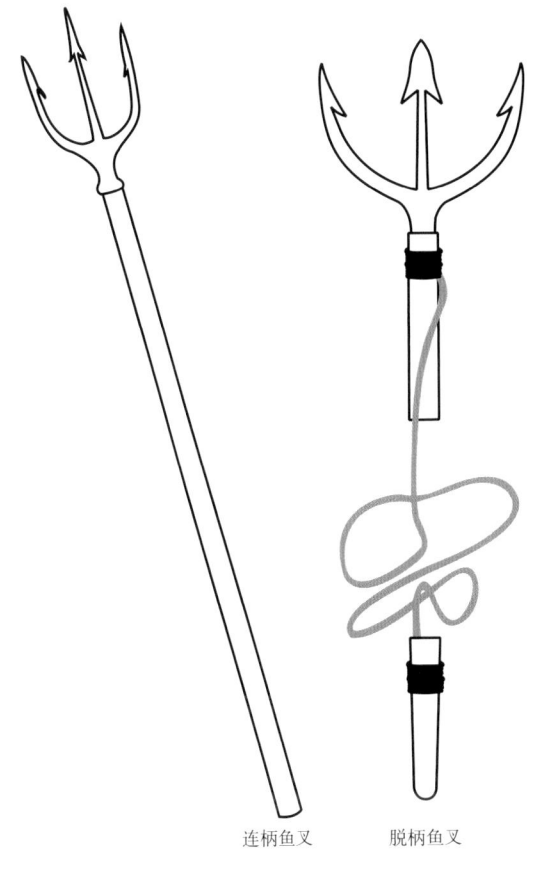

图四 赫哲族连柄鱼叉和脱柄鱼叉示意图

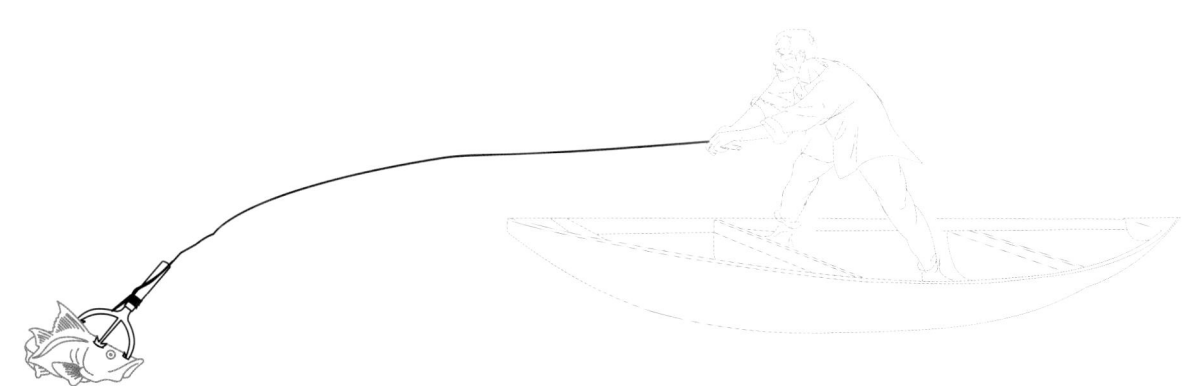

图五 赫哲族脱柄鱼叉使用情境图

图六　汉族地区农用铁叉示意图

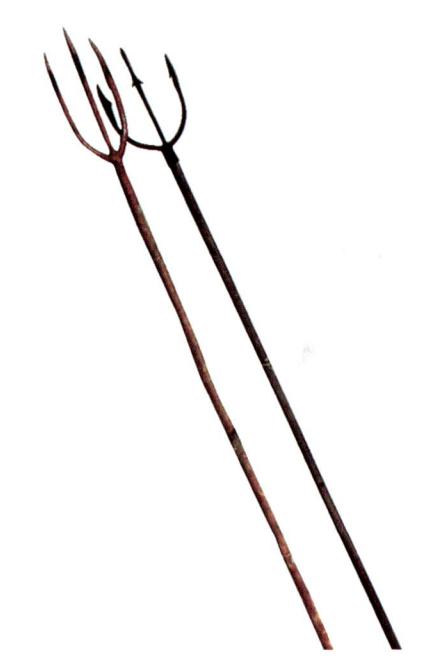

图七　赫哲族村展示的赫哲族三股铁鱼叉实物图

图八　赫哲族渔民手持三股铁鱼叉情境图

图九　赫哲人飞叉捕鱼实景图

赫哲族弓箭

图一　赫哲族弓箭主图

赫哲族弓箭，包括与射箭有关的所有装备，由箭弓、箭枝、箭壶三部分组成。箭弓是发射装置，由弓架、弓弦组成；箭枝是被发射兵器，由箭镞、箭杆、箭羽组成；箭壶是盛放并携带箭枝的容器，由兽皮、桦皮或鱼皮制成。

在远古时代，人类就先后发明了一系列可以发射的狩猎器具，如非洲和欧洲尼安德特人的投枪；两河、埃及地区的抛石带、弓箭；玛雅、澳洲毛利人的"飞去来"器；高加索、恒河地区和中国西域的弩机；南太平洋和南美人的"吹管"等。其中弓箭是各主流文明形态都普遍使用的狩猎工具和战争兵器。

同其他古老的游牧、渔猎民族一样，弓箭自古代起就是赫哲族传统狩猎生产的主要发射类工具。早期是尖锐状的石片、骨片作为箭枝的箭头。铁器传入赫哲地区后，铁头镞矢又成为赫哲人的主要狩猎工具和真正兵器。一百多年来，在赫哲地区多处出土了自北宋至晚清的铁质箭头及冶炼遗址，在晚清俄制发火快枪大举传入三江流域之前，赫哲人在冬季狩猎中一直靠铁头弓箭为主要工具。正因为赫哲族具有悠久的狩猎传统，骑射功夫成了每一个赫哲男人必备的生存技能，骑射功夫的优劣高低，甚至能决定赫哲男人在部族中的地位以及娶妻成家的标准。

赫哲族弓箭与关内汉族兵器类弓箭在形制上有较大区别。与汉族古代弓箭比较，一般赫哲族弓箭的弓架尺寸偏小，箭枝稍短，主要是两者猎取的对象决定了弓箭的基本功能。汉族古代弓箭对付的是具有极高危险的人，不但同样掌握着致命杀伤性武器，而且时常还穿着皮革、金属铠甲，自然要求箭杆、箭羽飞翔时稳定性高；箭头要锋利坚硬、穿透性强；箭弓要牵引力大、射程远，有所谓强弓硬弩之说。赫哲族弓箭主要对付山区林间的大小野兽，对穿透力、射程的要求，远不及因背着箭囊要长途跋涉、翻山越岭地寻找野兽踪迹更需要分量上的轻松便捷来得迫切。因此，赫哲族弓箭的形制，是完全由狩猎行为对工具的整体功能需求而决定的。这种对各项功能之间的平衡处理，符合设计事物"性价比"的第一要求，也体现了古代赫哲族造物传统中因地制宜的设计原则。当然，赫哲族弓箭也不是一味体轻箭短，也有猎杀大型野兽或供战事专用的强弓硬弩。根据文献记载和出土文物判断，有些赫哲地区的古代铁质箭头最大者通长超过15厘米，据此推测，安装箭头的箭杆长度最起码在100厘米左右。如此超长箭矢，没有牵引力巨大的弓架及强壮的臂力，是无法张弓放箭的。

虽然没有直接证据表明赫哲人是本地区弓箭的原创者，甚至无法证明赫哲人最早引入了铁质箭头，但赫哲族对弓箭在本地区狩猎与战事活动中的长期实际应用，促成了赫哲族弓箭在功能与性质上的本土化改良，使得弓箭更加适合本民族狩猎与战事的实际需要。赫哲族这种造物设计特点，存在于其他众多被赫哲人改良后才普及流行起来的外来事物之中，如船只、爬犁、渔具、家具等。

充分吸取其他民族文化优点，同时一切根据本民族实际应用的具体需要出发，这就是赫哲族弓箭等设计案例足以给予当代设计师的创意启发。

图片来源
图一　饶河政府网
图二至图六　单芳霞　制图
图七　凌纯声.松花江下游的赫哲族[M].北京：民族出版社，2012.
图八　《赫哲族简史》编写组.赫哲族简史[M].哈尔滨：黑龙江人民出版社，1984.

参考文献
1.（清）傅恒等.皇清职贡图[M].沈阳：辽沈书社，1970.
2.凌纯声.松花江下游的赫哲族[M].北京：民族出版社，2012.

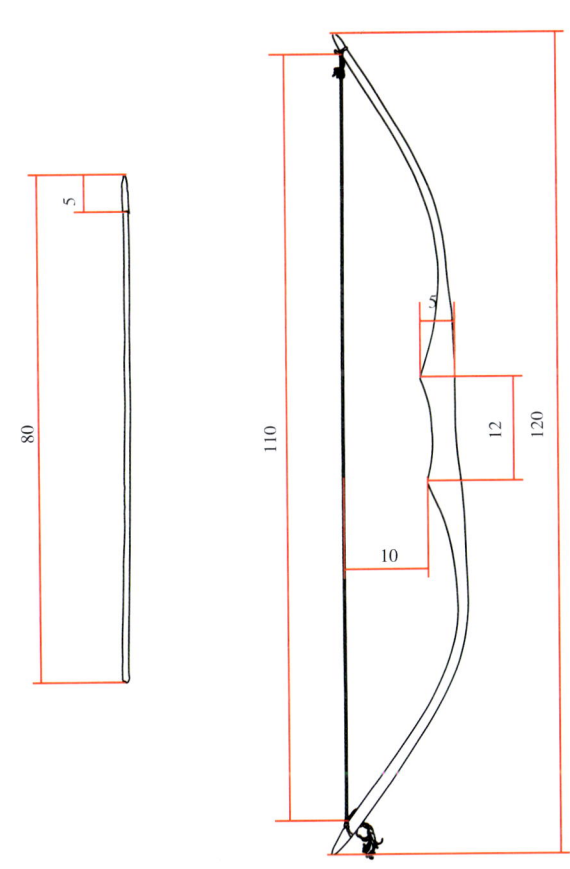

图二　赫哲族弓箭尺寸图（单位：cm）

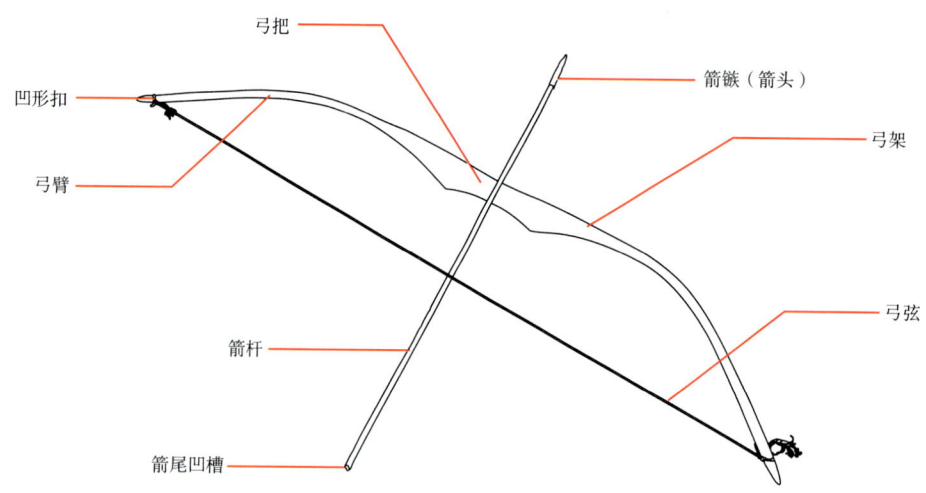

图三　赫哲族弓箭结构名称图

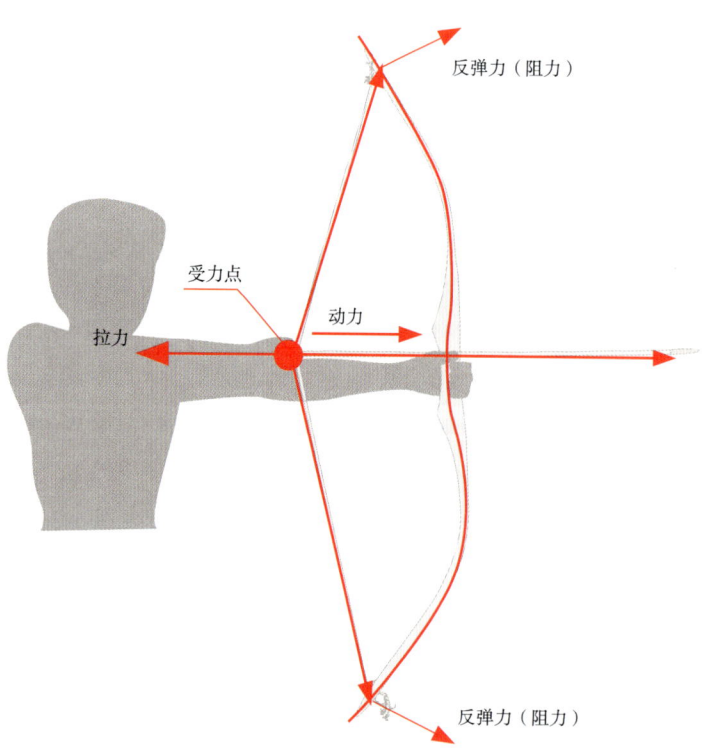

图四　赫哲族弓箭受力分析图

图五 赫哲族弓箭使用情境图

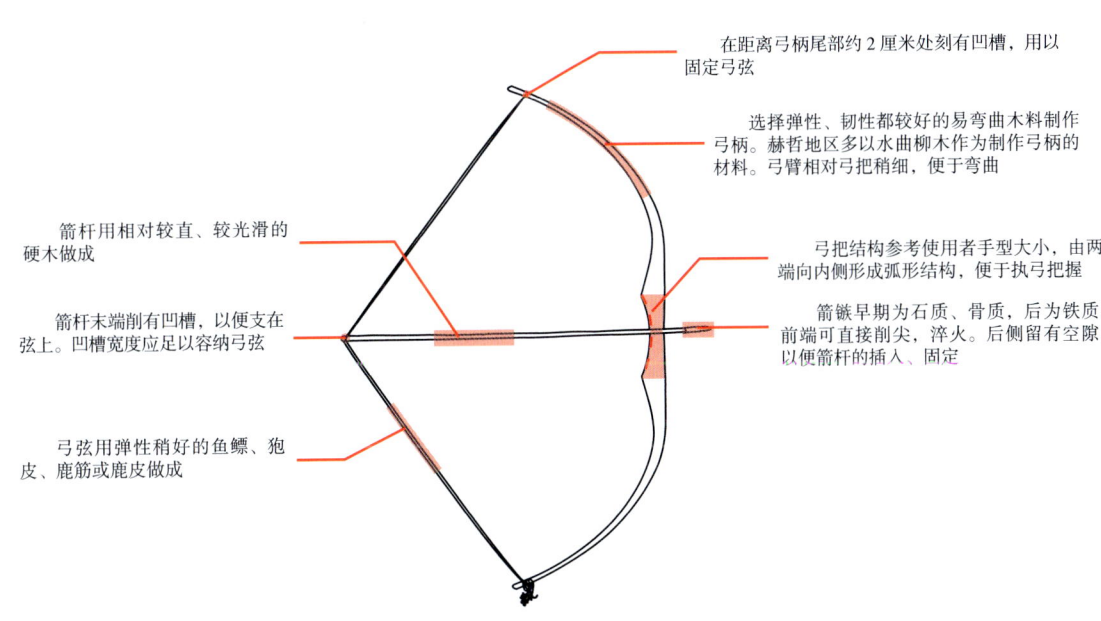

图六 赫哲族弓箭选材与功能分析图

第五章 赫哲族传统生产工具

149

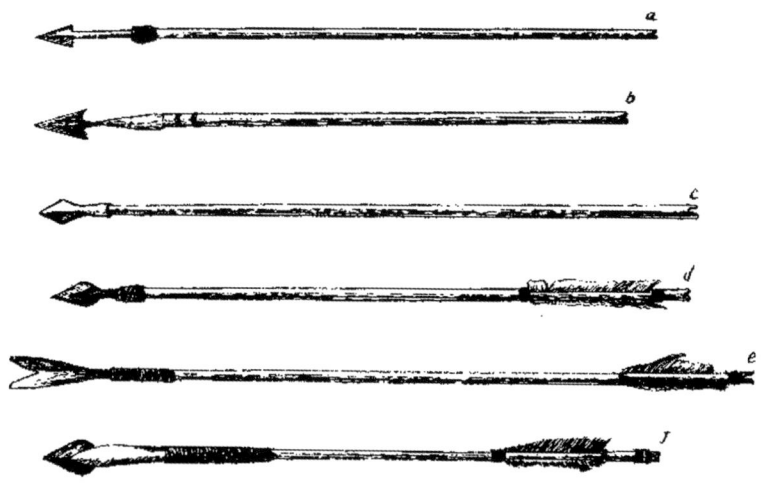

图七　赫哲族骨箭及铁箭示意图

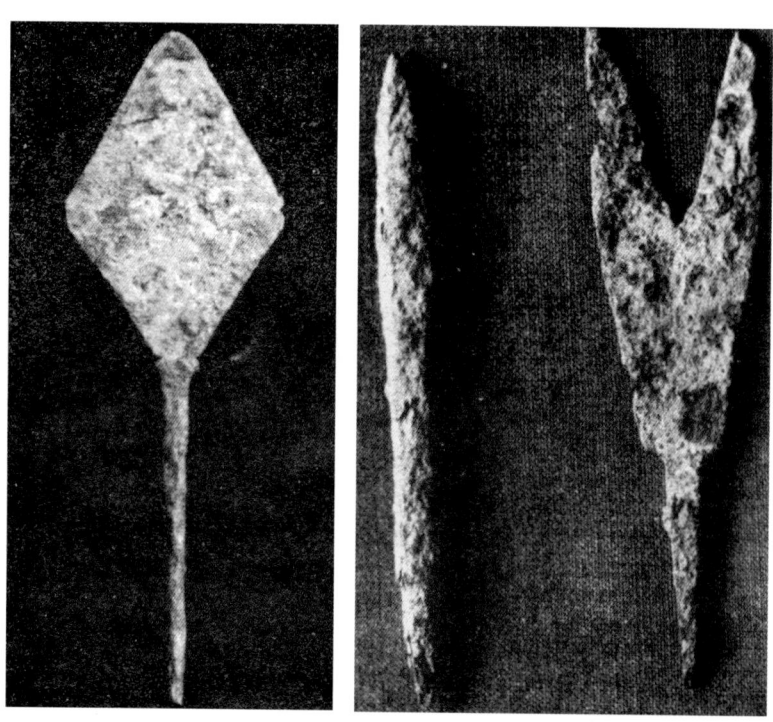

铁箭镞（街津口村出土）　　　铁箭镞（瓦里霍通城出土）

图八　赫哲族铁箭镞实物图

赫哲族扎枪

图一 赫哲族扎枪主图

赫哲族传统兵器中最有名的当属扎枪，一种手持类铁锋长矛，赫哲语称"激达"。扎枪在造型上有标准形制：尖锋；双侧开刃，刃部上下弧曲，上部略凸、下部略凹；尾部有装木杆的锥形套筒结构，当地人俗称"枪库"。装上木柄后的扎枪长度因人而异，视使用者身高、气力、用途而定，一般与使用者身高相等，如 170 厘米的人，其扎枪总长也在 170 厘米左右。扎枪矛头的工作部位（或称"战斗部"，指纵向前端的尖锋至柄部沿口之间、横向对称双侧刃部之间）长宽比约 1∶4，工作部前端凸曲部分与后端凹曲部分的前后比约 1∶4，工作部与柄部结构的长度比约 1∶3。有些扎枪还在矛头的枪库对钻两孔，各自以皮绳系结一对小木棒，为的是防止扎枪大力扎进野兽体内后插入过深而导致猎手与猎物间距离太近发生危险，因为野兽在咽气前会垂死挣扎。

扎枪是由赫哲族传统渔业生产工具的单股鱼叉演变而来，其操作方式、使用途径、工作原理与叉鱼工具基本相似。在原始渔业时期，赫哲人完全使用类似扎枪的长矛单人单桨地在河中扎鱼，基本没有撒网、垂钓、设篓等汉人捕鱼动作。以单锋的长矛扎鱼与后来的以三股叉扎鱼，对人的操作技能要求是很不一样的。铁器传入赫哲地区并普及开来之前，赫哲人传统扎鱼长矛的锋刃部分多为锐状石片或骨片。石质矛头用尚未风化变脆的石核部分，石材从黑曜石到花岗岩都有；骨质矛头一般用的是野兽胫骨裂片。古代赫哲人将石片、骨片用皮条、麻绳或兽类筋肠细绳牢固绑缚在木杆前端，再以鹿角、牛骨熬胶反复涂抹固定，制成赫哲族最早的扎枪原型。扎枪在赫哲族长期的生产与生活实践中不断改良、进化，逐渐成为赫哲族在生产、生活、军事、礼俗、宗教等众多活动中不可或缺的重要器具，一直延续至今。

在早先渔季生产中，以矛扎鱼，攻击点小，水中鱼游得快而舟行得慢，工作环境稳定性极低，全凭渔夫眼疾手快，一击而获。赫哲人单舟扎鱼的传统一直延续到晚清时期方告瓦解，因而在长期的捕鱼作业中，每个赫哲男人练就了一身以矛扎鱼的过硬本领，甚至成了欲嫁女之赫哲人家考察未来女婿生产技能的重要内容之一。这种以矛扎鱼的技能，延伸到狩猎生产中，就是以矛扎兽，再延伸到军事活动中，就是以矛扎人了，而且动作迅猛、准度精确、效率奇高。根据历代文献记录，赫哲人聚集区地处三江汇流的咽喉位置，因而一直是各方争夺的要冲地区。历史上赫哲地区曾多次爆发部族内部冲突、官民冲突和国与国、族与族之间的大小战事。赫哲族人数虽少，势单力薄，但古代赫哲族持矛武士在战场上骁勇、凶狠的威猛形象，是久负盛名的，以至于扎枪早已成为古代赫哲武士最具有代表性的标记物。

根据文献记载，古代赫哲人不擅冶炼、锻造，较少有自行设计与制造铁质生产工具与生活用具的记录。从文物考古看，东北地区多家博物馆和不少民间私人或机构均藏有古代扎枪的实物例证，因而不能排除赫哲地区在历代有过官制府衙在当地监制、由汉族工匠承造包括扎枪与箭镞在内的各种铁质兵器的可能性。一些先后出土、传世、制作时间大致在明清两代的扎枪的制作水平很高，不但有精致的錾花刻纹，还有防锈镀层（金属成分待考），显然不是赫哲族自行生产制造的。考虑到中国境内赫哲族与境外俄罗斯通古斯—库页地区那乃人、日本北海道地区的阿依努人在种族上的血亲联系，以及迁徙入关的汉人因素，这些更具有装饰性的扎枪绝大多数来自非赫哲族聚集地区。近现代赫哲地区最早的打铁铺出现在黑龙江—乌苏里江沿岸的中国城镇，牡丹江、佳木斯、同江一带当是扎枪的主要产地。

与其他民族的主要生产工具大多转化为后来的兵器一样，赫哲人原始工具的扎鱼长矛也不可避免地转化为武士装备的长枪。其中看得见的是器物的形制与造型的变化，看不见的是设计创意与适用范围的功能设置、操持方式的根本性变化。扎鱼—狩猎—军事，赫哲族的弓箭、弩机、陷阱、扎枪等主要兵器的演化，都反复印证了这一条兵器发展史中世界各主流文明形态都通行的客观规律。因此，深入研究扎枪和其他赫哲族传统兵器的演化历史，对于我们在设计学历史研究范围探索原始生产工具与兵器之间的渊源，研究生产技能与军事技能的内在联系，弄明白"军事活动是经济（生产）活动的延伸"的基本原理，厘清长期存在含糊不清界定标准的设计发生学相关思路，都具有极大的考古佐证价值和现实启迪价值。

图片来源
图一　"中央研究院"民族学研究所
图二至图四　张孙晨　制图
图五　王健、洪淑莹　制图
图六　王健、王若霖　制图
图七　凌纯声.松花江下游的赫哲族[M].北京：民族出版社，2012：342.

图二　赫哲族扎枪尺寸图（单位：cm）

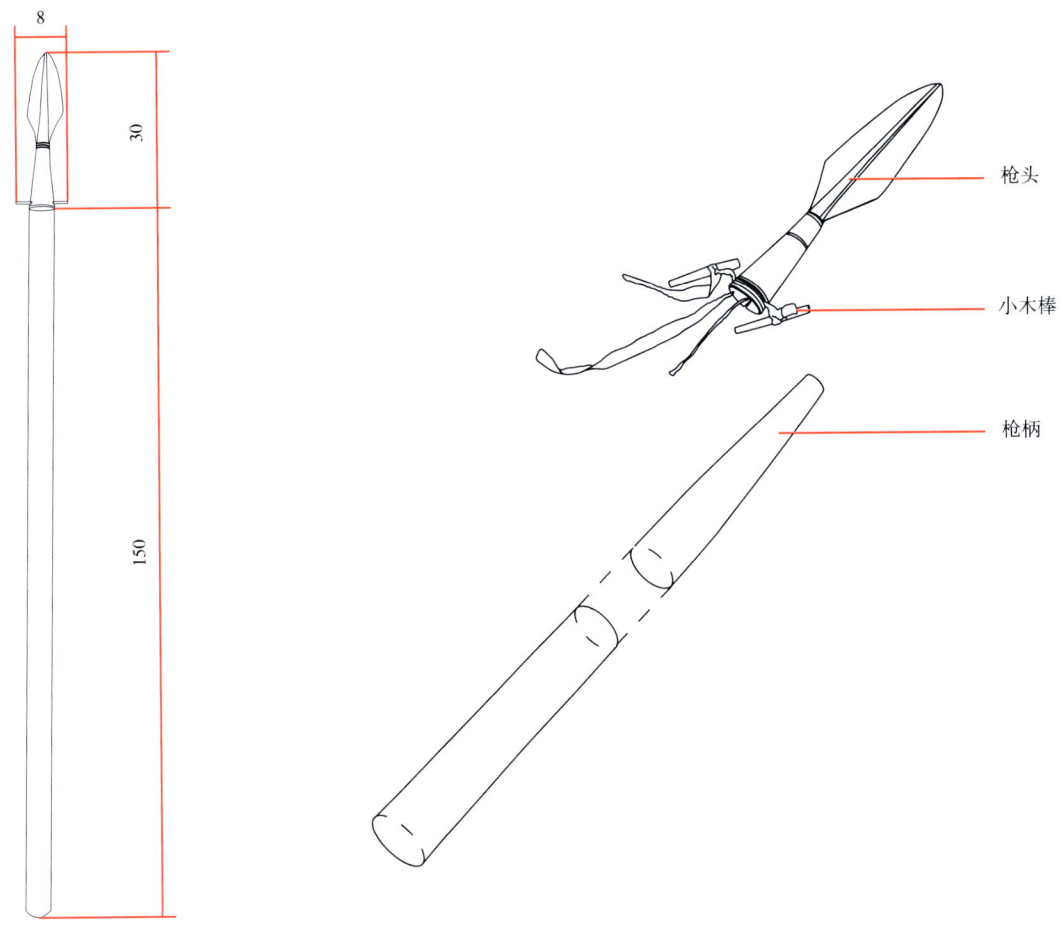

图三　赫哲族扎枪结构名称图

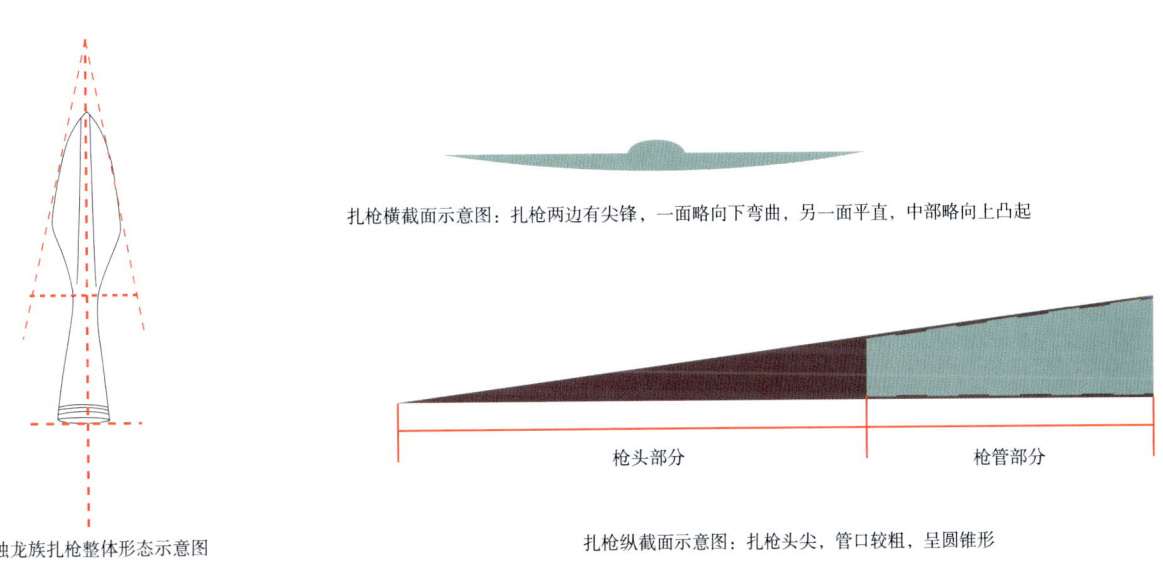

独龙族扎枪整体形态示意图

扎枪横截面示意图：扎枪两边有尖锋，一面略向下弯曲，另一面平直，中部略向上凸起

扎枪纵截面示意图：扎枪头尖，管口较粗，呈圆锥形

图四　赫哲族扎枪整体形态与结构分析图

第五章　赫哲族传统生产工具

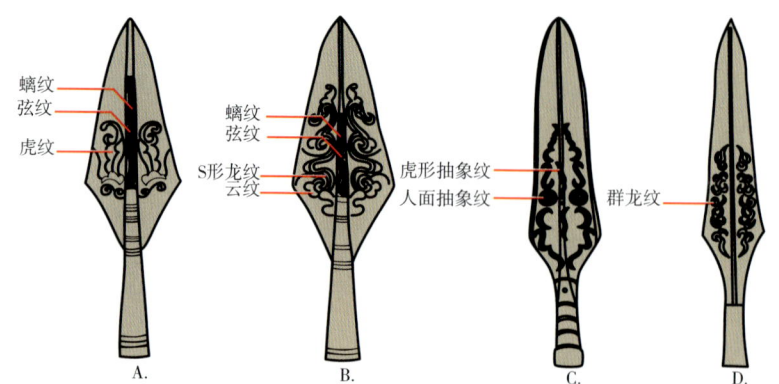

这四件扎枪从纹饰上看,绝非一般猎手使用,应由部落首领或大萨满使用,象征着君权和神权
(扎枪C的图案出自商周时期的"双虎嗜人图",造型如青铜古剑;扎枪D的造型较扎枪C更近于青铜古剑)

图五　赫哲族扎枪纹样示意图

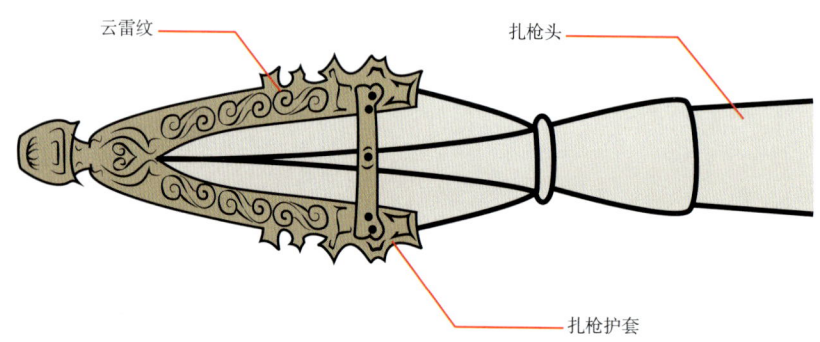

图六　赫哲族扎枪护套示意图

图七　费雅喀人手持扎枪行猎图

赫哲族伏弩

图一　赫哲族伏弩主图

伏弩，赫哲语称"舍拉迷"，俗称"地箭"，是赫哲族重要的传统狩猎工具。赫哲族伏弩不同于古代汉族弩机专门由人直接瞄准、发射、装填的使用方式，专指赫哲人在狩猎之初事先埋伏安置好的触发式自动弹射装置，故称"伏弩"。

赫哲族传统狩猎伏弩的机架、箭矢的尺寸及安装位置，完全视意欲猎取野兽的大小而定，如射猎大型猛兽就是用大型伏弩，射猎貂、狐等中型兽类则使用中型伏弩，射猎鼠类等小型兽类就用小型伏弩。伏弩的机架结构与工作原理与汉地弩机基本相似，区别主要在于使用方式。与军事用弩机不同，伏弩通常是预先安置在野兽出没的区域，主要靠野兽触碰诱饵所牵引的"息日恩"（赫哲语，当地俗称"销栓线"），引起装置自动发射箭矢，射杀猎物。小伏弩由上往下射；大伏弩平射，通常由离地约50～60厘米高度的木架依托，靠正面平射，可直接射穿相对薄弱的咽喉、胸脯等要害处的兽皮；中型伏弩则视野兽体量、出没路径、设伏位置及风雨气候等具体状况而定，仰俯随意。除伏弩外，赫哲族传统狩猎器具还有多种捕鼠器、套貂网、踏板陷阱等，说明赫哲族在狩猎工具方面一直具有较丰富的造物创意传统，也有较完备的器具制造技术。

赫哲族伏弩是一种古代传统机械类触发式自动弹射装置，以逸待劳、设弩待兽地伏击射杀猎物，属于一种具有较高思维层次所产生的造物智慧的产物。赫哲族伏弩是从古代赫哲族最早的弩机"楛矢石镞"发展、演化而来。楛，指荆类植物，古人多做箭杆；镞，古文箭头之意。"楛矢石镞"就是古代赫哲人以荆藤为杆，前端绑缚锋利的石片或野兽小腿骨薄片。由弓箭发展为弩机，是中国古代机械学的一种进步成果，各地区各民族都有涉及，赫哲族也不例外。赫哲族伏弩样式的最早文献记载见于《皇清职贡图》中的"七姓妇射貂图"。据民国学者凌纯声《松花江下游的赫哲族》中的图文分析及所列西方与俄罗斯学者论著旁证，赫哲族传统的狩猎伏弩，与俄罗斯西伯利亚地区民间的"通古斯伏弩"有一定程度的相似之处，但何时由何种路径传入，失考已久。中国境内使用狩猎与军事用途的各种弩机，已有两千多年历史。早在战国时代，弩机、弩床已是秦军装备的常规武器。赫哲族伏弩虽与"通古斯伏弩"相似，但机身装置与早了两千年的秦国弩机并无二致，因此赫哲族伏弩的原型出处尚待进一步考证。赫哲族伏弩是受中外弩机多方影响而形成，也可以作为一种推理。赫哲族伏弩的制造、设置，需要多方面知识的综合运用：猎物品种、野兽习性、点位确定、机架设置、箭镞选配等，甚至天气状况、植物密度等，都要有所考虑，充分体现了赫哲人狩猎活动独有的创意特色和民族智慧，不但是早年赫哲家庭择偶婚配的男方基础条件之一，也成为当代赫哲地区民族活动的一项经常性项目。

以赫哲族伏弩为代表的一系列狩猎器械装置，充分证明了赫哲族在机械工具方面发明创造的古代集体智慧，这是和赫哲地区秋冬季节特有的自然环境、气候条件、兽类品种紧密相连的，体现了赫哲族在狩猎器械设计方面的特殊造物才能。设计事物的需求发生、创意形成、实体制造与实际功用，都可以从赫哲族传统伏弩的设计、制作、使用的各环节中找到彼此联系的实例佐证。

图片来源

图一　徐润杰　制图

图二至图四　张孙晨　制图

图五、图六　樊进　制图

图七　张孙晨　樊进　制图

图八　单芳霞　制图

图九　凌纯声.松花江下游的赫哲族[M].北京：民族出版社，2012：332、339.

图十　王琥.中国传统器具设计研究：首卷[M].南京：江苏美术出版社，2004.

图十一　王英海,孙熠,吕品.赫哲族传统图案集锦[M].哈尔滨：黑龙江教育出版社，2011：47—48.

参考文献

1.王英海,孙熠,吕品.赫哲族传统图案集锦[M].哈尔滨：黑龙江教育出版社，2011.

2.凌纯声.松花江下游的赫哲族[M].北京：民族出版社，2012.

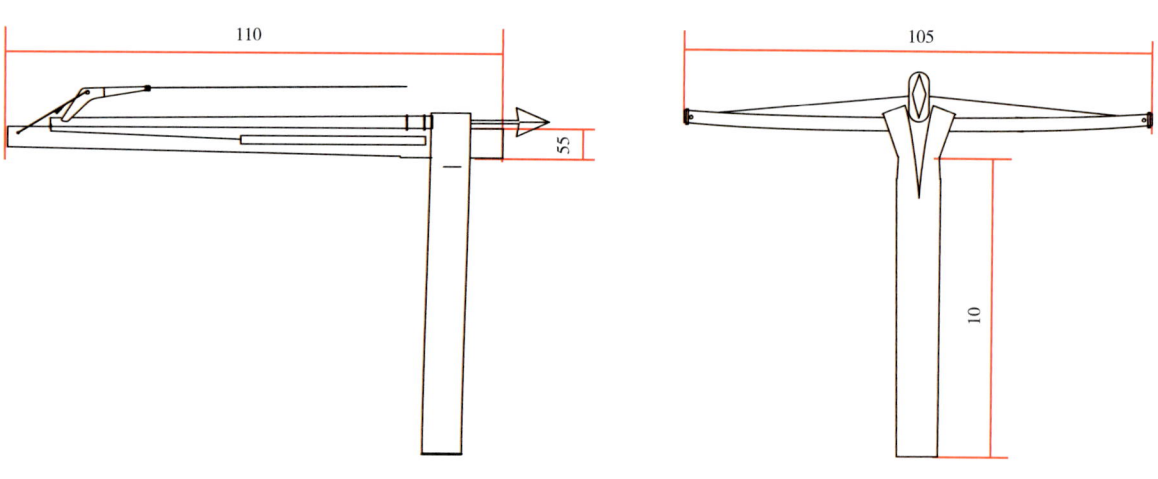

图二　赫哲族伏弩尺寸图（单位：cm）

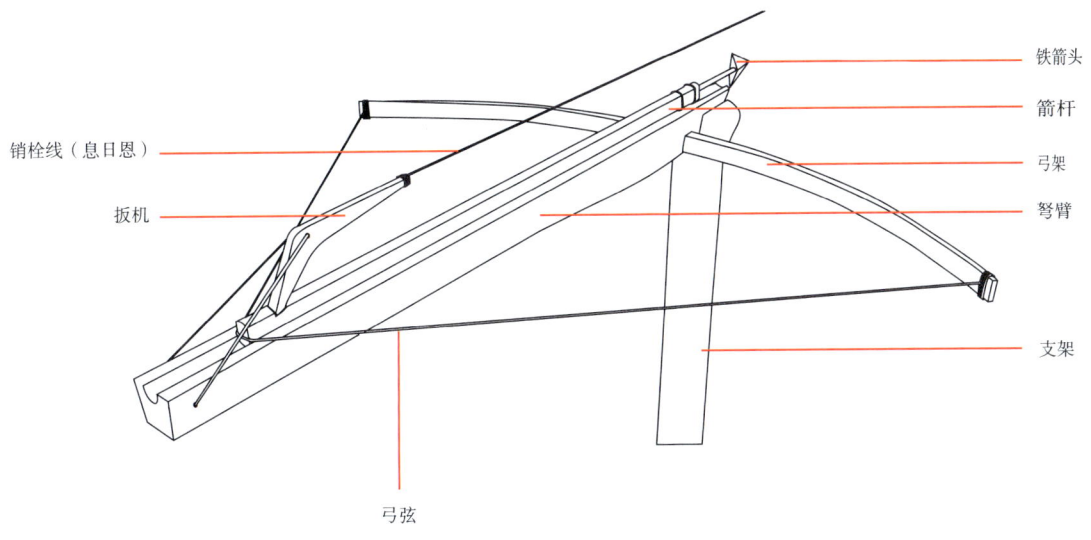

图三　赫哲族伏弩结构名称图

图四　赫哲族伏弩结构分解图

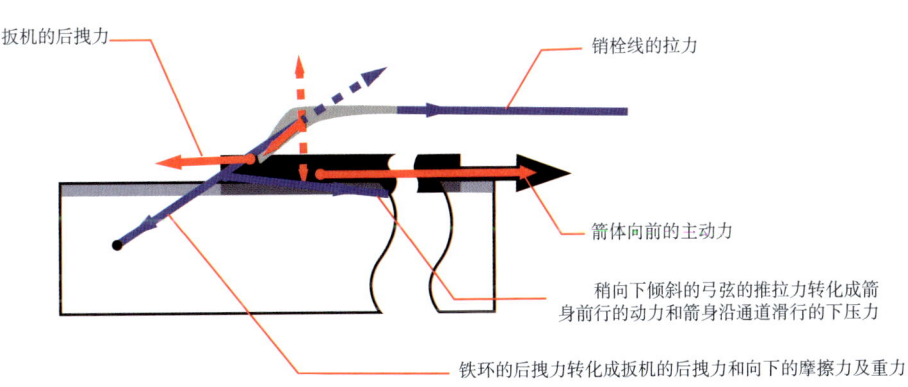

图五　赫哲族伏弩引弓待发状态受力分析图

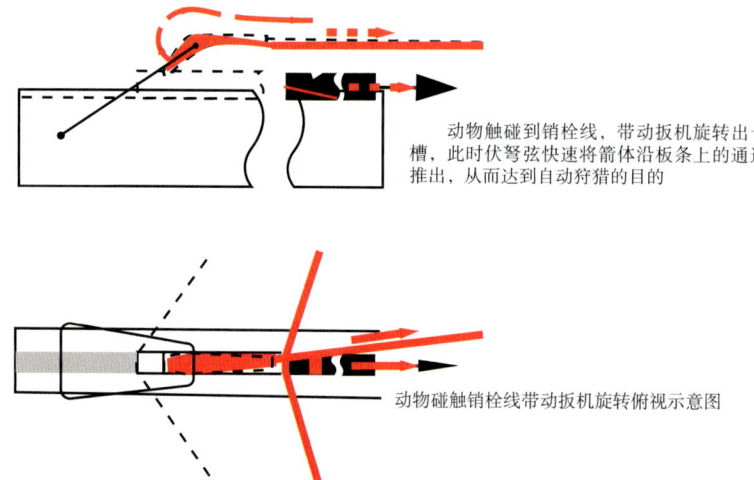

动物触碰到销栓线,带动扳机旋转出卡槽,此时伏弩弦快速将箭体沿板条上的通道推出,从而达到自动狩猎的目的

动物碰触销栓线带动扳机旋转俯视示意图

图六　赫哲族伏弩击发瞬间分析图

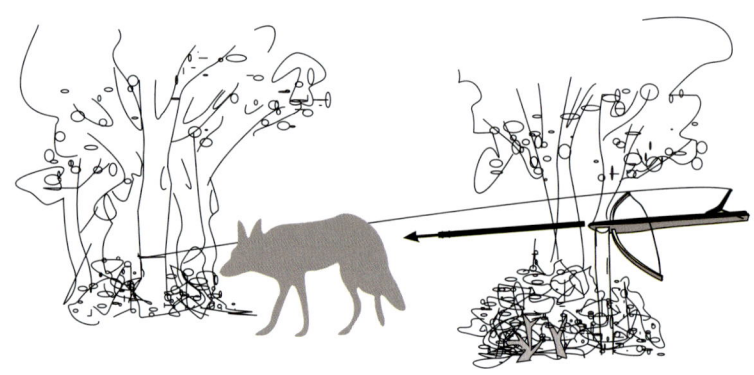

图七　赫哲族伏弩自动击发情境图

图八　《皇清职贡图》——七姓妇射貂图

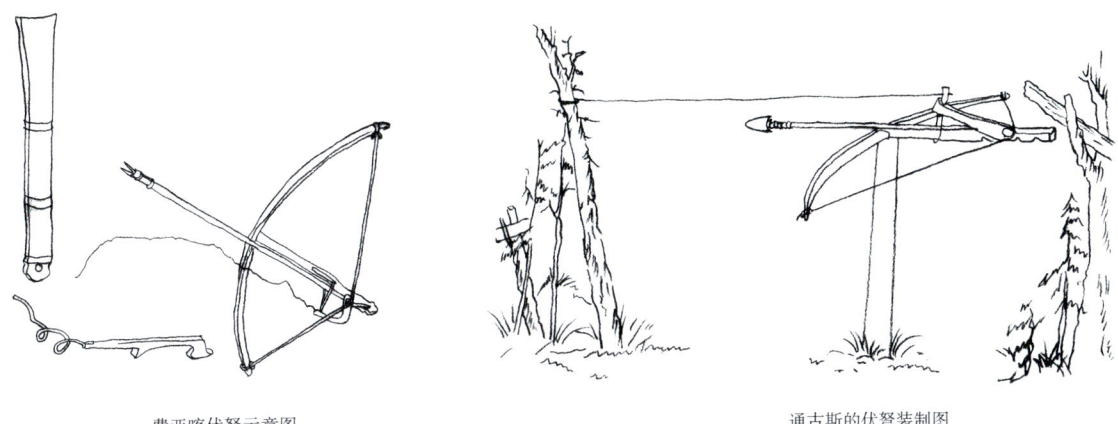

费亚喀伏弩示意图　　　　　　通古斯的伏弩装制图

图九　费雅喀伏弩与通古斯伏弩的装制示意图

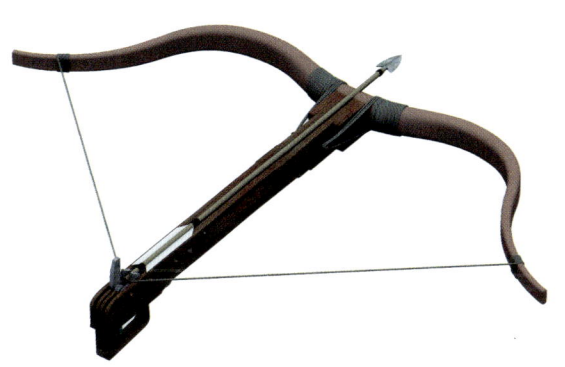

图十　战国时期汉族弩机示意图

图十一　赫哲族猎人

赫哲族狩猎陷机

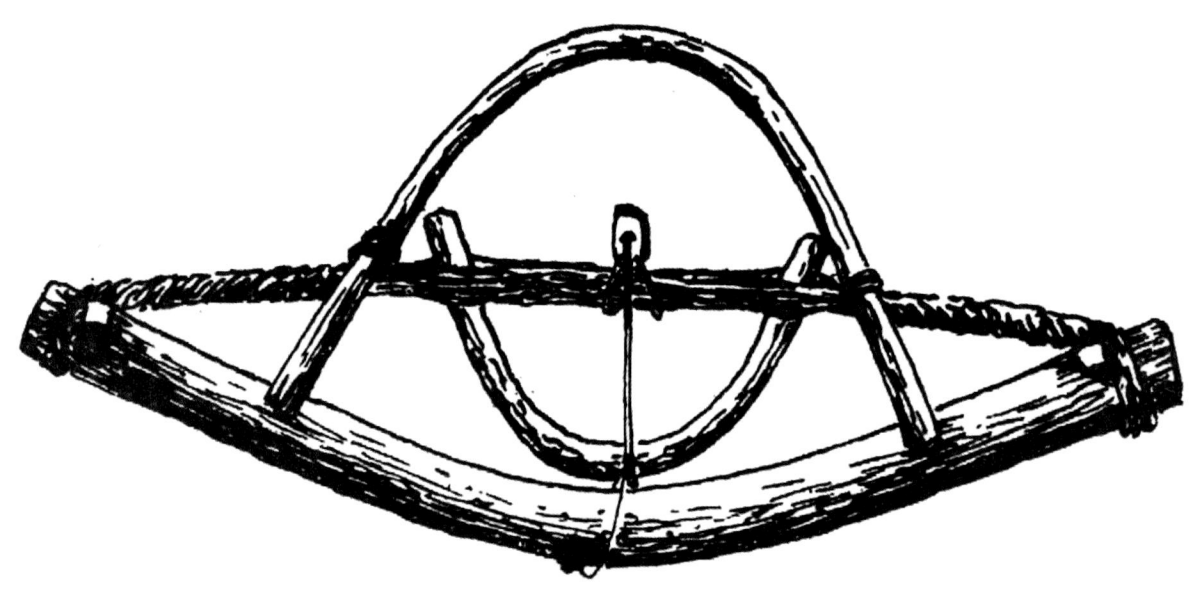

图一 赫哲族狩猎陷机主图

赫哲族传统狩猎陷机，泛指所有赫哲族人在狩猎活动中所使用的机械类捕捉、猎杀特殊装置。赫哲族狩猎陷机种类繁多，不少是针对野生禽兽单一品种的专门陷机。它们的共同点在于四点：都是事先埋伏设置，都有触发式启动构件，都由机械能产生构件传动，都是以捕捉野生禽兽为工作目的。

赫哲族使用狩猎陷机的历史非常久远，同步于赫哲族早期渔猎时代。至清朝时，《皇清职贡图》对赫哲猎人使用陷机已有较详细记载。按世界各主流文明形态的狩猎技术演化历史看，最早构筑的狩猎装置是铜石并用时代的陷阱：掘土挖坑，再加盖伪装，或是预设在猎物必经之处，或是以诱饵吸引，或是围堵驱赶，使其陷落。农耕兴起时代，因为绳索与编结技术的出现，套索和网兜开始普及，人们用绊索、绳套捕捉野兽，用网具捕鱼、捕鸟。到农耕和手工成熟时代，木作工艺与烧造工艺已十分发达，开始出现构思精妙、结构复杂的各类木作机械，如耕作类的犁铧、耧车、水碓等，手工类的陶件拉坯、模具、铸范等，在此技术环境中，各地区各民族都能广泛使用狩猎陷机就不足为奇了。我们找不到直接文字记载或实物佐证清晰说明赫哲族比较常见的各种狩猎陷机"究竟是原创，抑或引自何方"的问题，但有一点结论则比较肯定：赫哲族传统狩猎陷机在引入、使用、演化过程中，均根据本地区本民族的环境、条件、资源，对各类陷机进行过彻头彻尾的改良设计，使之充分适应赫哲狩猎活动的特殊状况。

赫哲族传统狩猎机械装置按捕捉对象和捕捉方式的差异大致可分为三类：其一是弹射猎杀装置，如各种大小伏弩、捕鼠陷机等。因本书专列"伏弩"另案分析，此处伏弩不再复述。其二是机关夹持装置，如各种捕捉沙鸡、野鸡的陷机。其三是套索网兜装置，如捕兔陷机、捕貂网兜等。赫哲族狩猎陷机品种繁多、花样百出，就是因为赫哲人能根据需要捕猎动物的习性、种类、个头和出没环境，创意、制造出各种具有针对性的专项陷机来。比之同处东北三江流域地区的鄂伦春族、满族、朝鲜族机械类狩猎装置而言，赫哲族传统狩猎陷机在这方面具有独到的技术优势与创意发明。

晚清弛禁后，大量外国移民、内地农民涌入赫哲地区，带来了各种新事物、新技术，也包括各种狩猎用具和技术。特别是俄国移民引入的各种火枪、火药，不仅廉价，而且捕获猎物快速而高效，甚至赫哲人自俄民处学得各种使用炸药的方法来炸鱼塘、炸鸟窝、炸兽窟等极端做法。很快，各种火药、火枪成为三江流域广大地区各民族百姓的主要狩猎用具，包括赫哲猎人。赫哲人开始放弃从弓弩到扎枪、从网索到陷机的传统狩猎用具，人手一杆快枪、一匹骏马，甚是威武，以至于到30年代民国学者凌纯声去做实地考察时就发现，由于火枪、火药的滥用，使赫哲地区的野生动物资源急剧衰竭。30年代的一些老年猎手，居然一辈子没见过祖辈传说中原本满山乱跑的紫貂、黑熊和虎、狼，更不要说猎杀了。越往后越是每况愈下。40年代起就风靡全中国的鄂伦春民歌豪迈地唱道："一呀一匹马呀，一呀一杆枪，獐狍野鹿漫山遍野打也打不完。"可半个世纪后，因为野生动物资源基本枯竭，已经没有真实意义上的猎户了——别说是獐狍野鹿，如今就是打只野鼠、野鸡、野兔、野猪便稀罕得不行。

之所以这些赫哲族传统狩猎陷机曾千百年祖辈流传而又在不到50年之内基本失传，只有一个原因可以解释：环境使然。这就是设计学史论研究所有学术价值的核心所在：设计事物从来不会孤立发生、存在、消亡，它的生存环境决定了它的存立废止。其实，人所创造的一切文化事物都适用这种规律，赫哲族传统狩猎陷机也不可能例外。

图片来源
图一 凌纯声.松花江下游的赫哲族[M].北京：民族出版社，2012：340.
图二至图六 张孙晨 制图
图七 凌纯声.松花江下游的赫哲族[M].北京：民族出版社，2012：332.
图八 "中央研究院"民族学研究所

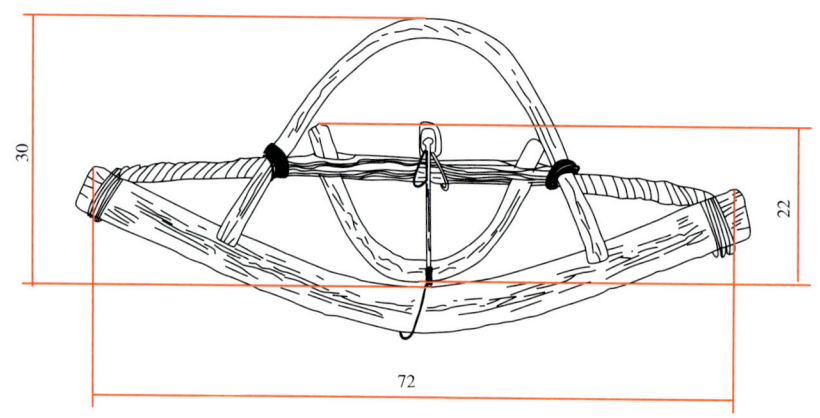

图二 赫哲族狩猎陷机尺寸图(单位:cm)

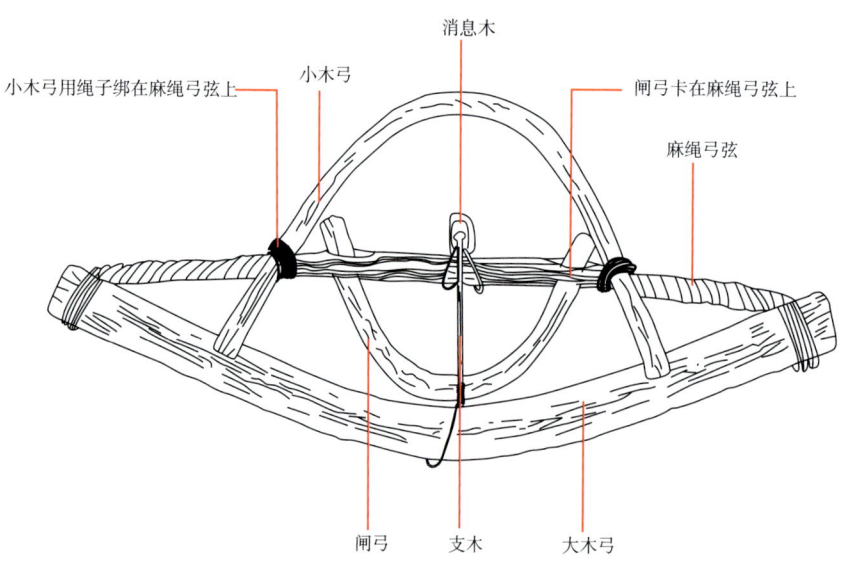

图三 赫哲族狩猎陷机结构名称图

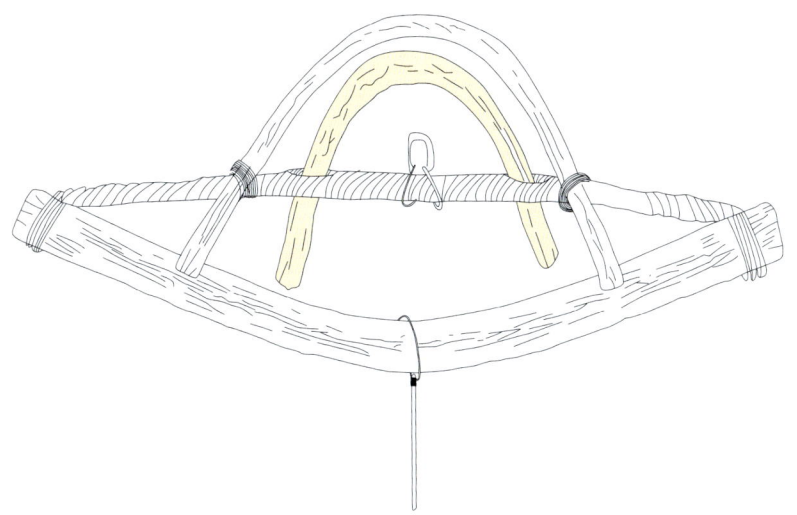

第一步：将闸弓嵌在麻绳弓弦中

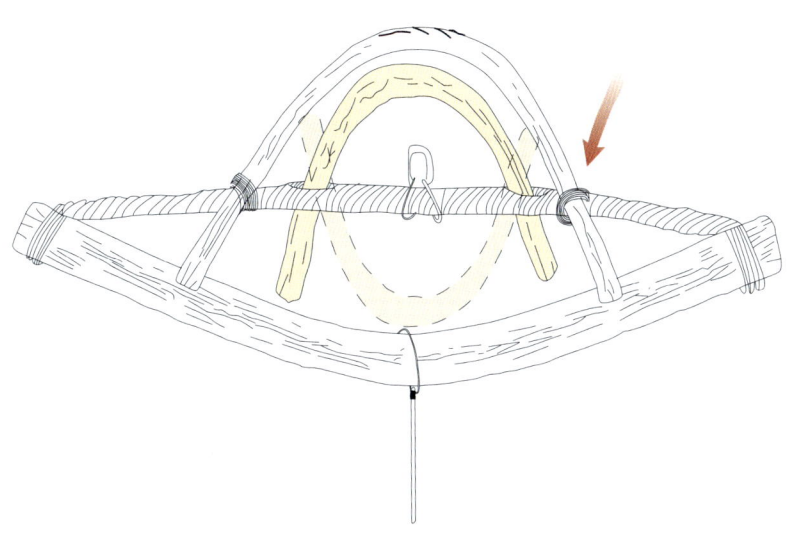

第二步：将插进麻绳弓弦的闸弓顺时针向下扳

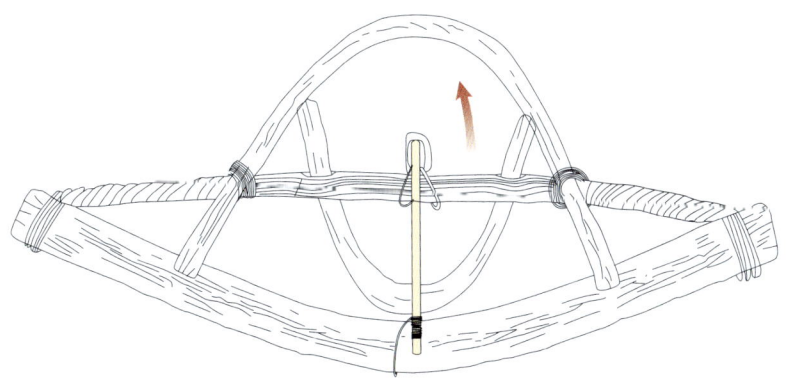

第三步：用支木的一端将闸弓压住，支木的另一端顶在消息木的小孔中

图四　赫哲族狩猎陷机使用方法示意图

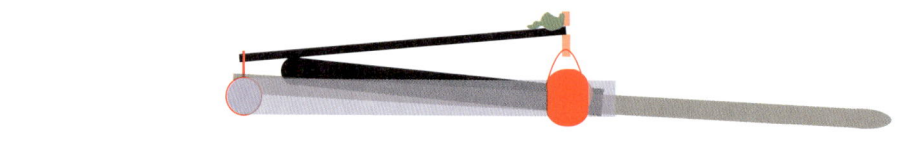

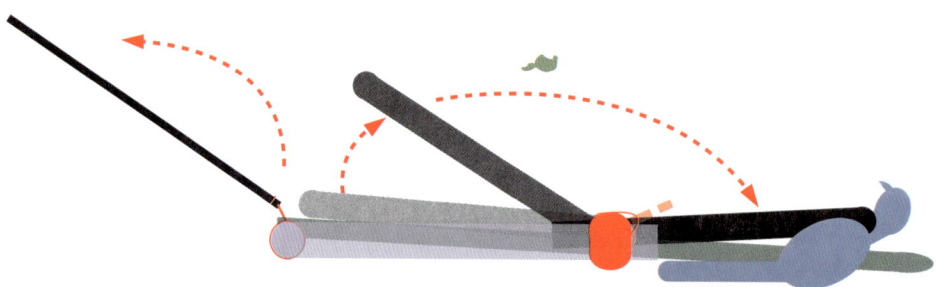

图五　赫哲族狩猎陷机受力分析图

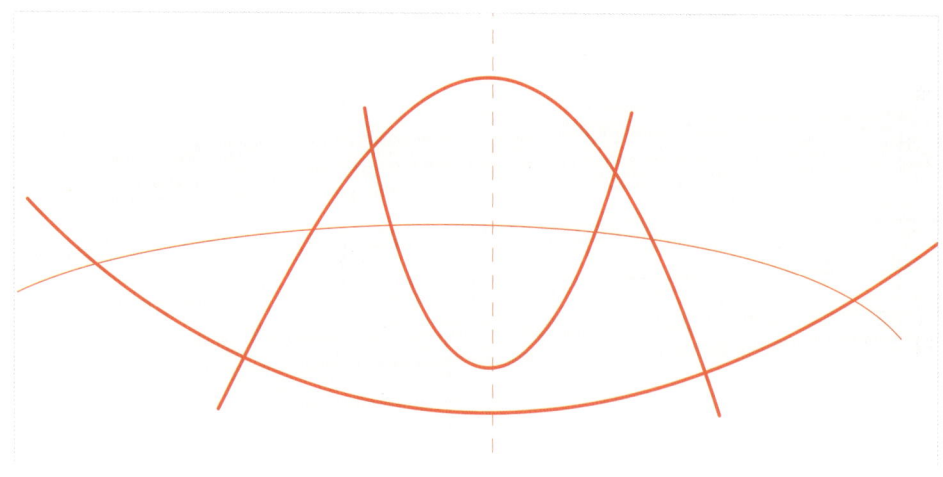

图六　赫哲族狩猎陷机形态分析图

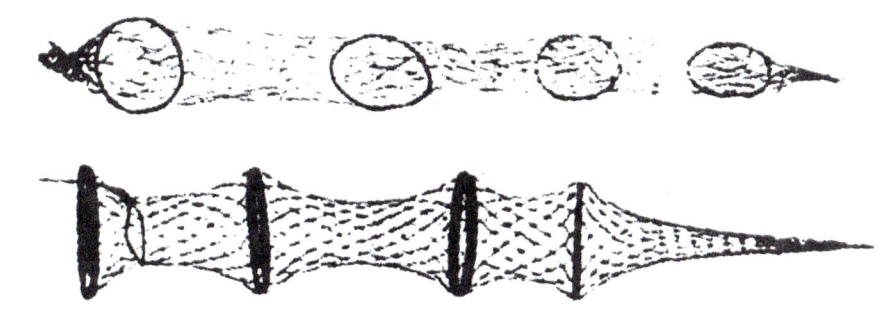

张开及未张开的捕貂网

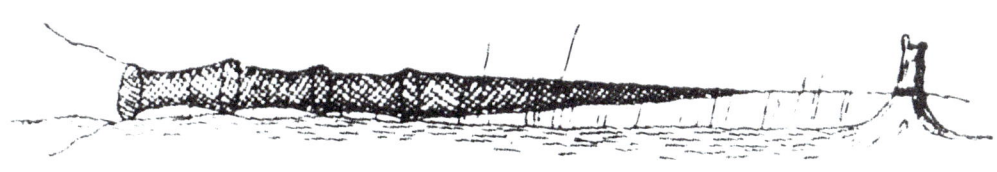

张于平地的捕貂网

图七 赫哲族捕貂网示意图

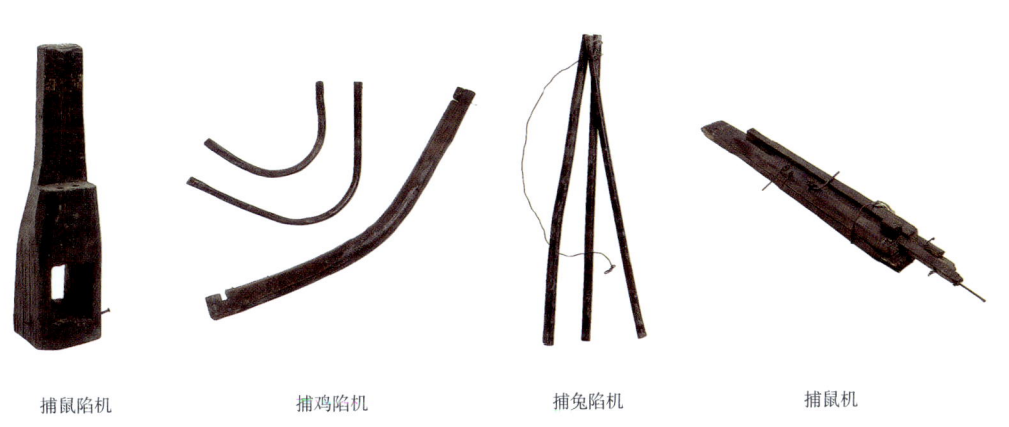

| 捕鼠陷机 | 捕鸡陷机 | 捕兔陷机 | 捕鼠机 |

图八 赫哲族其他捕猎陷机实物图

赫哲族冰上渔具

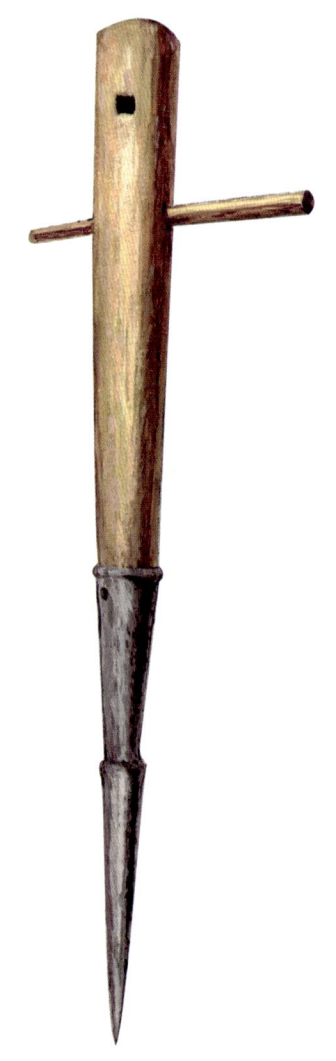

图一　赫哲族冰钏主图

赫哲人冰上捕鱼是冬季渔业的主要方式，并形成了从古至今一系列与冰上捕鱼相关的应用渔具。如凿冰开洞的古代石斧、现代冰钏；守洞扎鱼的古代骨矛、石矛，现代的单股长矛、双股木叉、三股铁叉；守洞下网的围网、捞网、鱼篓、网兜；守洞垂钓的钓钩、钓竿、钓线等。

凿冰破洞是冰上渔猎的第一步，现代赫哲族使用的是冰钏。在赫哲地区漫长的冬季，进山狩猎和凿冰开洞捕鱼，是两项主要生产活动。赫哲地区的封冻江面，冬季冰层通常厚实坚硬，最厚者可达1米，最薄也有30～40厘米，江面冰层不但可以走人跑马，通过一般机械装置也没有问题。冬季江中的水下世界漆黑一片，光照不足，氧量亦缺。鱼类也有动物般趋光性，若开洞透亮，空气乍现，冬眠水底的鱼群通常会不由自主地争先上浮，齐聚洞口。兹时下手捕捉易如反掌，或钓或扎，或网或捞。使用冰钏凿冰开洞有一定技术性，也根据不同的捕猎方式决定开洞的大小。一般规律而言，若是扎鱼、钓鱼，冰洞要小，目标移动的范围就小，可提高命中率。若是下网设围，洞口要大些，便于渔前下网设围、渔后拉网上冰。下网围捕，是近现代赫哲渔民冰上渔业的主要方式，优点是收获量大、效率高，也不用洞口蹲守，便于集体作业。做法大致是根据围网长度，用冰钏在前后凿开两个与网长等距离的冰洞，然后由前洞下网，再以钩杆从后洞捞起围网一头。两洞皆在冰层上下桩将围网固定。此时两洞间冰层下围网呈马蹄形半弧兜状，静待冰洞附近透气见光之蜂拥鱼群。通常两洞之间是鱼群最密集之地，因而最是张网捕捞之处：上浮鱼群都急于换气见光，拥挤不堪；体健个大者常在两洞之间来回窜腾，挤占有利地形，故而冰下围网常逮住体量巨大的鳇鱼、鳟鱼等。傍晚下网，次日凌晨起网，每每所获颇丰。

凿洞捕鱼的个体渔夫，亦不无小捕。近现代赫哲人冬季垂钓所用钓具与俄境通古斯—科利雅渔夫所用渔具相似，垂钓方法也无异。无论是冬季凿冰垂钓，还是春秋河畔垂钓，"连竿钓鱼"是赫哲渔夫的独门绝技。作业时左右两枝鱼竿垂钓，其中一枝装有通长8厘米左右的鱼形钓钩，大头部分呈卵形酷似鱼身，弯钩部分酷似甩动的鱼尾。钓钩入水后，左手持竿轻抖，水底大鱼以为钓钩是小鱼，一口吞之入肚；渔夫再持右竿将大号利钩甩挂鱼身，双竿发力，将鱼拉出水面。

赫哲人常用的其他渔具，如鱼罩、鱼篓、鱼兜等，与其他民族大同小异，估计其来源、影响、演化与其他民族有较大关系，且特色不具，是故本书不另辟案例专述。

赫哲人传统上以渔为业、靠鱼为生，渔具完备，渔技娴熟。从设计学研究的创意发生因素分析，生存所系的食物链需求和基本谋生手段的长期磨合，使赫哲族在渔具和捕捞技术上达到了相对的高度。认真梳理、总结赫哲族传统渔具的器物设计与技能行序设计，是未来民族造物学十分重要的研究课题。

图片来源
图一 樊进 制图
图二至图四 单芳霞 制图
图五、图七、图八 王健、张子扬 制图
图六 《民族问题五种丛书》黑龙江省编辑组.赫哲族社会历史调查[M].哈尔滨：黑龙江朝鲜民族出版社，1987.

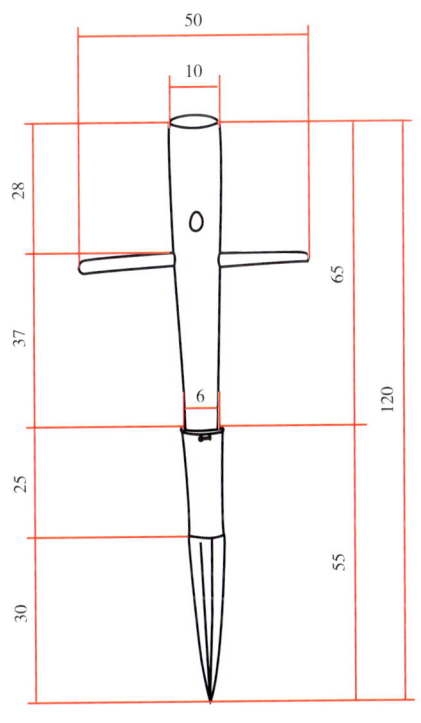

图二 赫哲族冰钏尺寸图（单位：cm）

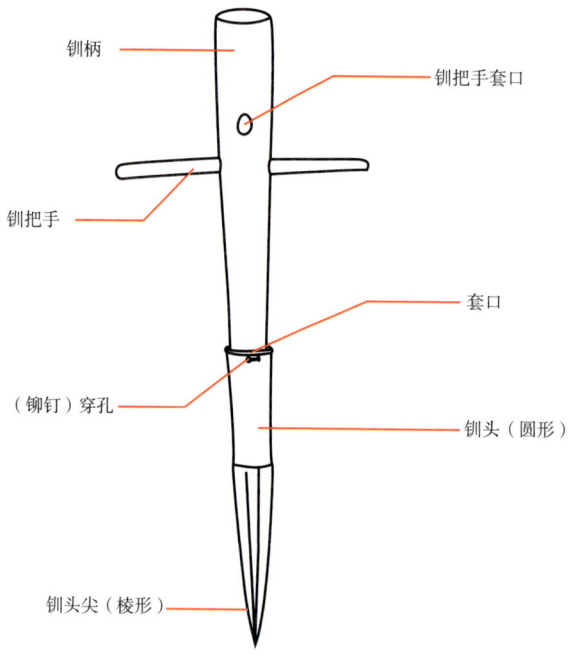

图三　赫哲族冰钏结构名称图

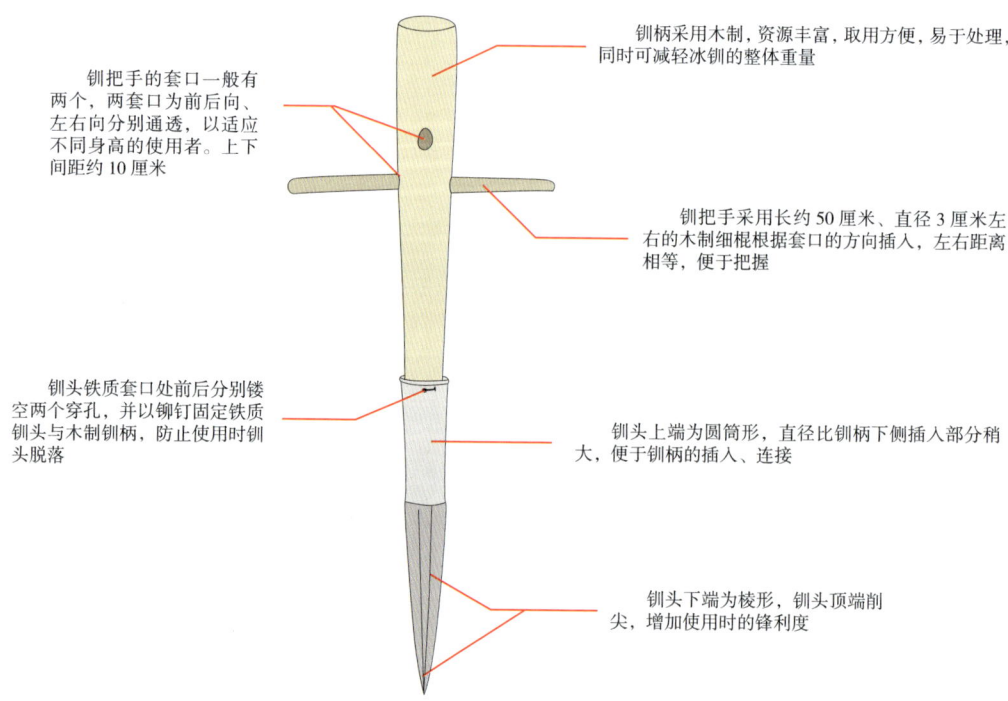

图四　赫哲族冰钏制造材料与功能分析图

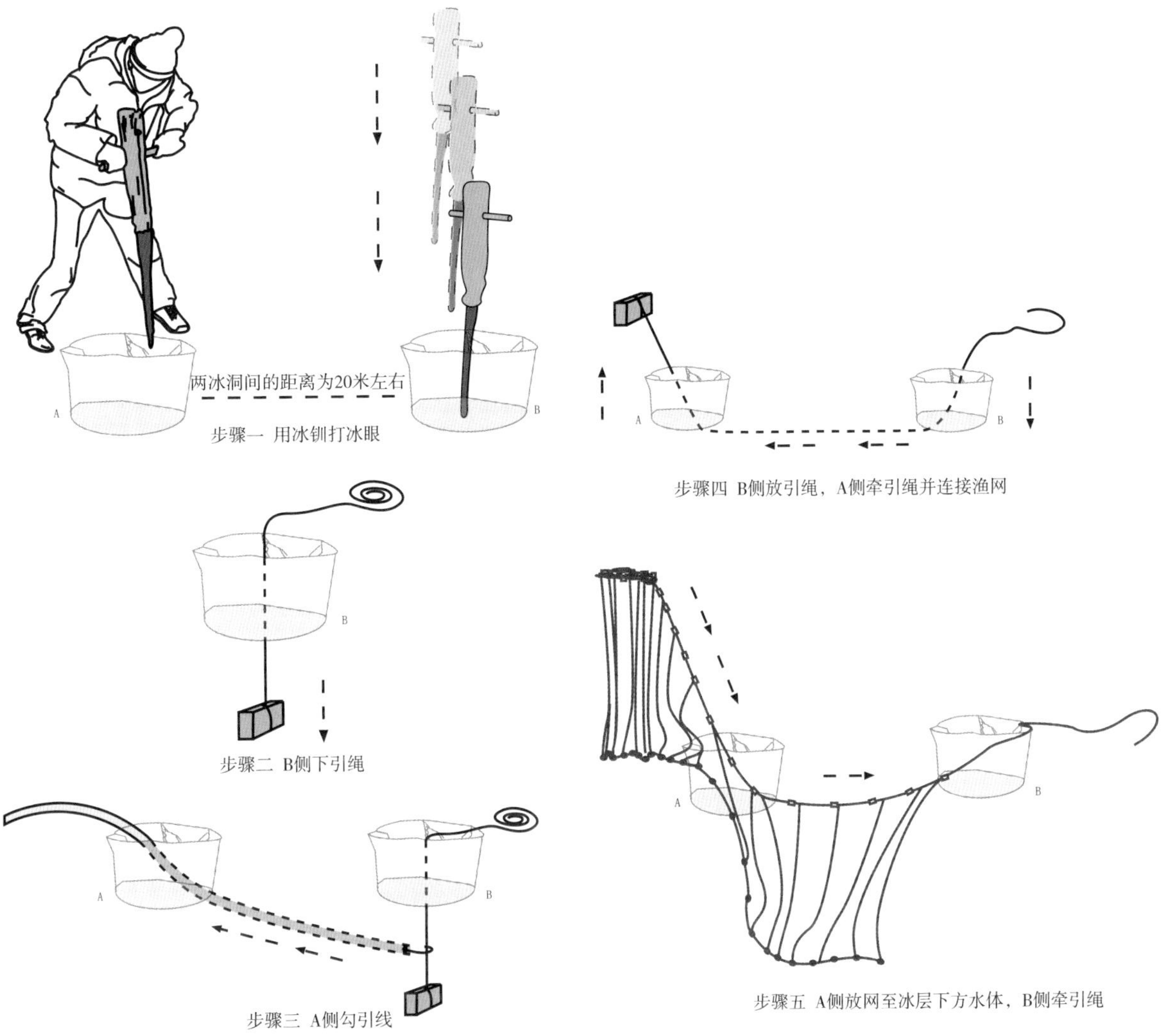

步骤一 用冰钏打冰眼　　两冰洞间的距离为20米左右

步骤二 B侧下引绳

步骤三 A侧勾引线

步骤四 B侧放引绳，A侧牵引绳并连接渔网

步骤五 A侧放网至冰层下方水体，B侧牵引绳

图五　赫哲族冰钏使用受力分析图

图六　赫哲族冬日捕鱼的五大件——走钩、扭锚、冰钏、冰崩子、操罗子（左序）实物图

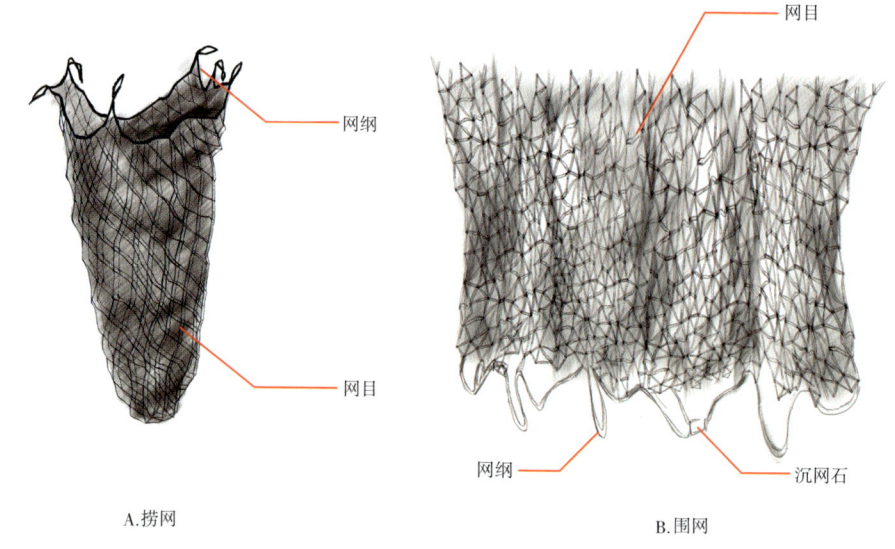

A.捞网　　　　　　　　　　　　B.围网

图七　赫哲族捞网和围网示意图

图八　赫哲族渔民冰上集体拉网情境图

赫哲族鞣革工具

图一　赫哲族榨床主图

榨床是赫哲族的鞣革工具。鞣革工具，是赫哲族传统加工兽皮与鱼皮原料皮张过程中的相关工具。包括各种榨床、捶床、木槌、皮梳、皮铲、刮刀、碾棒、擀杖、铁刀等。其中以鞣制至软熟的各种榨床、捶床与木槌最为重要。

赫哲人从刚捕获的野兽及大鱼身上尽可能完整地剥下原皮，先要浸泡水中一天一夜后，捞出作除毛剔肉处理。刮刀的使用原理是设法将原皮外侧兽毛仔细剔除。以民国样本为例，刮刀为一截月牙形弧曲状铁条，开刃，长度约17厘米；两端装有各自约15厘米长的手柄，通长约为47厘米。操作时先绷开皮张，毛面向上，再双手持柄，在皮毛上反复刮蹭，以刮去兽毛。

兽皮内侧残留肉屑脂肪通常由皮铲来处理。皮铲有两种，一种类似农具铁铲，头部装有前端为半弧形的小铁铲头，装上木柄通长为64厘米，此铲姑且称之为"半圆平铲"，专用于剔除皮张内侧残留肉筋结。另一种皮铲的头部装有中空式弧圈状开刃圆铲，这种皮铲姑且称之为"中空圈铲"，此铲也有"铲库"（即套嵌木柄的圆筒结构），既可以刮除外侧兽毛残茬（通常在刮刀大致除毛后对残茬进行精加工处理），也可以在月牙小皮铲之后，对内侧残肉精加工处理。

皮张内外的兽毛、残屑逐一剔除干净后，将皮张摊开晾晒或裱糊在墙体、木板上阴干。无论是鱼皮还是兽皮，阴干后均坚硬如板，不易弯曲，因此还要做鞣革处理。一般先用榨床进行柔熟处理。赫哲人鞣革专用的榨床由床座与榨杆两部分组成，外观类似内地汉人铡草料用的铡刀造型。榨床床座一般长约170厘米，多以树干整体凿雕而成，床面向下挖掘长约130厘米、宽约8～10厘米凹槽一道；另制榨杆一支，长约100厘米。床座和榨杆皆有榨齿，以增加皮张的咬合受力。榨床大头处凹槽横向嵌入铁条，作为榨杆固定点，干活时由一人往槽口填料、翻转、换件，另一人只管上下张合榨杆。

经过榨床轧制，有些厚皮仍不能柔顺卷曲时，就需用捶床与木槌进一步使其熟软。赫哲人用捶床与木槌使皮张卷捆均匀受力，让皮质逐渐软化柔顺。以民国样本为例，捶床的砧座通长为93.5厘米，上有二"齿"，形成中间完整凹槽和两端半截凹槽。配套的木槌长度约38厘米，槌面比砧座凹处宽度略宽。这种构造是为了让皮张在捶打与翻转中不断正反折曲，好使其充分柔软卷曲。鱼皮较薄，一般鞣制仅用捶床即可，做法是将干鱼皮束扎成卷，置于捶床砧座上以木槌通体捶击，边捶边翻转，务使皮张各处均匀受力，直至通体软熟。

赫哲人亦用小件工具完成鞣革加工，只是所费工时较长。如所获皮张晾干后撅硬如板，无法柔曲，皆以皮梳应对。皮梳亦分两种：铁梳与木梳，造型与双手握持的刮刀近似，通长均为60厘米，刃部有细密小齿。一般铁梳用以刮顺较厚生皮，如熊皮、猪皮、马皮、鹿皮、狍皮等；木梳则对付较薄生皮，如麂皮、鱼皮等。

20世纪80年代出版的《赫哲族社会历史调查》介绍了几种当时赫哲百姓纯手工操作的鞣革工艺。其一俗称"抓脑子"，专门鞣制鹿皮：以铲刀剔除油脂残屑后，在大铁锅或大陶缸里放上一副狍子脑浆，兑水稀释，充分搅拌至匀，再将鹿皮放进去浸泡个把小时，然后捞出，数人齐扯一角，反向用力紧绷，且不断换位，前揉后搓、东拉西扯，使鹿皮皮质充分舒张，直至软熟。至于为什么要放入狍子脑浆浸泡鹿皮，书里没有介绍，眼下老乡们也不知道。还有一种是专门对付狍皮软化的：先在狍皮生张上撒些火硝粉（朴硝、芒硝等），口喷雾水，再卷束皮张，任其闷上一夜，次日展开，剔除杂屑，即可得柔熟白皙的狍皮熟张。此法很可能源自内地，如明代宋应星著《天工开物》记载："若南方短毛革硝，其如纸薄。"若是贵重皮张，如貂皮、狐皮、貉皮等，剔除残渍更要干净，除刮铲之外，还要用苞米糠搓揉，务使内皮洁白干净。

赫哲族传统鞣革工艺与各种工具，是在赫哲族千百年的狩猎生产与皮作技艺承传的厚实基础上逐渐形成特色并延传至今的，也是赫哲族造物文化的宝贵财富之一。从设计学观点看，设计的本体语言"功能、选材、工艺、形态"，都在赫哲族传统鞣制技巧与专属工具的创意与应用中得到充分体现。虽然时过境迁，皮作的机械化、批量化、标准化已是大势所趋，包括赫哲族传统鞣革工艺在内的各民族传统皮作工艺及工具的使用范围已大为缩减，甚至彻底消失，但它们在各民族造物文明的历史演化进程中所起的作用，是我们今天设计史论研究无论如何不能忽视的。

图片来源

图一　黄雪清　制图
图二至图五　单芳霞　制图
图六　单芳霞、张帅　制图
图七　张帅　制图
图八　王浩滢　摄影
图九　吕大吉，何耀华.中国各民族原始宗教资料集成：鄂伦春族卷·鄂温克族卷·赫哲族卷·达斡尔族卷·锡伯族卷·满族卷·蒙古族卷·藏族卷[M].北京：中国社会科学出版社，1999：前言8.
图十　"中央研究院"民族学研究所

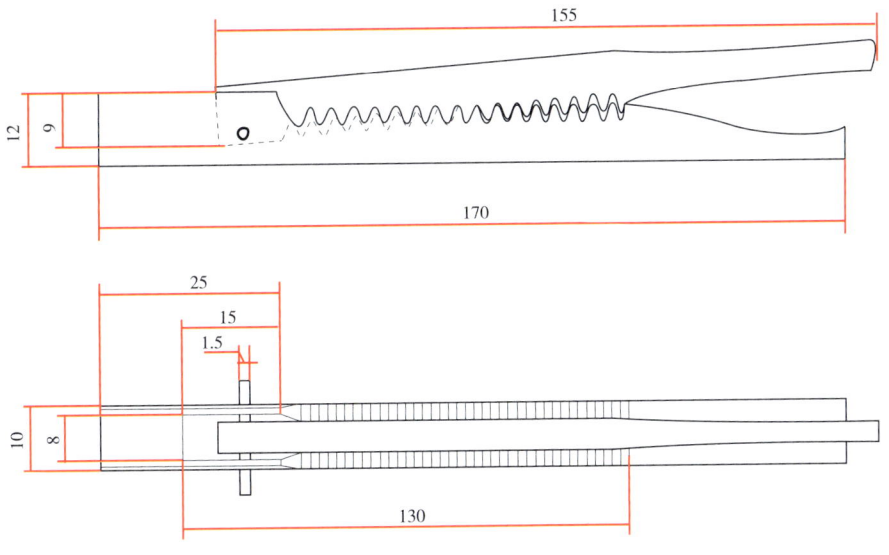

图二 赫哲族榨床尺寸图（单位：cm）

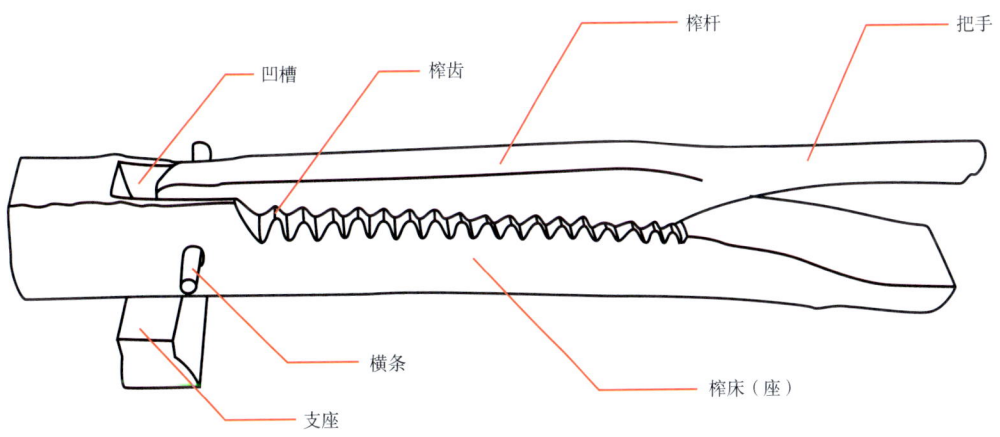

图三 赫哲族榨床结构名称图

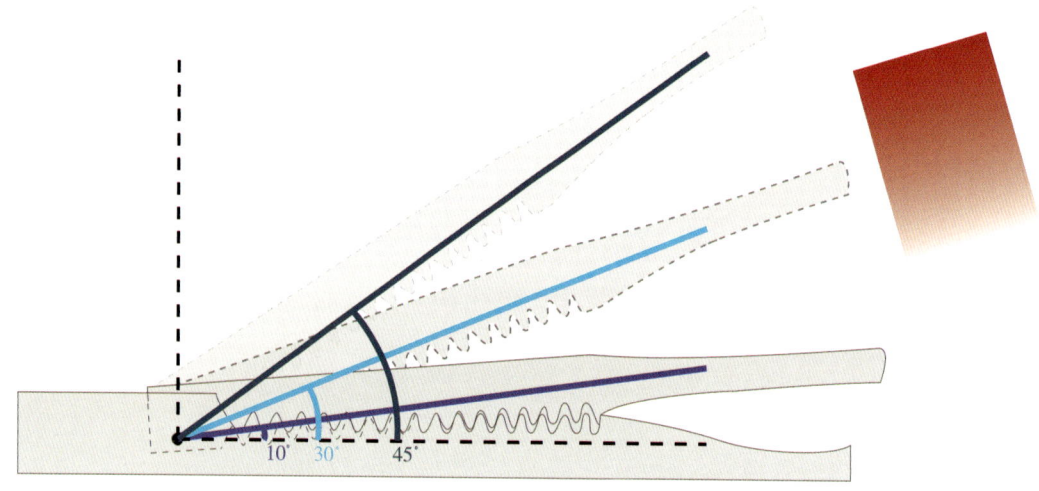

榨杆向上抬起的角度最大可开至约 45 度，榨齿与榨床座齿的完全咬合状态约是 10 度。在鞣制鱼皮的过程中，榨杆开口角度越小，榨齿的咬合度越紧，鞣制效果越好

图四　赫哲族榨床开合角度分析图

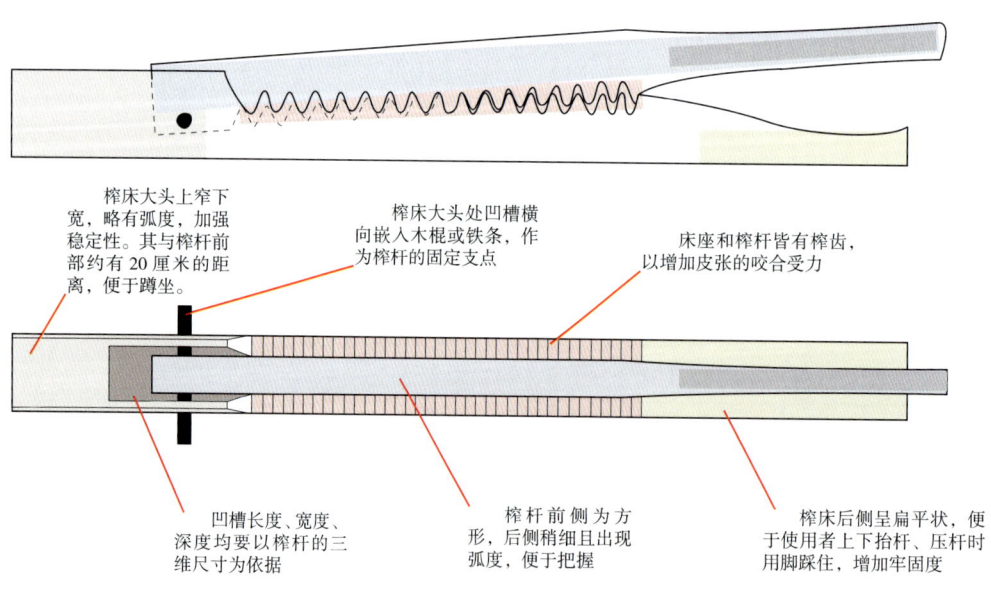

榨床大头上窄下宽，略有弧度，加强稳定性。其与榨杆前部约有 20 厘米的距离，便于蹲坐。

榨床大头处凹槽横向嵌入木棍或铁条，作为榨杆的固定支点

床座和榨杆皆有榨齿，以增加皮张的咬合受力

凹槽长度、宽度、深度均要以榨杆的三维尺寸为依据

榨杆前侧为方形，后侧稍细且出现弧度，便于把握

榨床后侧呈扁平状，便于使用者上下抬杆、压杆时用脚踩住，增加牢固度

图五　赫哲族榨床功能分析图

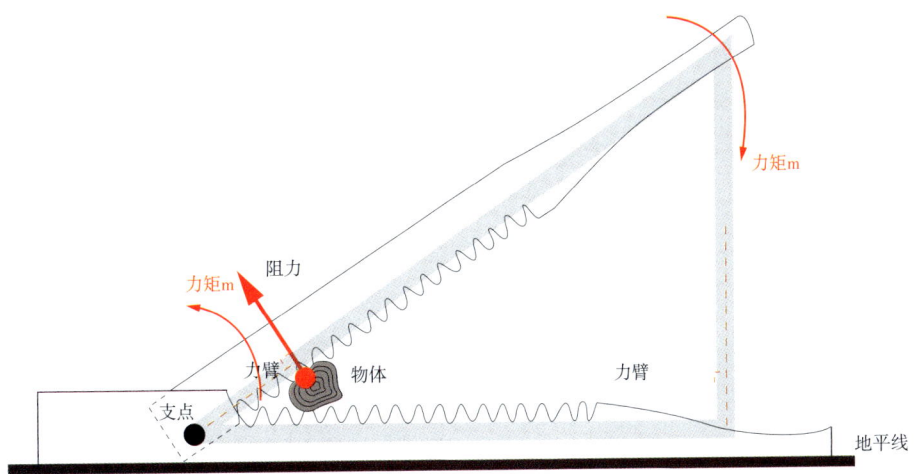

图六　赫哲族榨床受力分析图

1.侧面的咬合示意

2.正面的咬合示意

两个方向的咬合便于增加皮质的柔韧性

图七　赫哲族榨床咬合分析图

图八　赫哲族捶床和木槌实物图

图九　赫哲族鞣制鱼皮实景图

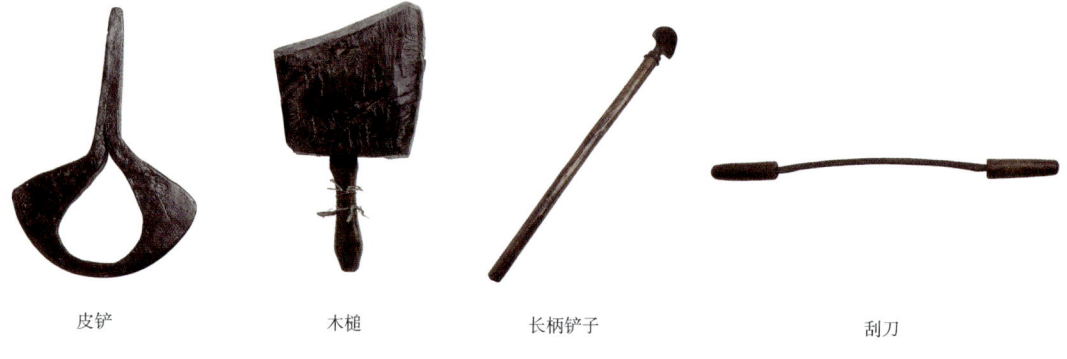

| 皮铲 | 木槌 | 长柄铲子 | 刮刀 |

图十　赫哲族其他鞣革工具实物图

赫哲族鱼钩、鱼罩与捞鱼网

图一 赫哲族鱼钩主图

赫哲人捕鱼是有季节性的,大体在春、秋、冬三个季节进行捕捞生产。

开江时期是春季捕鱼旺季,也是网捕的最好季节。开江以后,入伏以前,可以网捕,也可以钩捕。近 20 多年,赫哲人已不再使用钩捕了,而是使用先进的胶丝网具。暑伏期间一般停止捕鱼。从前主要是因为夏天水热,棉、麻、网线和钩线容易腐烂,捕获的鱼也不易保存。

赫哲人捕鱼的工具可分为四类:网、钩、船、叉。其中,除鱼钩之外的其他捕鱼工具均已另案分析,此处仅对赫哲族鱼钩、鱼罩与捞鱼网进行重点分析。鱼钩对赫哲人来说是使用较早的捕鱼工具之一,最初的鱼钩据说是木柄钩,是由棍棒演变而来,后来又被兽骨所制的鱼钩所代替。铁器的出现使渔具的种类不断地发展和增多,据考古记载,在前苏联的阿木尔边疆区和我国黑龙江省境域，从靺鞨文化遗存中就发现了大量的铁制品，如刀、矛、剑、镞、铠甲等。赫哲人最早用铁制鳇鱼钩捕捞鳇鱼，钩身粗大，没有倒须，一杆拴钩20~30把，后来又被传入的快钩（亦称"滚钩"）所代替。快钩是赫哲人的主要捕鱼工具之一，一杆拴240~260把钩。此外，还有鳊花钩、线钩、甩钩、毛毛钩、底钩、漂钩等。早年，渔产品资源丰富，钩钓也收获颇丰。到了近代，随着水产品资源的逐步减少，钩钓只能作休闲或娱乐用，现在人们在生产中已不使用了。

赫哲人除上述的钩钓外，也用暗钩捕鱼。在江河中钉木桩若干于江面下尺许，各桩上连以横索，索上系鱼钩，钩数多时，根据赫哲人的故事里说，一道索上有多至3600个鱼钩。有时并置三道横索。索上所系的鱼钩种类不一。鳇鱼钩，钩长16.5厘米，钩绳长68.5厘米，用软木为漂子，系在钩上。漂子漂浮于水面，鳇鱼遇漂子即转身以尾击漂，触钩，即被钩住，因痛而动，其他钩即又钩上，愈痛愈动，愈动而钩愈多，以至动弹不得。鲫鱼钩，钩长3.9厘米，钩绳长15厘米，结在长78厘米的大绳上，大绳的一端有一小圈，一端有一小结，以便扣在索上。钩头有一倒刺，上穿红布两小块，鱼见红布，以为食物，张口吞之即上钩。渔户于一定的时间，乘桦皮船至江中取鱼，一次可得数十斤或数百斤。如果日暮下钩，至翌晨取鱼，多时可得千斤以上。还有一种下钩方法，用长678厘米的绳一条，一端系一铁锤或石块，绳上系鱼钩与漂子若干，钩上穿蚯蚓、豆类为饵，绳的另一端系在一固定物上，将有钩的一端掷入河中，经若干时拖出，即可得鱼，用此法捕鱼，大都妇女行之。

赫哲人在江汊小河等处尚有其他方法捕鱼：一是用鱼罩罩鱼法。鱼罩高68.5厘米，用柳条麻绳编列而成。二是用捞鱼网捞鱼法。捞鱼网大致有三种规格，如图六中的捞鱼网：a网深3厘米，b网深68厘米，c网深44厘米，渔户将捞鱼网结在一长杆上，专在江汊、小河、浅滩旁捞鱼。

以渔猎为重要生产生活内容的赫哲人，灵活运用了多种捕鱼方法，产生了不同的捕鱼器物，这些都凝结了赫哲人在不同生存环境下造物、设计的智慧，是造物研究的重要课题。

图片来源
图一　"中央研究院"民族学研究所
图二、图五、图七至图十　单芳霞　制图
图三、图四、图六　凌纯声.松花江下游的赫哲族[M].北京：民族出版社，2012.

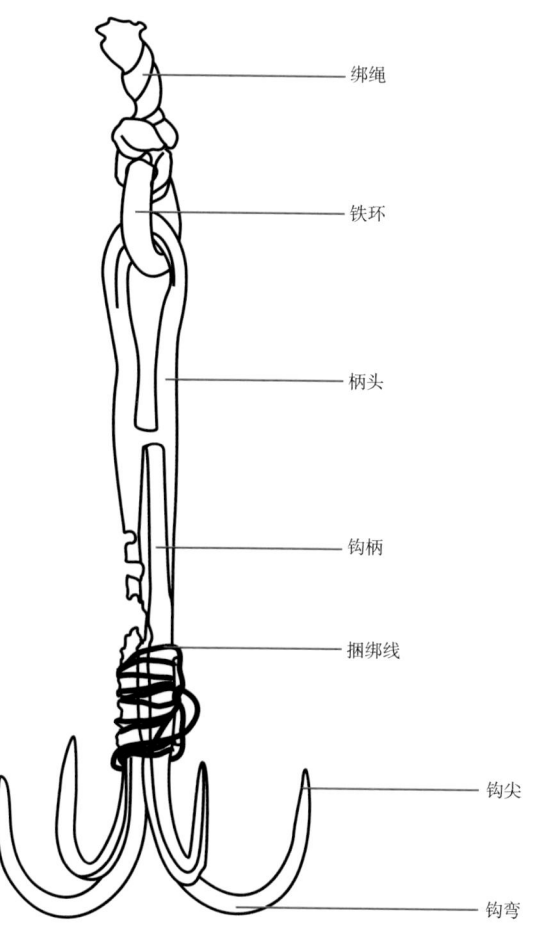

图二　赫哲族鱼钩名称图

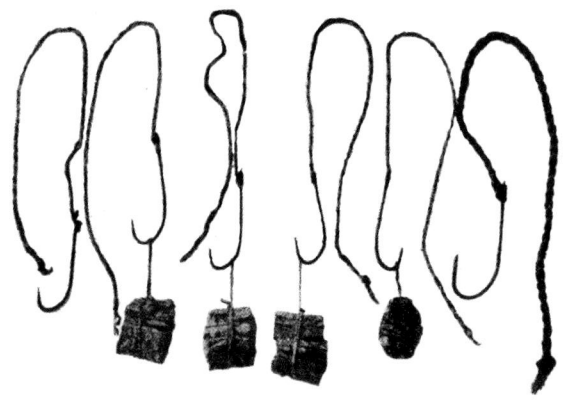

鳇鱼钩

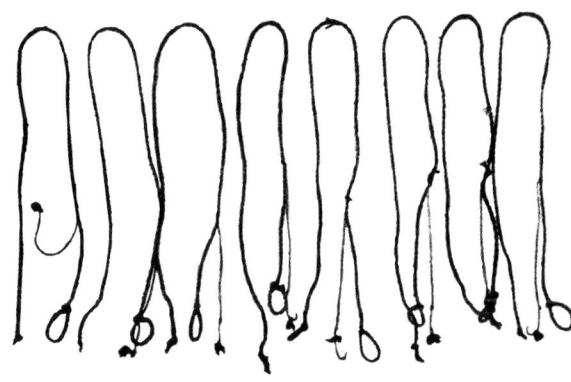

鲫鱼钩

图三　赫哲族鳇鱼钩和鲫鱼钩示意图

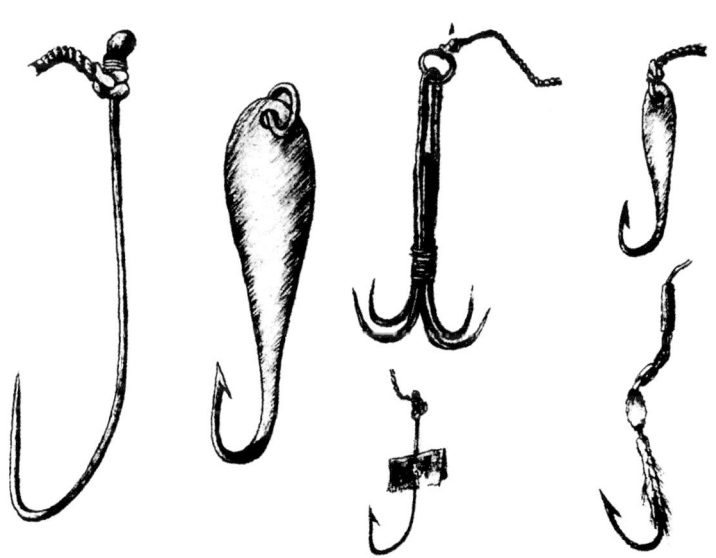

图四　赫哲族不同种类的鱼钩示意图

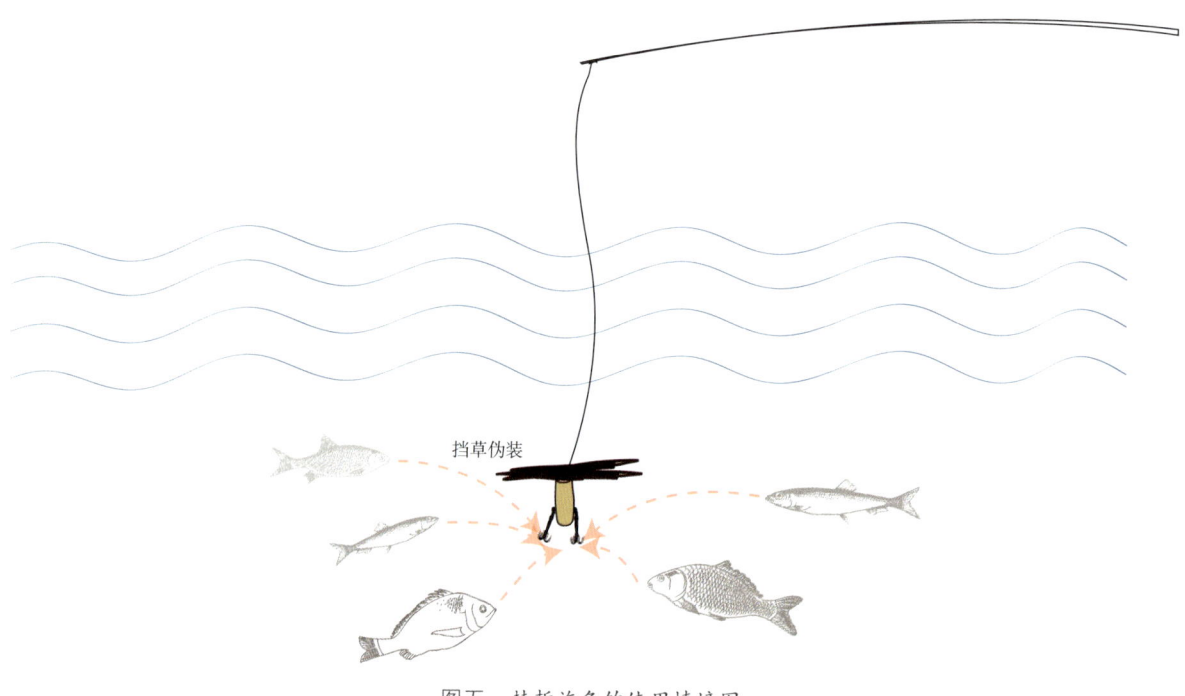

图五 赫哲族鱼钩使用情境图

鱼罩　　　　　a　　b　　c
　　　　　　　　捞鱼网

图六 赫哲族鱼罩、捞鱼网实物图

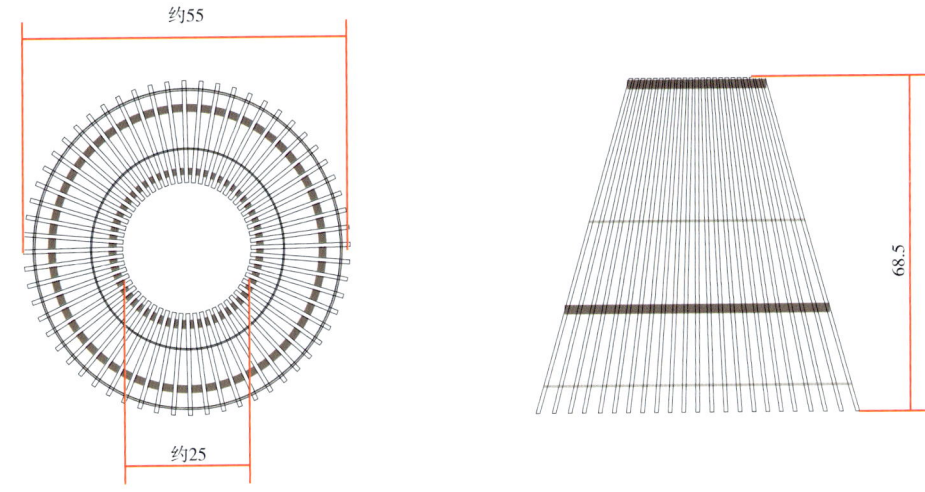

图七　赫哲族鱼罩尺寸图（单位：cm）

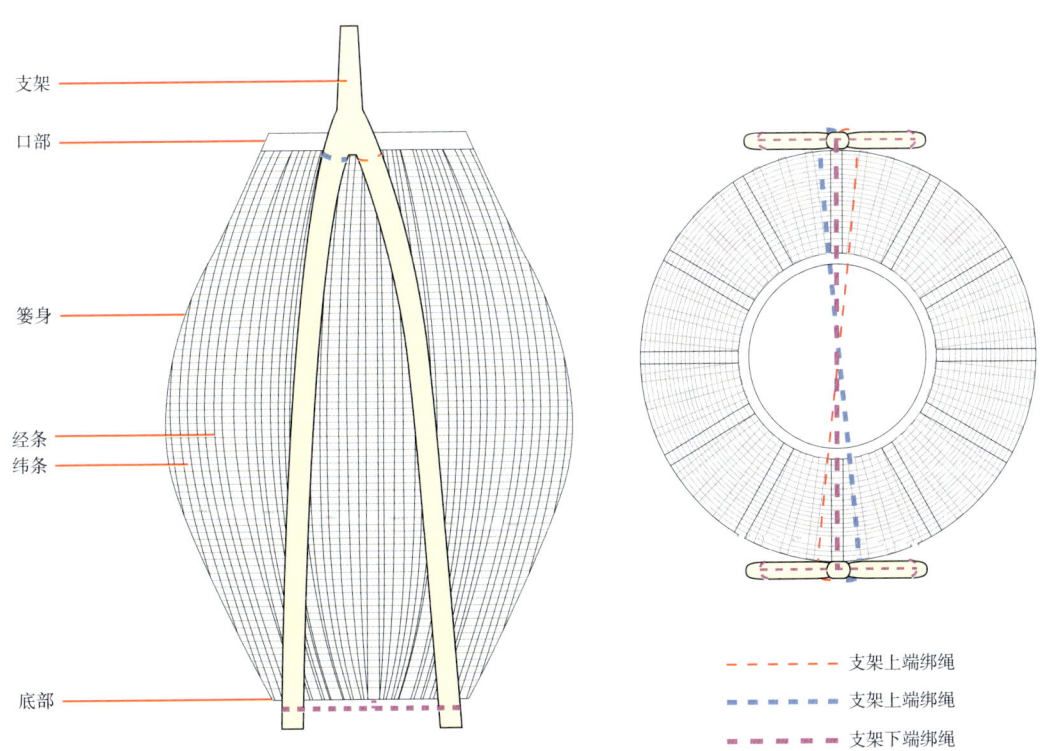

图八　赫哲族鱼篓结构名称及分析图

图九　赫哲族鱼罩使用情境图　　　　　图十　赫哲族妇女手持捞鱼网情境图

第六章 赫哲族传统手工艺

赫哲族裘皮制品

图一　赫哲族兽皮帽主图

赫哲手工裘皮制品，是赫哲人家生活中不可或缺的日常用品，种类繁多，用途广泛。相对于赫哲族声名远扬的鱼皮制品而言，赫哲族裘皮制品名气不大，但更加常见、实用，几乎涉及赫哲人家日常生活的方方面面。除生产工具皮绳、皮垫、皮围裙等外，就日常生活而言，赫哲族裘皮制品主要分三大类：其一，服饰类用品，包括各式上衣、裤、大氅、鞋、袜、手套、帽子等；其二，容器类用品，包括各种箱、匣、盒、筐，还有各种包、囊、袋、夹，以及各种饮食餐具碗、盆、杯、盘等；其三，日用杂什类，包括皮绳、皮带、皮睡袋、皮褥子等。

赫哲族裘皮制品的手工艺制作主要有四个环节：开剥兽皮—硝制皮张—裁割打样—缝合制造，与内地汉制并无很大差异，但赫哲族皮件在造型、品种上，则与内地皮货有很大区别，处处体现出与当地自然环境、天象气候、生活条件相适应的设计风格。赫哲人处理新鲜兽皮的做法与汉人有所区别，因为是家庭成员自制自用，大多数并不做浸泡石灰水等化学硝制，仅做物理性处理。为了防腐耐久，通常将开剥的兽皮用枝条撑开，然后直接晾晒于住所旁家家必备的晾架上阴干，每隔几日便清除一次兽皮里侧，以小刀、角刮细心剔除不断腐败的余肉残油，最后只剩下纯粹的兽皮角质皮层，再反复刷上几道当地特有的树汁水（有防虫防蛀和护润皮革的效果），再阴干便成为制造各种裘皮制品的皮张了。赫哲人缝合裘皮是个力气活，百余年前，赫哲地区还没有普及钢针，一般人家缝制时通常是匕首扎孔，以骨针、角针带着麻绳或鱼肠线穿过，再打结系牢。

赫哲族传统手工裘皮制品的皮革，主要是在赫哲地区出没的各类野兽，如麂、鹿、狍、兔、狐、鼠以及马、牛、猪、狗等家畜的皮革。晚清之前常见的野生貂、狐、熊、虎、狼等，至民国时期已不多见，现在已基本绝迹。民国学者凌纯声认为：自晚清时期俄国移民将火药快枪携带入境后，过量捕杀是这些野生珍稀动物迅速灭种的主要原因。

对于防寒保暖的冬季用品，裘皮胜过一切棉纺材质。赫哲人冬季的鞋子、手套、衣帽，几乎都是用兽皮制成。赫哲人的高帮皮靴类是直接将兽皮裁割、缝合成筒状，没有鞋底，套上脚后在脚踝和筒口扎好绳子，防止透风进雪，即可出门；低帮的皮靴也没有另配鞋底，在脚环背四周一圈的皮褶处穿上一根皮绳，脚套进去后将绳头收紧系好即可。赫哲族传统手工裘皮制品在样式上有许多精巧的设计创意。如狍皮被窝，皮张在两头和接缝处都缝接着一串系带，使用时将皮张卷成桶状，人钻进去，再扎好系带，便可安然入睡，绝无冻伤之虞。狍皮被窝的功能类似欧美地区的睡袋，但在保暖性方面要强了很多，尤其在冰天雪地里狩猎时，赫哲猎人靠着钻入狍皮被窝就能在雪地里潜伏数日。

赫哲族裘皮帽，也非常富有特点，通常是将野兽头部皮毛整体剥离，制成兽毛外翻、结实暖和还附有装饰性的兽头大皮帽。除了御寒，兽头皮帽还有特殊的用途，如赫哲族特有的鹿角皮帽，是狩猎时的重要用具，猎人戴着鹿角皮帽潜伏林间，见到鹿群后就模仿雌鹿鸣叫，吸引鹿群前来然后围猎。

赫哲人还用裘皮缝制成大大小小的挂包、背包和手包，连屋里许多杂什小件，都被放在不同的裘皮挂包里，然后挂在搁架上。与汉人居所里的许多家具不同，赫哲人从马架子房到正房，内部较少有大橱立柜，屋内外总是各有几道晾架、搁架，喜欢将东西分好类都放在大小皮囊里，然后一溜排挂在搁架上，这是传统的渔猎游牧民族居住特点。

总之，赫哲族传统手工裘皮日用制品，反映出赫哲人在皮作设计与制作方面的许多特色。从赫哲族皮作工艺中，我们能隐约看到中国境内各民族造物的原始状态。正因为赫哲地区特殊的自然状况、气候条件与劳作习俗，使赫哲族形成了富有民族特点的裘皮设计与制作的造物传统，为我们今天研究赫哲族造物设计的基本特征提供了丰富多彩的实物例证。

图片来源
图一　肖殿昌　拍摄
图二　张孙晨、攀进　制图
图三　来源1：凌纯声.松花江下游的赫哲族[M].北京：民族出版社，2012.
　　　来源2：单芳霞　制图
图四至图七　单芳霞　制图
图八　单芳霞、樊进　制图
图九　凌纯声.松花江下游的赫哲族[M].北京：民族出版社，2012：287.

参考文献
凌纯声.松花江下游的赫哲族[M].北京：民族出版社，2012：292、301、304、359.

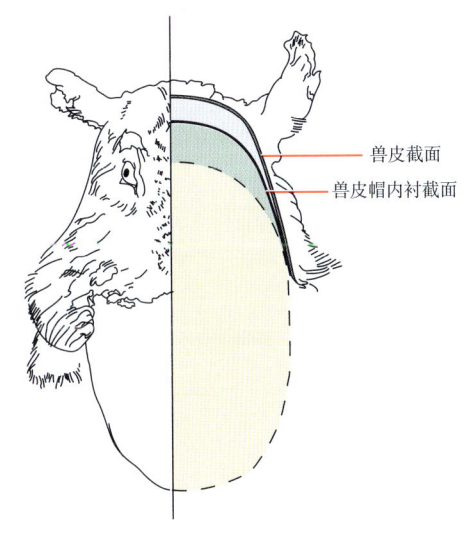

图二　赫哲族兽皮帽结构图

图三　赫哲族狍皮冬帽

图四　赫哲族皮靴示意图

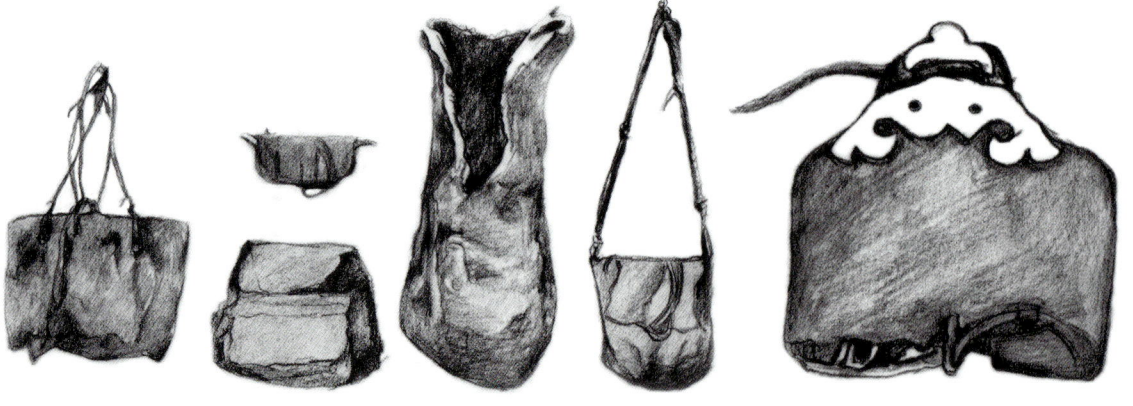

图五　赫哲族皮口袋示意图

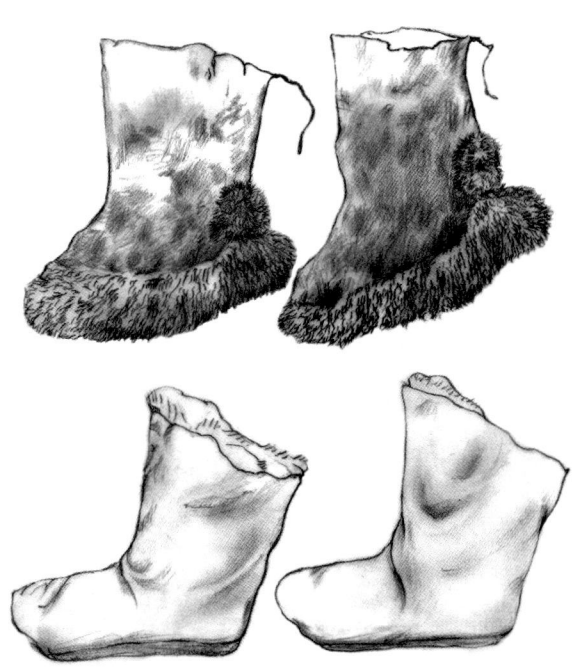

图六　赫哲族狍皮袜示意图

图七　赫哲族狍皮大氅示意图

图八 赫哲族兽皮帽制作情境图

图九 戴皮帽着鹿皮衣的赫哲人

赫哲族图案艺术

图一　赫哲族图案艺术主图

　　赫哲图案，泛指由古今赫哲人在所有人造物中主观创意、手工制作的一切图式符号、骨式纹样、独幅图案。它有别于纯观赏性质的美术作品，在功能、选材、工艺和形态上完全符合设计事物的标准学术定义，按照二维或三维视觉感受，分属于设计事物"形态设计"的平面形态或立体形态。

　　赫哲族传统图案艺术，在其漫长的演化过程中，表现出了特殊的复杂性、多样性。一方面，赫哲图案体系的最基本构建来源于赫哲族本体文化，深刻反映了赫哲族造物传统中的自然观照、审美情趣、地域风情、社会习俗；另一方面，赫哲图案体系又不断吸纳了来源广泛、花样繁多的异族文化，极大地丰富和完善了赫哲族图案艺术的创意能力和表现能力。

　　按照设计学的形态设计分析，赫哲族传统图案艺术的原创性主要表现在三个方面：其一，赫哲百姓在本民族思维定式中的自然观照与宗教信仰的成分。赫哲族传统图案是赫哲人自然观、宇宙观和人生观的自我图示，是赫哲社会历史悠久的意识形态以图形符号、装饰纹样和图案等进行表达的重要方式。自古至今的许多赫哲族手工制品，如裘皮、鱼皮、棉麻服饰品，桦皮与桦木生活器具，铁质、石质工具与兵器，草苫木作建筑与家具，皮作杂什用物等，不少物品的符号、纹样、图案都含有各种赫哲族宗教信仰或神灵崇拜所特有的神祇造像和灵物形象，这是赫哲族传统图案具有赫哲族集体意识深层次的文化根脉。其二，赫哲百姓精神世界中祈福、祥瑞、祛病、免祸等本能愿望的成分。赫哲族传统手工制品中大量出现的祥云、瑞草、富贵花卉和神灵附体的各种日月星辰、山石草木、飞禽走兽的符号、纹样、图案，都表现出赫哲百姓通过非语言文字性的图式表现，来表达对自己生活品质改善的强烈求福意愿。与汉族及其他民族类似图案含蓄的表现方式有所不同的是，赫哲人的这部分图案在祈福意愿上往往更加直截了当、直奔主题，祈福对象的可视造型上也更加接近事物的自然形态。其三，赫哲百姓对本地区自然环境、物种资源、生态条件、社会状态等直观反映的成分。相当比例的赫哲族传统生产工具与生活用具都表现出这种图案创意的自然属性成分，表现出赫哲人对自我周边事物的强烈关注，以及善于将人与物、物与物的自然关系联系起来的强烈兴趣。如许多物品中反复、大量出现自己所熟悉的蝴蝶、蜜蜂、花花草草，还有麇子、鹿、貂、狼等赫哲人特别感兴趣的狩猎对象。由于赫哲图案中的物种类别与内地汉族图案中的物种类别有巨大差异，使其具有较明显的民族风格与地域特色。

仍按设计学的形态设计分析，赫哲族传统图案艺术的兼容性主要表现在四个方面：其一，受内地汉族图案艺术影响。在古代赫哲图案实例中，汉族图案特有的图式符号的基本型（勾圈、豆点、回文等），数千年一以贯之的纹样骨式（对称式独立单元、反向单元二方连续、散点式四方连续等），独幅图案的构成法则（主体与边沿疏密布局的"中心式组合"，如藻井式缠枝、团花类图案；满构图布局的"适合图案"，如刺绣、印染、色织图案等；单独成立、并无边饰的"独立图案"，如立体形态的泥塑、面塑、糖塑、木石雕刻和平面形态的皮影、剪纸、年画、纸马等），在几乎所有赫哲族传统手工物品的图案中，这些汉民族图案艺术的深刻影响显而易见。其二，俄罗斯远东地区与中国境内各少数民族之间有血脉相连的文化渊源。如赫哲族，从文化学和语言学观点看，赫哲族与俄罗斯远东各民族同属满—通古斯语系和古亚细亚语系，甚至古代同属一个民族：俄罗斯境内的赫哲人被称为"那乃人"，因此彼此间民间图案的相互影响由来已久。特别是俄罗斯通古斯—堪察加地区各少数民族的手工艺技术、狩猎方式与图案艺术，都不同程度地反映在赫哲族的同类事物中。以皮作、刺绣、服饰为例，常见的菱形、方格、网状等几何纹以及黑地彩文的常用图案设色，反映了这部分赫哲图案的"异族血统"。俄罗斯西伯利亚地区，在晚清，特别是乌苏里江与黑龙江成为中俄界河之后，沿岸民间往来增进，境外俄罗斯民间图案艺术的影响不可避免地渗入赫哲族传统图案艺术中来，而且范围较广、程度较深。其三，境内同地区其他民族，如满族、达斡尔族、鄂伦春族、朝鲜族等传统手工制品所附图案艺术的影响。满族和赫哲族原本同属女真后裔，大清入主中原后，赫哲人被视为清朝龙兴建国的"旁系皇族"而受到优待，包括图案艺术在内的艺术、手工艺之间的联系自然更加密切，以至于近现代赫哲社会从语言、宗教到民俗、艺术，都与满族相互交织、融合。除赫哲族特有的自然神祇外，满族的萨满教宗教造像对赫哲族传统图案的影响尤为深刻，全面体现在赫哲族神器、法器、礼器、日常服饰、皮木制品以及工具、兵器、生活杂什用物的图案之中。其四，境外移民引入物品外观造型与图案的影响。这部分图案外来元素主要是由晚清之后的境外移民通过较先进的手工制品和机制商品的附属图案，对赫哲地区放弃传统渔猎生产方式转为手工制作行业的赫哲人产生的影响。如金属品錾花图案与赫哲族扎枪图案，印染图案与赫哲族手工刺绣、缝片等图案，搪瓷、白铁器皿图案与赫哲族鱼皮、桦皮器皿图案等，这些器物的图案之间，都存在着从创意构思到制作工艺方面的联系。半机械化至标准的工业化商品在赫哲社会的日益普及，使赫哲族传统图案艺术的生存受到前所未有的挤压，也拓展了赫哲族图案艺术的艺术视野，不少新型的图案样式逐渐受到赫哲百姓喜爱，也逐渐融为赫哲图案的有机组成部分。

赫哲族传统图案艺术是赫哲族艺术宝库中最耀眼、最珍贵的文化遗产，它从侧面反映了赫哲族源远流长、涵养深厚的精神世界与物产丰富、生活多彩的物质世界。无论是图式符号、骨式纹样、独幅图案，在审美构建上都有赫哲族独特的创意思维与表现手法，是中国境内华夏各民族图案艺术体系中不可或缺的重要有机组成部分。认真梳理、归纳、总结赫哲族传统图案艺术的文献记载与实物例证，是今后民族学、社会学、艺术学和设计学很重要的学术命题。

图片来源
图一、图七　王英海，孙熠，吕品.赫哲族传统图案集锦［M］.哈尔滨：黑龙江教育出版社，2011：30、78.
图二、图四、图六、图八至图十二　张孙晨　制图
图三　樊进　制图
图五　王英海，孙熠，吕品.赫哲族传统图案集锦［M］.哈尔滨：黑龙江教育出版社，2011：23—24.

参考文献
1.王英海,孙熠,吕品.赫哲族传统图案集锦[M].哈尔滨：黑龙江教育出版社，2011.
2.王端.中国各民族民间图案集[M].北京：北新书局，1953.

图二　赫哲族图案艺术示意图

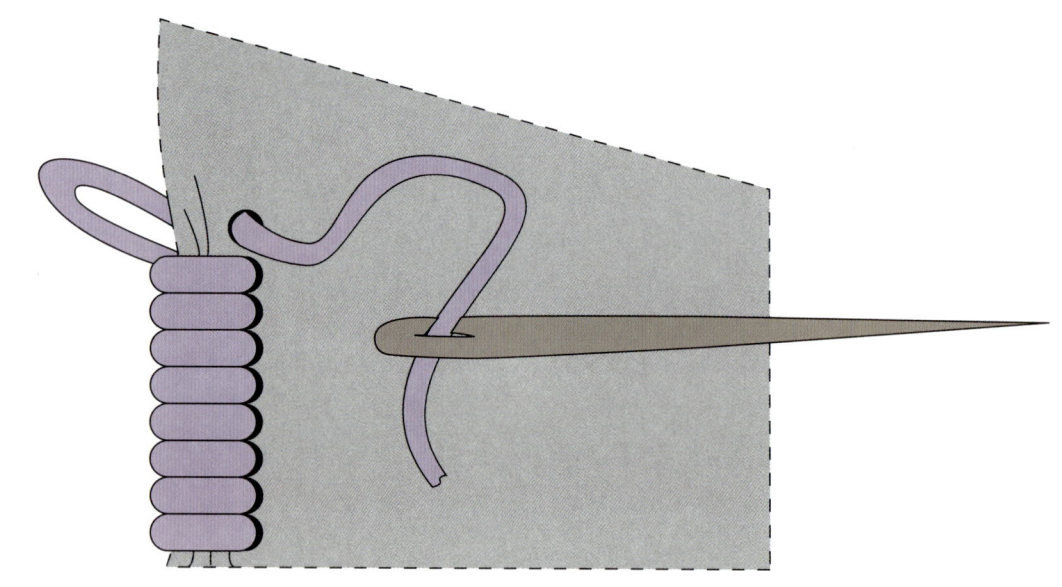

图三 赫哲族图案艺术收边缝线示意图

轴对称图案

单元图形轴对称图案

二方连续纹样图案

图四 赫哲族图案艺术局部图案分析图

图五　赫哲族图案艺术壁挂实物图

图六　赫哲族图案艺术鱼皮镂刻挂饰示意图

图七　赫哲族图案艺术圆形挂件实物图

虎面纹饰图案

鹿纹饰图案

虎人同体纹饰图案

卷曲龙纹饰图案

图八　赫哲族图案艺术兽纹示意图

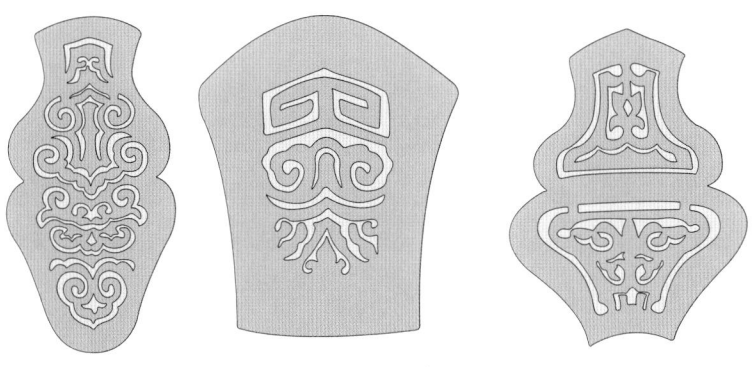

烟口袋纹饰图案

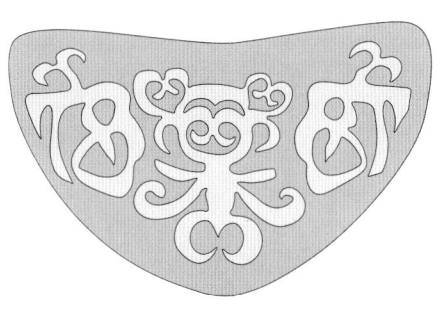

烟口袋骨坠纹饰图案

图九 赫哲族图案艺术烟袋纹样示意图

图十 赫哲族图案艺术植物纹样示意图

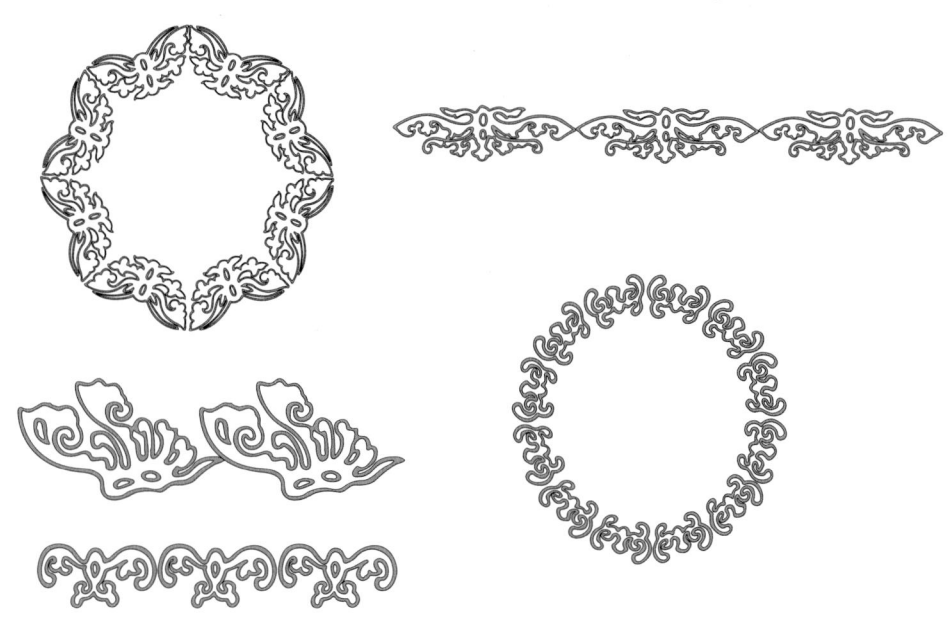

图十一 赫哲族图案艺术蝴蝶纹样示意图

图十二 赫哲族图案艺术桦皮盒纹样示意图

近现代赫哲族烟具

图一　赫哲族烟具主图

　　近现代才形成的赫哲族传统吸烟工具，主要分为两类：一是大多数普通赫哲人家使用的汉制旱烟锅子，其包括旱烟锅、烟荷包及烟丝三部分；二是一部分传统情愫深厚的赫哲人自制的雕花木烟斗，加上装烟丝的各式烟盒、烟荷包。大多数赫哲人使用的旱烟锅与内地汉制相仿，烟锅和烟嘴无非黄铜、白铝及各种玉石的，烟杆都是用硬木镟透贯通制成。而不少老辈的赫哲人爱抽的木烟斗多为自制，属于地道的具有赫哲族传统特色的民间手工艺制品，其形制、尺寸没有固定标准，但个头都远胜于英伦式样的各种洋烟斗，材料多选用当地出产的杨木、桦木与枣木等。洋人的烟斗皆用硬木制成，为的是隔热、耐火、耐磨损，而赫哲人因地制宜，采选属于软料的木材——桦木、杨木做烟斗，但体量硕大，锅深杆粗，壁厚木阔，加之烟斗外侧遍布雕花类凸凹支点，弥补了因软木料易于烧火损耗、握持烫手的弱点。

赫哲人自制的木烟斗，一般通体长度都在 30 厘米左右，盛烟丝的锅体深度一般在 2 厘米以上，径宽一般在 1.5 厘米左右，且烟锅木壁外侧或多或少都有程度不同的浮雕或凹凸纹样。这些图形纹样不仅仅只是为了好看，也有一定的实用功能。抽过烟斗的人都知道，当烟丝在烟锅内持续燃烧时，锅体的温度通常是很高的，因而汉人胶东款旱烟锅和欧美洋烟斗，均以隔热耐火的硬木料作为选材。但赫哲款木质大烟斗，靠增加锅壁木质厚度抵消了软木材质隔热耐火稍差的部分缺陷，又以凸凹不平的浮雕设计，减少人手操持烟斗时的皮肤接触面，达到既稳妥操持又不会烫手的目的。传统的赫哲族自制木烟斗的雕花图案，一般多取动植物纹样，也有各类神祇人面造像。制作时，一般选用带 45 度拐角的枝节，从两头一边用烧红的铁钎烫烙，一边清理炭化层，直到贯通。赫哲族传统烟荷包则花样繁多，一种与汉地款式一致，麻布居多；另一种用赫哲地区流行的兽皮缝制而成；还有少数人使用俄民那种白铁与木质烟盒，其花纹图案也因各自材质、档次和需要而定。大多数赫哲人使用的旱烟锅子来源广泛，昔日皆以皮毛山货换取，今天多从杂货铺购得。

历史学者大多认为，烟草传入中国内地主要是三条途径：其一是菲律宾人把烟草传入台湾、福建和广东潮汕地区；其二是由越南人传入两广地区；其三是由朝鲜人传入东北地区。其实除上述三条之外，历史上长期存在的后金女真、蒙古各部、李氏朝鲜与明代社会之间的商贸往来、战争掠夺和人员交往，近现代大批俄国移民进入东北，清"十三行"时代广州黄埔口岸服务业，以及滇、桂边民往来等综合因素，都是促成烟草传入中国并在内地兴起的重要因素。尤其是后者，社会阶层广泛、人数众多、持续时间长，对于烟民形成及烟草业植入中国社会影响也许更大。从近年不少地方志研究学者的论文、论著中论及的观点和所涉例证，亦直接与间接地证实了这一判断。对烟草传入中国内地的时间上则并无太大争议：大航海时代哥伦布的船员们从美洲土著那儿学会吸烟并将烟草带回欧洲，英国殖民化进程是吸烟喜好与烟草业传向世界的重要载体。从元、明始，中外间的陶瓷、丝绸远洋贸易及各边境口岸民间商贸使接触人群习俗互染，中国内地形成规模化种植烟草大致在明代中晚期的两湖、两广地区，机制卷烟则首见于上海开埠时代的英美烟草公司。

近现代赫哲人不分男女皆喜烟好酒。赫哲人吸食烟草的习俗形成，若究其源头，应与境内蒙古族、朝鲜族及俄国移民之间习俗相互影响有关；喜酒则与冬季漫长，天寒地冻，需要增加体内热量与消磨枯燥闲暇时间有关。至清末民初，东北地方特产即以"关东烟"闻名遐迩，尤以吉林、黑龙江两省为盛，年输奉天及关内各地烟草达数百万斤，可见当年其烟草种植业之大。不惟赫哲人，辽宁、吉林、黑龙江各族成年男女，人人腰悬烟荷包，手持旱烟锅，没事就蹲下喷云吐雾一番，亦称民国时期"东北三大怪"之一。近现代赫哲人喜好吸烟的习俗，主要是地域气候所导致的生产与生活方式所致。赫哲地区冬季漫长、夏季短促，如何消磨大量室内休闲时间，是包括赫哲人在内的东北境内各民族百姓的共有需求。因此，唠嗑、喝酒、抽烟成为东北人家较为普及的生活习性，也造就了东北人善于表达、酒量大、从老婆婆到大媳妇人手一杆烟枪的地域特色。

赫哲人喜好吸烟，但不事种植烟草（这点不似达斡尔人和鄂伦春人），每年皆有商贩、官员、汉民、俄兵与传教士，携烟草、烧酒、大米、面粉、玻璃及铁质用具等，与赫哲人以物易物，换取赫哲人的皮张和各种桦皮手工制品。当年齐齐哈尔等地曾形成过规模相当大的固定集市。

赫哲族各种传统样式的烟荷包与雕花木烟斗，是赫哲人的日常传统用具之一。它在功能设置与选材、工艺、形态等设计创意上，既反映了赫哲社会在近现代各种外来事物影响下的习俗变迁，也反映了赫哲族造物文明在设计创意与器物制作环节的造物特点，即因陋就简、质朴实用。

图片来源
图一　黑龙江省民族博物馆
图二、图六　王健　制图
图三、图四　王健、刘金玲　制图
图五、图七、图八　王健、洪淑莹　制图
图九　王健、王浩滢　制图
图十　张一舟　制图

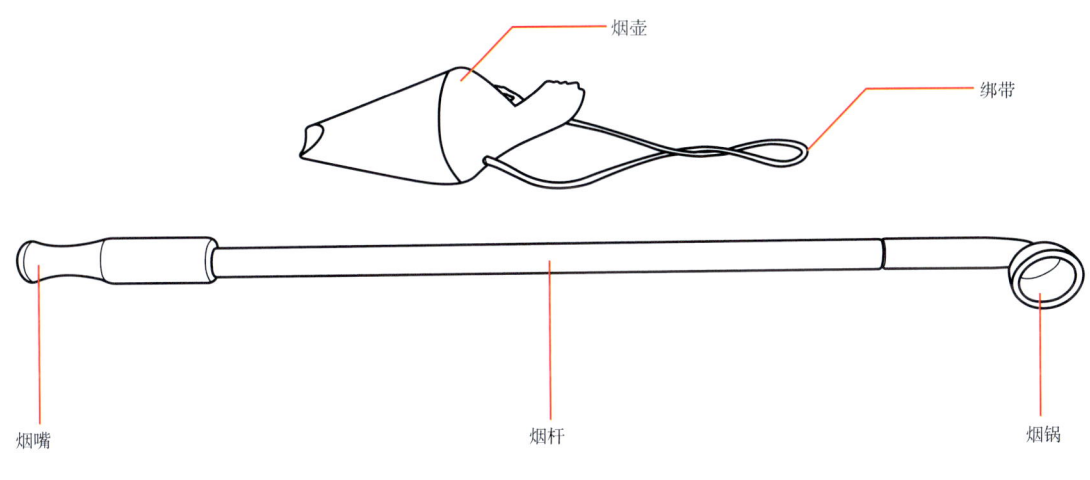

图二　赫哲族烟具结构名称图

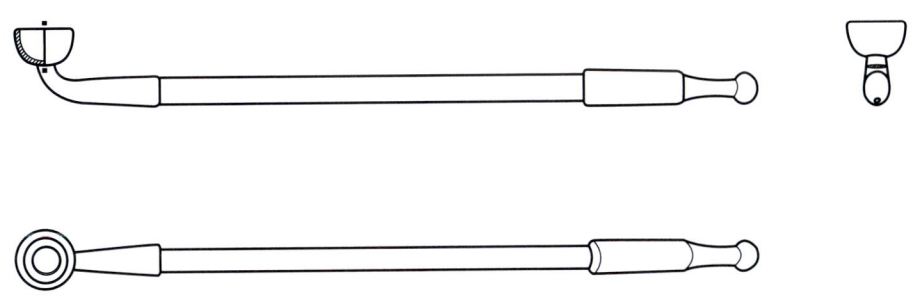

图三　赫哲族烟枪三视图

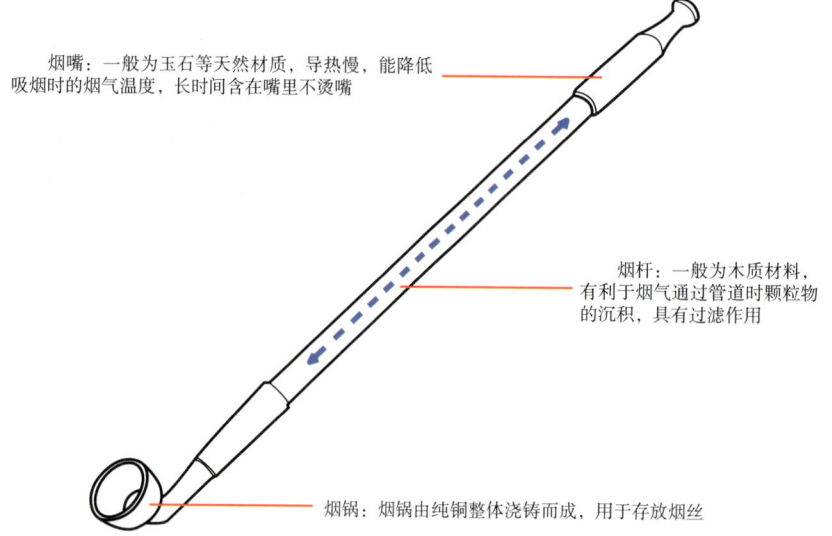

图四　赫哲族烟枪功能分析图

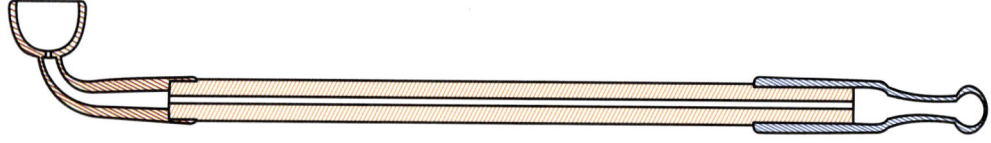

图五　赫哲族烟枪内部结构剖面图

图六　赫哲族几种不同形状的旱烟具效果图

图七　赫哲族烟荷包纹样示意图

图八　赫哲族烟荷包骨坠纹样示意图

第六章　赫哲族传统手工艺

201

图九　赫哲族女人吸烟情境图

图十　手执自制桦木烟斗的赫哲族老人示意图

赫哲族口弦琴与腰铃

图一　赫哲族口弦琴主图

赫哲族传统乐器——口弦琴，赫哲语称"空康吉"，是赫哲族具有较高独创成分的民族乐器。也有学者认为，空康吉和口弦琴是两种不同的乐器，空康吉已经失传，唯口弦琴尚存。还有学者认为，失传的赫哲乐器是"空木含给"，与空康吉不是一回事。本书则将这种钥匙形、铁质、口腔弹拨吹奏的赫哲族传统乐器称为"空康吉"，即"口弦琴"。赫哲族舞蹈等公众活动中常见的腰铃，赫哲语称"哈少"，据考证是赫哲族受萨满文化影响形成的传统民族乐器，常见于赫哲族活动与道具中。

赫哲族口弦琴的外形轮廓酷似一把钥匙，制作上是将一根铁丝弯曲成钥匙状带柄弧圈，再往柄部插入一根弹性极高的钢质细条作为簧片，贯通弧曲部与柄部。口弦琴长约6厘米，弧径约1.5厘米，并配有兽皮或桦皮制成的琴盒。吹奏口弦琴时，以左手捏住弧曲柄部，将琴身横向入口，以上下齿轻轻咬住，再以右手根据音量变化的需要，用食指尖弹拨尾端留出的簧舌。口弦琴的工作原理是根据发声需要而控制口腔吹气，靠气流摩擦发声，再用手指轻拨柄部簧片来改变气流的流量、流向、流速和摩擦力度，从而达到改变、控制其音质的功能。与中国境内南方边疆各少数民族普遍流行的树叶、竹片等简陋的口弦琴实体比较，赫哲族口弦琴无论在功能设置、器物造型上，还是在耐久性、稳定性和发声规范性上，都表现出较高的设计与制作水准，使其在中国民族乐器宝典中占有　席之地。

赫哲族腰铃，是一种结合服饰的打击乐器，靠舞蹈者躯体移动时的串铃互相碰击发声。腰铃有好几种形制，尺寸不一。民族乐器学者刘桂腾曾对其进行过详细测绘。见下表：

同江赫哲族萨满腰铃形制数据表（单位：cm）

锥铃				铜铃				腰带		围裙		
大锥铃				长度	宽度	厚度	数量	长度	宽度	长度	宽度	材料
直径	长度	材料	数量									
3	16.5	铁	21个	3.5～6	3.2～5	2.5～4.1	5个	98	4	41	28.8	牛皮
小锥铃												
直径	长度	材料	数量									
1.5	5.7	铁	2个									

赫哲族属于能歌善舞的民族。近年来的整理研究工作表明，赫哲族的说唱艺术、舞蹈艺术、图案艺术等，都有较高的艺术成就和相对完整的实物遗存。赫哲族在音乐的演唱风格、乐曲调式、配器编排等专业创意方面，也有不少独创特色。在乐器方面，除了现存的赫哲族传统乐器口弦琴和腰铃外，赫哲萨满舞中的单面皮鼓也属于打击乐器，但鉴于其更具有法器功能，故另案单列，此处不再赘述。还有一种类似汉族古代铜镜的靠舞者舞蹈时相互碰击发声的乐器，其形制、图案与汉镜极为近似，且广泛存在于黑龙江境内的各边疆民族，不属于赫哲族独创乐器，因此本文不做单独分析与介绍。

作为赫哲族艺术的主要载体之一，口弦琴与腰铃等赫哲族传统乐器显示出较高的原创性和独特性，也显示出赫哲族传统造物在文化用具方面的精巧与细致，这点在中国少数民族乐器造物体系的吹奏类乐器的创意与制作中是比较突出的。研究赫哲族传统乐器，可以更加完整地理解和把握赫哲族造物设计传统在中华民族文化大家庭方方面面的分支门类中所起的重要作用，也对中国设计史论研究与现当代民族特色类型的设计应用型产业开发具有一定的价值。

图片来源
图一、图二　樊进　制图
图三、图八、图九　刘艳斌　制图
图四　张孙晨　制图
图五　单芳霞　制图
图六　张帅　制图
图七　"中央研究院"民族学研究所

参考文献
刘桂腾.松花江下游赫哲族的萨满乐器[J].黄钟，2004（1）.

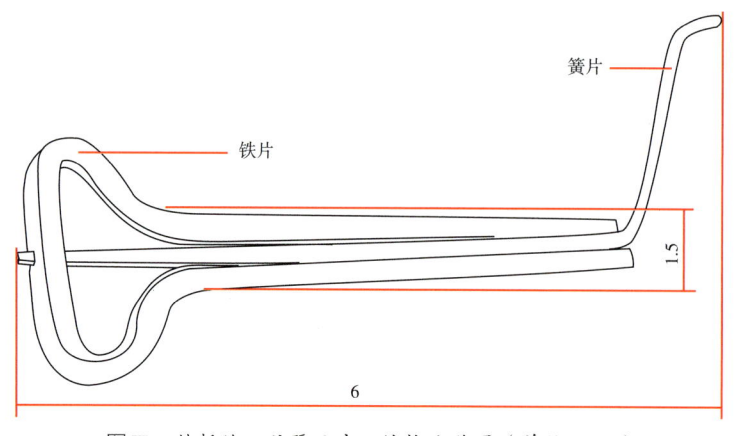

图二　赫哲族口弦琴尺寸、结构名称图（单位：cm）

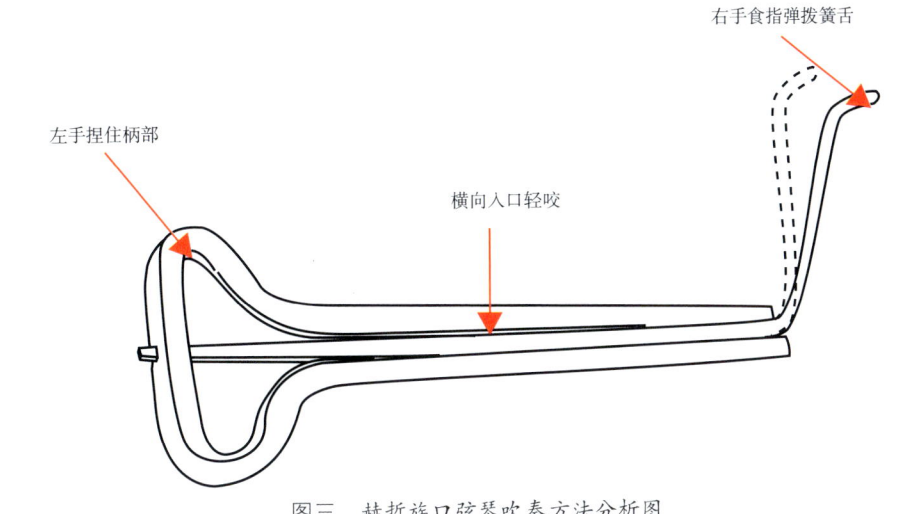

图三 赫哲族口弦琴吹奏方法分析图

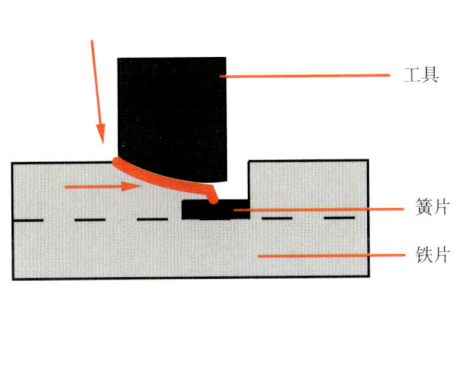

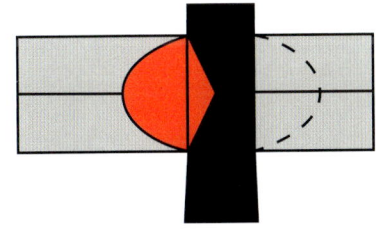

图四 赫哲族口弦琴工艺分析图

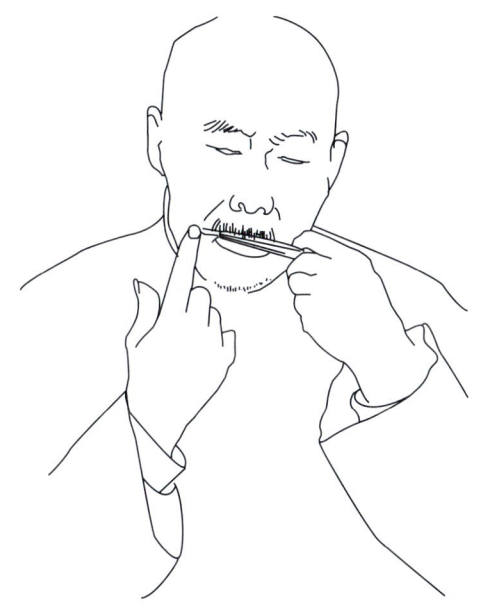

图五 吹奏口弦琴的赫哲族老人示意图

俄罗斯产马尔采夫经典

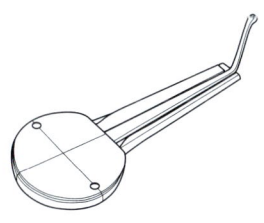
俄罗斯产锶姆乔耶夫

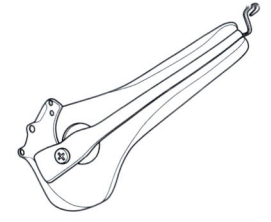
俄罗斯产雅库特造型琴

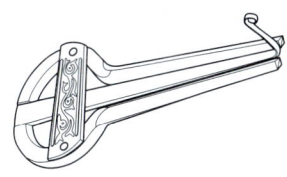
俄罗斯雅库特经典

图六 俄罗斯口弦琴示意图

第六章 赫哲族传统手工艺

图七 赫哲族腰铃实物图

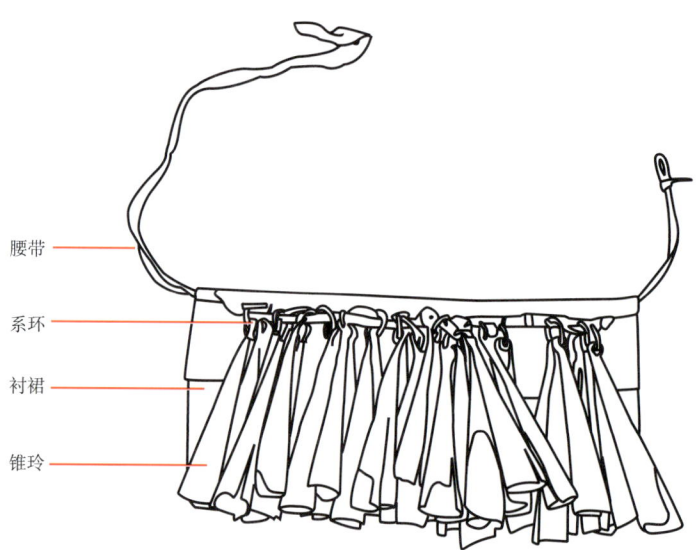

图八 赫哲族腰铃结构名称图

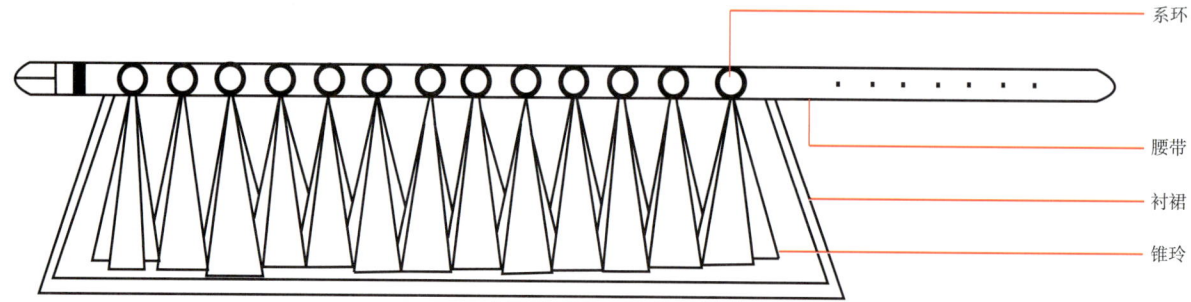

图九 赫哲族腰铃结构分析图

赫哲族编结物

图一 赫哲族柳条提篮主图

赫哲族手工编结物,包括以手工编结技艺制造的所有生产工具与生活用具,主要有:草本编结,原材料以传统的柳条、草节、麻线和近现代的秸秆、藤条为主;兽毛编结,原材料以传统的马鬃、鹿绒、兔毛和近现代的羊毛线为主;皮绳编结,以各类传统的兽皮绳、鱼皮绳和近现代的畜皮绳为主;还有近现代兴起的尼龙绳、金属丝编结。

赫哲族手工编结物用途广泛,品种繁多,囊括了诸多生产工具与生活用具。以传统材质与手艺为例,牵车拉犁的马匹的眼罩以马鬃编结,手撒船拖的各种网具和凿冰捞鱼的小渔兜以麻线编结,装吊锅的网兜以兽皮编结,苫墙盖顶的草席和铺床铺地的草垫以草节编结,缝纫裘皮、鱼皮衣裤鞋袜或囊袋兜包用鱼肠线、兽筋和麻线,绑缚窝棚构架和扎结舟船骨框用草绳、麻绳和皮绳,弓箭弩机的弓弦用兽筋畜皮制作,设陷阱下套的罩网以麻绳、皮绳编结等,不胜枚举。尤其是鬃编与皮编,是赫哲族特有的手工编结技艺。可以说,赫哲族编结手艺之精湛、用材之广泛、特色之显著,不输给关外各个民族。以赫哲族人数之寡、资源之少,做到这点是很了不起的,充分展示了赫哲族过人的造物智慧与创意能力。

从设计史论研究的学理上讲,编结手艺是最古老的人类造物技术之一。全世界主流文明形态共同具备的早期基础技术,包括石器、骨器和木器,其中的木器部分,就包括所有草本类编结,只是草本和骨骼均属有机物质，经不住漫长岁月日夜侵蚀，风化分解，早已损耗殆尽，以至于人们只知石器时代，不闻同时期更加广泛丰富的草编、木器和角骨器物。文明肇始，造物技艺初创，人们尚无法摆脱自然界的巨大束缚，主观创意与手工技能都十分有限，与造物有关的功能、选材、工艺与形态的设计思维自然还十分狭窄、单纯甚至很幼稚。原始造物集中于对兽骨、草木和石块的简单加工，基本维持原材料的自然形态与天然成分。如原始编结，除去最早的人造物——防身兼挖掘用的木棍、胫骨和敲骨击髓、砸蚌刮皮用的石块，排在第三位的理当是草本编结物。人们最初用草节搓绳结网，造出了最早的狩猎用具：下水渔网、林间鸟网、陷阱兽网，又用草节、枝条编结各种盛放采集食物的容器，继而演化成各种技艺更高级、功能更复杂的庞大造物门类。

后来几乎所有奠定了人类造物文明基础的人造物品种，无不与编结工艺有关。如烧造，以及卜筮、结绳记事等。赫哲族传统编结造物的发生与演化，理当也完全遵循这个规律。赫哲族的传统编结工艺，不但用途广泛，特点突出，而且在现代文明冲击下仍能保持一定程度的原创状态，是很有价值的赫哲族优秀文化遗产。

一般地讲，任何民族文明程度的衡量标准之一，就是该民族传统编结技艺的广度和深度。从这个意义上说，赫哲族葆有的原始状态的传统编结工艺，对于研究造物起源与设计发生学相关课题，是十分珍贵的实物佐证与技术积淀。

图片来源
图一、图二　"中央研究院"民族学研究所
图三至图七　单芳霞　制图
图八　凌纯声.松花江下游的赫哲族[M].北京：民族出版社，2012.

柳条筐

马鞭

图二　赫哲族编结物实物图

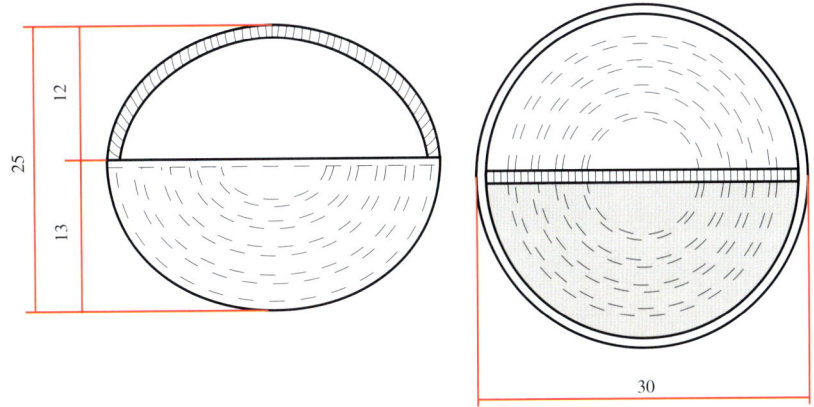

图三　赫哲族柳条提篮尺寸图（单位：cm）

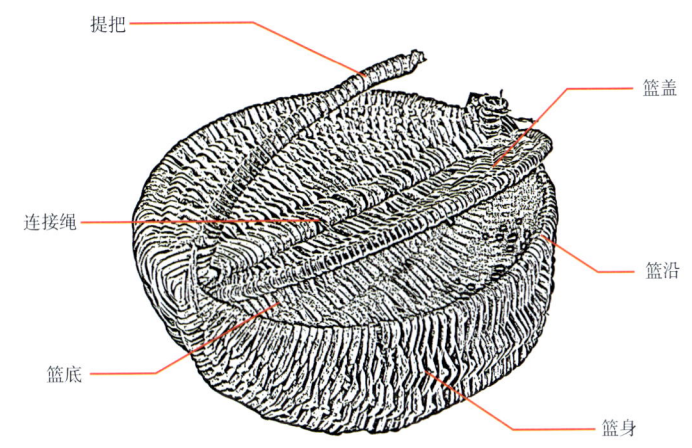

图四　赫哲族柳条提篮结构名称图

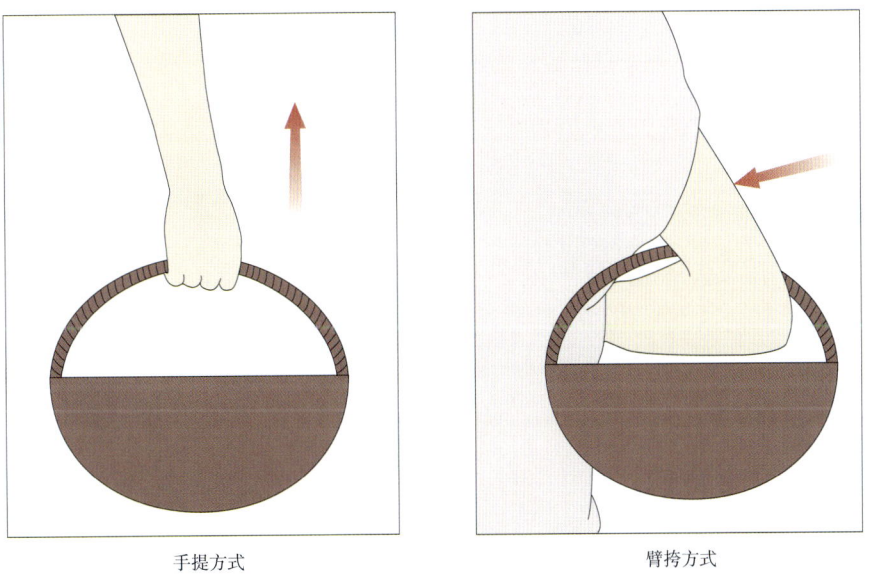

图五　赫哲族柳条提篮使用示意图

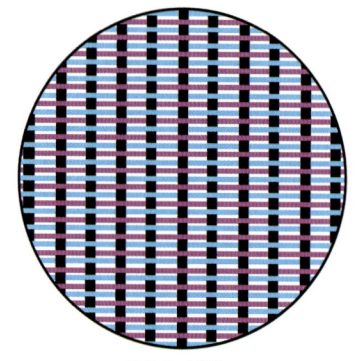
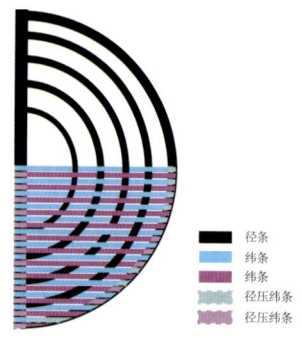

篮身骨式编织　　　　　　　　篮盖骨式编织

■ 径条
▬ 纬条
▬ 纬条
▬ 径压纬条
▬ 径压纬条

篮身编织以横向 11 根粗 1.5 厘米对开的柳条为径，5 毫米对开的柳条为纬，编织时采用压一挑一的方式进行编织

篮盖编织以 5 根粗约 1 厘米的柳条作环状径条，5 毫米粗的柳条为纬条，编织时采用压一挑一的方式进行编织

图六　赫哲族柳条提篮编织骨式分析图

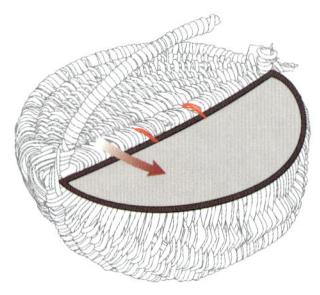
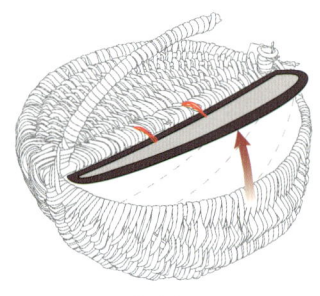
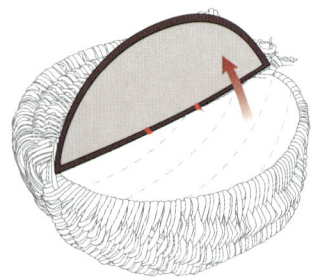

篮盖闭合状态　　　　　　　篮盖半开状态　　　　　　　篮盖开启状态

— 连接绳
→ 开启方向
▬ 篮盖边框
▭ 篮盖

图七　赫哲族柳条提篮开合状态分析图

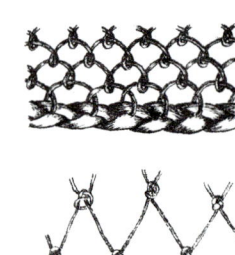

马鬃眼罩　　　　　　　　　马鞭结法　　　　　　　鱼网及眼罩编结法

图八　赫哲族眼罩实物图及几种网编手法示意图

赫哲族桦皮圆盒

图一　赫哲族桦皮圆盒主图

赫哲族桦皮圆盒，指以桦皮为原材料制作的日常生活中盛放物品的高低不等的所有圆柱形容器，是赫哲族传统手工艺中为人熟知的品种之一。

赫哲人聚集地区位于三江流域，林业资源十分丰富，各种树木种类繁多，其中以桦树与白杨最为常见。桦树和白杨属于软料木材，纤维密度较为稀疏，作为木器原料，在硬度和牢度上有所欠缺，较少被人当作小型精细木器用材，而是广泛用于只需要使用一两年的半临时性的居所建材，如尖顶窝棚、地窖和相对长期使用的仓库、马架子房等。白杨的树皮脆硬偏薄，且无法大面积剥离；而桦树皮则柔软而富有韧性，既可卷曲自如，又有一定的牢度。桦皮在柔韧性、牢固性和耐久性上要逊色于兽皮、鱼皮，但由于原料可谓俯拾皆是，随用随取，制作工艺简单易行，在造价与制作成本上要比兽皮、鱼皮低了很多，性价比依然十分出色。因此，桦皮成为赫哲族、鄂伦春族和满族等边疆各少数民族日常生活中不可或缺的主要造物制器的原材料之一。特别是赫哲族，以桦皮造物制器具有悠久历史，技术积累丰厚，在海内外都享有盛誉。

桦皮用途广泛，还可以用来蒙制船壳，甚至充当部分建材。赫哲族桦皮日用制品以各种箱匣类容器为主，其中传统的桦皮筒形容器既可以贮存食物，如鱼松、鱼干、肉干、蘑菇、木耳、咸盐和佐料等，也可以盛放各类衣裤鞋帽，还可以收集各类杂什小件。传统上赫哲人属于渔猎民族，居无定所，夏季渔汛时沿江而下，逐渔而作，入夜而息；冬季则进山狩猎，架棚掘洞而眠。正是由于这种没有长期居所的生活习俗，因此在近现代半农耕、半渔猎、半定居方式形成之前，也基本没有汉族那种固定式民居建筑与橱柜箱匣家具。一旦需要迁徙，全部家当都分类放在各种皮囊、桦皮箱匣内，人扛马拉便可动身。桦皮箱匣在实际使用上还有一个较为科学的归类便利：即便是在渔猎作业地临时栖息，因各类生活物品按类别事先被放在质地不同、大小不同的箱匣内，标识明显、视觉无碍，可随取随用，毫无错乱之虞；用后归位，并无误差之理。

赫哲人以桦皮制物的工艺传统，积累了许多宝贵的技术经验，特别是卷筒衔接的步骤，尤为精妙。以桦皮圆盒为例，桦皮两端被裁割成榫卯结构，彼此穿插扣锁，其牢固度远优于针线缝合。20世纪30年代，民国学者凌纯声等曾实地考察，仔细研究了这种赫哲族桦皮圆盒的端口衔接工艺，还专门绘制了一组分析图例，最后刊印在自己的专著《松花江下游的赫哲族》一书中。观书中图例分析，这类平面的榫卯工艺，其结构上主要为三种加工方式：一是做一组等距离排列的箭头式榫头和数量、位置完全相等的三角形榫眼，彼此穿插扣合后，由箭头结构底边扣住榫眼边口，使之滞留、锁牢。这种构造常用于扁形宽径圆盒。二是做一组密度更大的条状桨形榫头和数量、位置相等的条状榫眼，彼此扣合后，也是利用桨头底边凸起结构滞留锁紧榫眼边口。这种构造常用于筒状高身圆盒。三是做一组桨头加菱形的榫头和数目、位置相等的一组对尖连接的三角形榫眼，且密度最高。这种组合式双重扣合的特殊构造，可使桦皮两端卷曲后的对接更加牢固，承重后容器的变形几率相对较小，适合做成盛放较重物品，如肉干、粮食等的大型圆盒。

赫哲族传统桦皮箱匣的造型设计是一项相当精彩的造物经典创意，体现了赫哲人因地制宜、因陋就简的朴素造物设计思想。这种通过高妙构思的设计创意来弥补材质不足的天然缺陷的思维方式，是一种很高的造物智慧。由于史料缺乏可靠记载，我们无法判断这一造物设计是不是赫哲族原创的设计思想，但赫哲族传统桦皮工艺本身的文化积淀与技术积累，已为后世设计师们提供了丰富的实物例证，足资借鉴。

图片来源

图一、图七、图八　"中央研究院"民族学研究所
图二至图六　张孙晨　制图

参考文献

凌纯声.松花江下游的赫哲族[M].北京：民族出版社，2012：348—351.

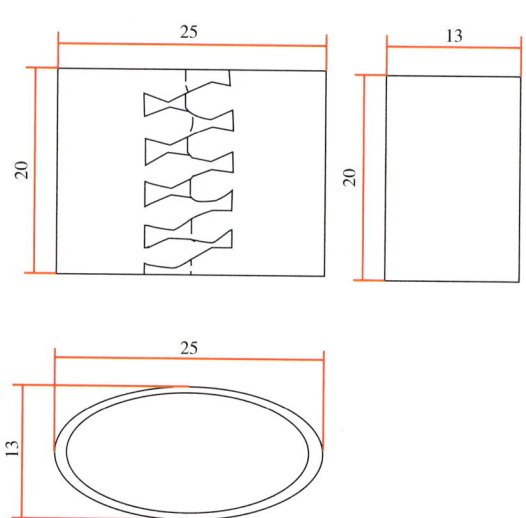

图二　赫哲族桦皮圆盒尺寸图（单位：cm）

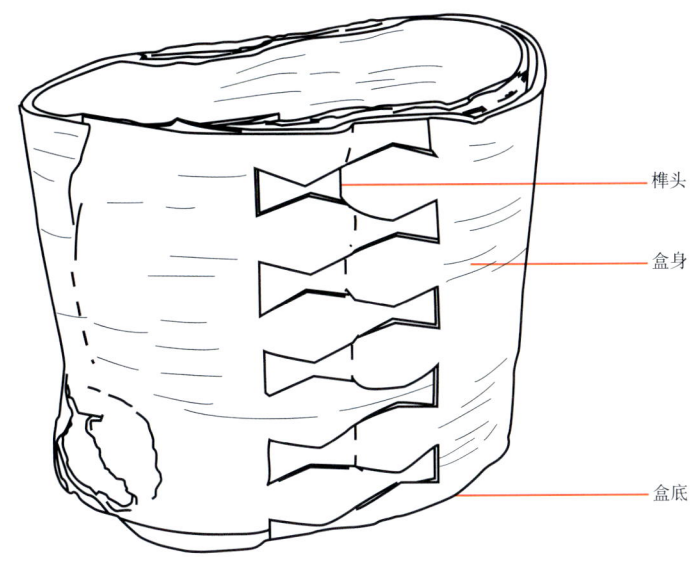

图三　赫哲族桦皮圆盒结构名称图

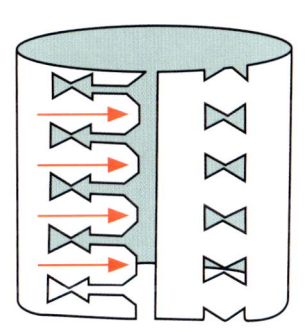

图四　赫哲族桦皮圆盒榫头展开示意图

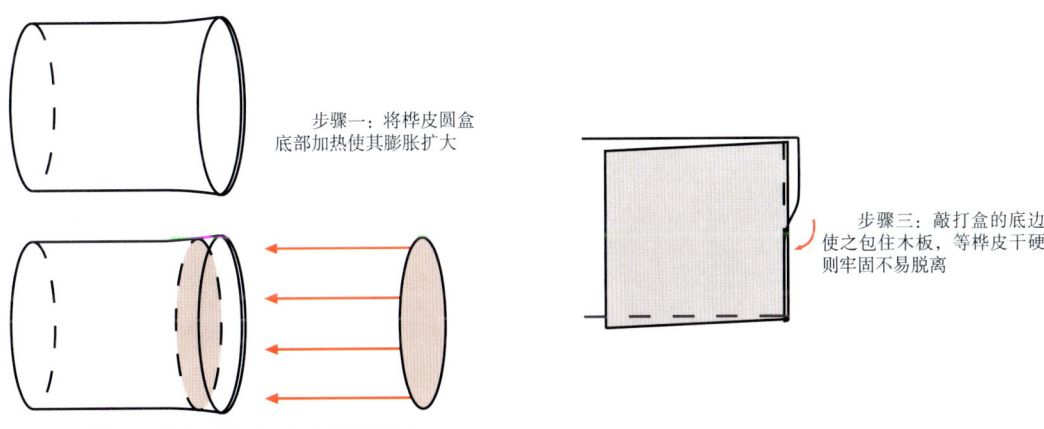

图五　赫哲族桦皮圆盒盒底接合步骤图

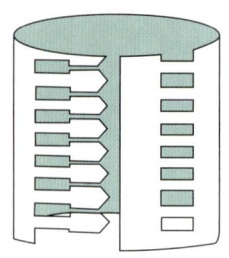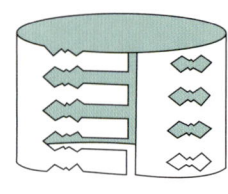

图六　赫哲族不同桦皮圆盒接榫示意图

图七　赫哲族带盖桦皮圆盒实物图

图八　赫哲族其他样式桦皮圆盒实物图

第七章 赫哲族传统民俗和宗教造像

赫哲族礼俗

图一　赫哲族全家福主图

赫哲族礼俗，主要指日常生活中的礼节、称谓、待客、分配、信约及长幼、邻里、亲友之间的基本社交观念与基本社交礼仪。赫哲族礼俗的相关行序编排、肢体姿势、语言称谓等，都是赫哲族造物传统中无形创意设计的具体内容。

赫哲族传统礼俗的民族特点主要表现在以下几个方面：

尊老爱幼。赫哲人家传统上特别讲究"长幼有序、进退有序"。如晚辈归来，进得家门，首先要给长辈下跪叩拜，然后还要依次向父母、兄嫂等所有比自己年长的家庭成员一一问候。长辈则回吻晚辈额、腮或嘴，以示亲热关怀。每当家中有来访长者入座，晚辈必然离座立侍，不敢造次对坐。儿媳或出嫁女儿皆要为客人装烟丝、倒水。若是家里长辈尚未就寝，晚辈不能上床入睡。待客家宴上，未成年小孩不可与客同席而坐，理应回避席间，向隅食之。出行道间如遇长者，必停步欠腰，先是问候请安，再侧身避让，请老者先行。平辈之间，出入户门见面时亦要主动向兄嫂弟妹等问候。儿媳从不与公婆同桌吃饭，长辈进食未毕，儿媳便要一直在旁侍立，随时听候吩咐。

周到待客。赫哲人性格豪爽，性情火热，与人相处慷慨大方，对朋友、同伴能做到解衣推食，对客人唯恐善待不足、礼数不周。有客来访，家中必备鱼宴款待，而且必有著名的刹生鱼。待客鱼宴忌用陈鱼，尽可能用最新鲜的鱼肉做菜。近年随着生活水平的不断提高，家办鱼宴不断加码，菜肴数量视客人身份及亲疏关系而定，一般最少10道菜，最多20道菜，数量须以双数递增或递减。主菜必让客人先尝第一口，以示敬重。整鱼菜肴上席摆放时，鱼头也要冲着客座，而且总是把鱼头让给客人吃，因为赫哲人传统观念认为鱼脑最富有营养，也极为美味。但凡赫哲人获得可口食物，不喜独食，一定会呼朋唤友，告遍四邻，与人分享。

礼神敬祖。赫哲族成人不分男女，皆嗜烟酒。每当喝第一口酒前，均要以筷蘸酒，向地面和空中抛洒，以示上敬神灵，下祭先祖。过去赫哲人以渔猎为生，居无定所，遇大小事必先往路边神庙前焚香祝告。赫哲族没有专职神职人员，所谓神庙实际是户外神龛，多为挂在路边树上的木制屋状小盒，内置各种木刻神偶。定居后的近现代赫哲人家每家必备神龛。木刻神偶从"痨病神"到"肚疼神"，一应俱全。赫哲人在传统观念上极重生育繁殖，儿媳若年逾三旬仍未能给家中添丁加口，即为大不敬，缺乏转生灵魂，必要办"折子礼"，请萨满来家做法事。数日后夫妻需携带"收魂袋"前往萨满家索取胎儿灵魂。夫妻入门上炕，在萨满击鼓跳神求赐魂魄时，由萨满的助手各自双手扶持夫妻双肩，若一人双肩抖动，则魂魄已经附体入怀，助手便告知萨满，由萨满弃鼓取袋，向"收魂袋"里急吹一口气，遂大功告成。倘若当真生子成功，夫妻要办一应牲祭用品于神龛、神庙前祝告还愿，再以牛、马、猪、羊等奉送至萨满家，以示酬谢。

邻里和睦。按赫哲人的传统习惯，每逢渔季打鱼或进山狩猎归来，都要将劳作所得留出份额，分配给屯中因家中告病未能出船或邻里间孤儿寡母、老弱病残没有劳力的家庭。若是孤儿失亲，无人抚养，则先由近亲领养；若是亲属全无，则由近邻或全屯乡亲共同抚养。承诺收养的赫哲家庭皆将被收养人视为己出，与自己儿女全无亲疏之分。赫哲人的捕鱼和狩猎工具随时可以无条件借给没有工具的邻居。

合理分配。同行出船的渔民，在分配捕鱼所获时，通常遵守一种古老的分配方法：先当着全体参与分鱼的所有人的面，大家一起动手按参与分配的人数将捕获的鱼大致平均地分成相应的堆数，尽量做到每堆之间在大小、贵贱、数目各方面基本平衡。大家认可鱼堆平分后，全体参与分鱼的人背对鱼堆排成一列蹲下，由主事人将做好记号的签子让他们依次抽签选堆。拿到有约定记号签子的人，凭记号领取相应的鱼堆。赫哲人这种古老的分配方法，既公平周到，又避免争议，十分合理。

赫哲族礼俗的行序编排和相关用物，都是赫哲民众在漫长的生产与生活演化历程中逐渐形成的，不但反映出赫哲人传统的道德水平与守礼程度，也深刻地反映出赫哲族造物传统中无形创意设计与有形器物设计一样，历史悠久，积淀深厚。

图片来源
图一　陈海汶　摄影
图二至图四、图六、图七　王健、王若霖　制图
图五　《赫哲族简史》编写组.赫哲族简史[M].哈尔滨：黑龙江人民出版社，1984.

参考文献
凌纯声.松花江下游的赫哲族[M].北京：民族出版社，2012.

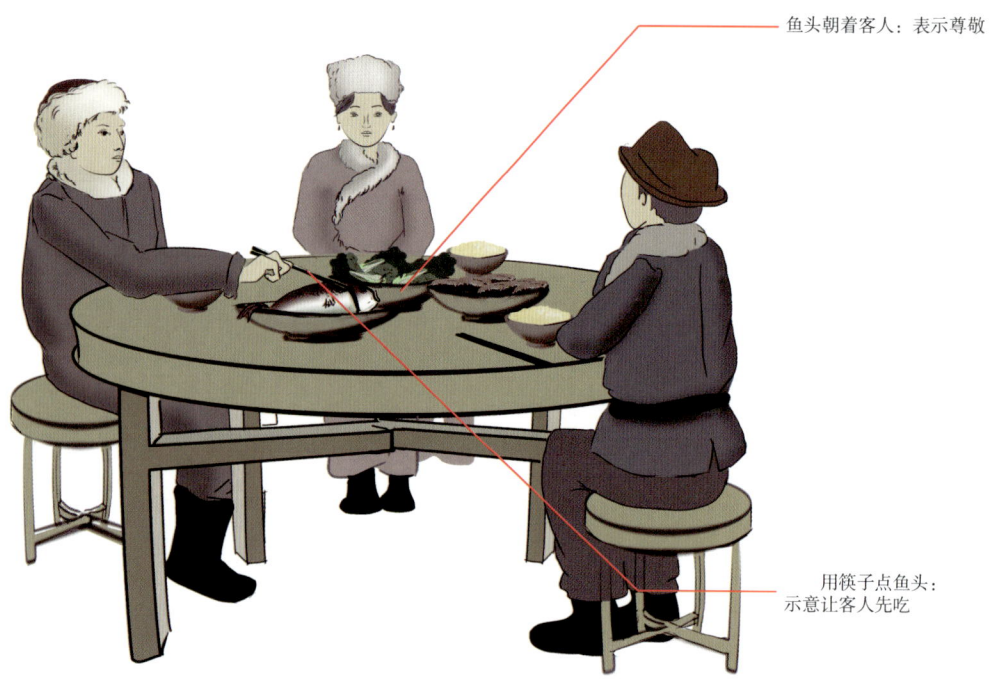

图二　赫哲族待客礼情境图

图三　赫哲族祈子礼情境图

图四　赫哲族祭灵礼情境图

画面上，几个赫哲渔民背对着几堆鱼席地而坐，一个赫哲老人（当地人称公平佬）站在后面，让渔民们挨个抽签。抽的签和鱼堆里事先放好的签对比，谁的签对上了，这堆鱼就是谁的，而最后剩下的那堆是公平佬的

图五　赫哲族渔民抽签分鱼实景图

图六　赫哲族户外吉星神庙示意图

图七　赫哲人家供房山神处情境图

赫哲族婚俗

图一　赫哲族传统婚礼主图

赫哲族传统婚礼在场面上较为简朴，但在行序设计与用具设计方面颇具民族文化特色，特别是富有祈福寓意的诸多仪式安排和容妆、服饰、餐饮等用具的造型与纹样设计，体现了赫哲族传统婚礼对人类学、社会学和设计学研究方面具有较为丰富的研究价值。

赫哲人奉行一夫一妻、氏族外婚（指三服内不通婚）等传统婚俗，一般男20岁、女18岁的早婚现象较为普遍，且多为媒妁介绍、父母包办。一旦赫哲族青年男女成功订婚，需要摆宴请酒，招待双方长辈和媒人。赫哲女人可以改嫁，但不再举行婚礼。因赫哲人家民风纯朴、家教严明，离婚现象极少发生，即便有也多半深以为耻，不事声张。赫哲人家选婿嫁女不大讲究物质条件和门当户对的身份地位，但对新郎的健康体格、族中威望、劳动能力等十分看重，因而集体游艺、体育竞赛等民俗活动和生产活动中的佼佼者，往往都是赫哲人家嫁女的热门金龟婿。赫哲人家娶妻的标准也不似汉俗，尤其是相貌从来不是首选条件，主要看中性情温顺、身板结实、勤快伶俐，外加缝纫技能与厨艺高明即可。

赫哲族传统的婚礼容妆也较为朴素，婚礼上的新人，女方一般要穿绸面红袄，由婚前单尾大辫改扎双辫；男方则盛装打扮且披红带花去女方家迎亲。迎亲队伍也有讲究：人数要单数，接亲后刚好双数；队伍中还要有车马随行，冬季为马拉雪橇，夏季为"彩车"（过去为两轮有厢马车，现多为面包车、拖拉机装点一番）。进得女家，女方要摆酒招待。首先是男方长辈先向女方长辈敬酒三杯，以示恭敬感谢；席间女方须向父母磕头辞行，感谢养育之恩。宴毕，女方蒙上红盖头，由女家兄嫂或姐夫抱上雪橇或"彩车"，女家母亲和亲友带上陪嫁礼品，陪同新娘前往男家。新娘父亲不得随行，须另路前往男家出席婚礼。

在行序设计方面，通过祭拜神祇和先祖—宾主欢宴—夫妻合餐—场面照明等几个环节，表现出浓郁的民族礼俗特色。如祭拜仪式上，不但要告祭列位先祖，最关键的婚礼祭拜仪式是供奉赫哲族最重要的自然神灵——太阳神。祭拜太阳神又俗称"拜老爷儿"，祭品一般较为丰厚，要有整鱼、禽类和猪肉，还有酒水。"拜老爷儿"的程序是：一双新人跪在香案前，司仪高声朗诵"顶礼日月、星辰，顶礼江水、山岳，顶礼赫哲人的祖先，顶礼亲友四邻,新郎新娘叩拜"云云，再由女方亲友中年长老人手持三根扎了三道红布的芦苇，向新娘点拨训话，无非要求新妇孝敬公婆、顺从丈夫、善待邻里、勤俭持家等。训话之后，婚礼仪式方告结束，婚成礼全。大家入席，宾主尽欢，大快朵颐。

整个婚宴时间，新娘都要面墙而坐，谓之"坐福"，直到娘家送亲的人散席离去，方可下地。此时一对新人还要履行一段餐桌上的婚俗规矩：夫妻合吃猪头、猪尾。在小夫妻互换碗筷（寓意"互敬互爱"）之后，新郎啃猪头，新娘咬猪尾，还要合吃一碗白水煮面，寓意"夫领妇随、白头到老"。婚礼现场始终要灯火通明，还要点长寿灯，寓意在婚后日子过得火红兴旺，夫妻身体健康、婚姻美满。入得洞房，所有灯盏仍通宵照明，不能半程裁撤，直到破晓方止。

赫哲族传统婚俗在不少地方受汉俗影响较深，如单辫改双辫、穿红棉袄、顶红盖头等，但依然保持了某些自己的文化特点，如原始宗教类的自然神崇拜、合吃猪头猪尾、通宵照明，还有择偶标准等。通过赫哲族传统婚俗与汉俗的比较，我们可以看出赫哲社会在人情民风与价值认同等方面的独有品质，在设计发生学的研究方面，进一步阐发了赫哲族造物行为的人文环境。

图片来源
图一　肖殿昌　摄影
图二、图三、图五　朱思晴　制图
图四　齐乐、张帅　制图
图六　卢慧敏、单芳霞　制图
图七　卢慧敏、张孙晨　制图
图八　张孙晨　制图

图二 赫哲族新郎、新娘婚服效果图

图三 赫哲族新娘盖头效果图

第七章 赫哲族传统民俗和宗教造像

223

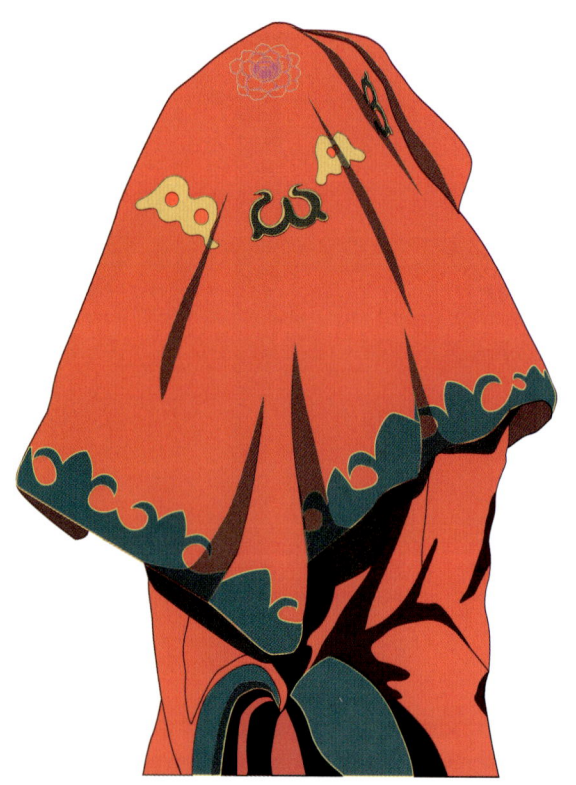

图四 赫哲族新娘盖头使用情境图

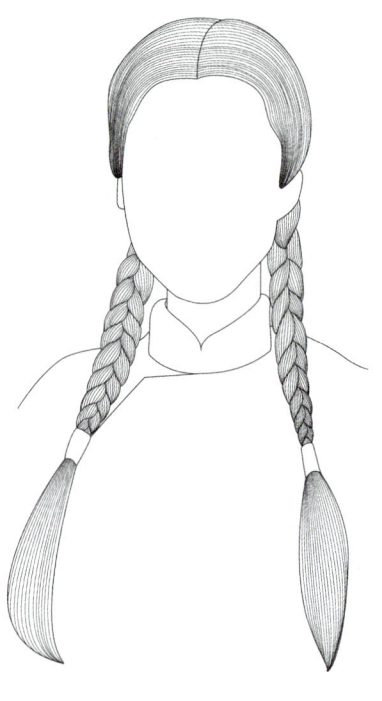

图五 赫哲族新娘婚后双辫发式示意图

图六 赫哲族伴郎与伴娘陪伴新娘情境图

图七　赫哲族男方迎亲情境图

图八　赫哲族婚礼中新人叩拜"老爷儿"情境图

赫哲族葬俗

图一 赫哲族树葬主图

赫哲族葬俗,指丧葬礼仪的行序设计部分和丧葬用物的造型设计与实物制作部分。

以民国时期的赫哲族传统丧葬入殓方式为例,赫哲人死后有三种入殓方式:其一是"树葬";其二是"台葬";其三是"土葬"。未成年人夭折后,多半不行土葬、台葬,而是直接树葬,仅取一张桦树皮包裹尸身,置于高处树杈,任其风化分解。说法是:小孩子半途夭折,便是被神灵收走魂魄;父母将孩子尸身送上高处,期盼天上神灵早早连肉身一并收去,好使孩子早日超生出界,尽快转世投胎。这种葬式和说法,与古代中国南方部分民族的崖葬、树葬、天葬有相似之处。

与汉族自汉初文景时期所形成、延续至明清的千年厚葬风俗相比,赫哲族的土葬要简陋、朴素得多。但据民国学者凌纯声30年代考察后的记述,赫哲族的台葬还是相当讲究的。进行台葬的多为在外"打围"(指结伙狩猎)意外死亡的赫哲猎人,同伴就地建起一架木台,立起四根高大树木做台脚,通常有3～4米高,既有使死者更接近天庭、好早日升天之意,又有防野兽啃噬尸身之虑;立柱顶端再以木杆并排密布成木排铺板当作台面,搁置棺木。死者入殓棺木则取粗大原木树干，剖而刳之：先将树干锯分成大小不一的两半，取其大者斫平剖面，挖空树身，以容纳尸身；再取小者刳挖成槽，以充棺盖。尸身入殓后，通常以桦树皮紧裹棺木，再以兽皮绳扎牢固定，最后抬升至木台上安置。待其数年后，由当年狩猎同伴陪死者亲属进山收尸。因常年光灼风化、雪浸雨蚀，通常死者尸身早已化为一副干净骨殖；如果筋肉尚未腐蚀至净，则需重新穿衣入葬。家人将其骨殖收入鹿皮口袋，携带返乡。家属常选屯中空地或自家院内入土安葬。先挖开一方矩形浅坑，深约50厘米，然后依坑壁四周插入木排，坑底亦铺设木排，形成厢式棺体，纳入死者骨殖，盖上同样由木排构成的"棺盖"，培土固定，形成坟堆。赫哲人的坟堆与汉制不同，棺盖部分一定要高于地平面，且前高后低，方位也一定要头西足东。赫哲人这种死后先台葬，数年后收敛骨殖再行土葬的方法，与宋辽时代的契丹人葬俗有一定相似之处，当是古代辽东边疆各游牧渔猎民族共同承传的民族文化所致。不过契丹和辽、金贵族还要给死者戴上金银面具，甚至穿上金银丝网衣；即使是贫困人家，也要给死者戴铁质、木质面具，葬式上要考究一些。

20世纪初，东北地区数次暴发瘟疫等高发传染病，赫哲地区也受波及，此后传染病致死者皆火化入葬，也是一种文明进步。现代赫哲族基本已不实行台葬，土葬也远比凌纯声当年描述的情景要简单了许多：一般赫哲人土葬没有固定的坟地，山前、坡后、林间、道旁，房前、屋后，甚至自家院里，都可以随地土葬。一般以桦树皮包裹尸身，挖个土坑后将尸体放入，上面再搭个"盖"（通常是木棍排列捆扎的木排），然后培起土堆。过去赫哲族有种鹰神专门在丧葬仪式中使用，通常由族里最为德高望重之长者端提把持。赫哲人认为阴间赶路须由鹰神领路，否则难以转世投胎。鹰神翼展长度约65厘米，胎骨为木板雕刻，外层糊裱鱼皮、兽皮或布片，边缘有象征羽毛的碎条。

现代赫哲人家凡有丧事，禁忌也是较多的。如捕鱼人当在渔场河滩作业现场架烧一堆篝火，然后列队从火上依次跨过，烟熏火烤，以解晦气。守丧时期严禁说谎、抱怨、争吵，否则触怒神灵，会导致整个渔季都网网落空，徒手返回。

中国丧葬传统是伴随着中国古代大农耕文明同步发展、成熟起来的，历史悠久，内涵丰富，饱含着极为深厚的文化积淀。从设计学角度讲，与丧葬活动密切相关的主要是两大方面的创意设计与制作使用行为：其一是丧葬礼仪的行序设计，包括语言文字类的讣告、挽联、悼词、谢辞、碑刻以及禁忌用语等；肢体姿态类的亲属叩首、摔盆、哭丧，吊唁者的鞠躬、敬香、默哀等；仪式安排类的亲属披麻戴孝、摔盆、抬棺、丁忧守灵、结庐尽孝，帮事者（包括僧俗礼聘与雇用人员）的法会、哭丧、丧乐、入殓、培土、修墓，吊唁者的服色、佩饰、仪式走位等。其二是丧葬用度的器物设计，包括对死者的容妆整理、寿材装敛、定点安葬；丧葬礼仪现场布置所用的一应法器、祭品、仪幛、彩扎等；葬礼参与人员（亲友、司仪、吊唁者及帮事者）的相关服饰、用具等。与日常生活的衣食住行一样，每一个民族的文化，几乎都在葬俗活动中尽显无遗。与葬俗相关的无形创意行为——行序设计，和有形造物行为——葬具设计，都是传统造物设计的重要组成部分。

赫哲族的传统丧葬礼俗与内地汉族的丧葬礼俗有着很大的区别，处处体现出本民族浓郁的风俗习惯。凌纯声《松花江下游的赫哲族》一书中对赫哲族丧葬礼仪的行序、器物有过十分详尽的描述，而且图文并茂、深入浅出，为后人留下了极其珍贵的民族学、人类学丰富遗产。可惜的是，半个世纪后，即80年代所出的两本重要专著《赫哲族简史》和《赫哲族社会历史调查》里的赫哲族传统丧葬礼仪，已同凌纯声当年的描述大相径庭。时至今日，当时凌纯声所见的赫哲族传统丧葬行为已基本与汉族相似，其行序特征与特殊用器基本消失殆尽，仅保留在老一辈叙述者模糊不清的回忆之中。

赫哲族千年承传的丧葬礼仪与风俗习惯，是赫哲族文明积累的重要组成部分。重新认识、了解、整理赫哲族的丧葬礼仪行序设计与丧葬用物的器具设计，可以使我们更加深入、完整地了解赫哲族造物传统的全方位体系构架，从而全面理解赫哲族传统造物的文化成因、发生环境、物资条件以及所必然反映出来的演进规律。

图片来源
图一　张子扬　制图
图二、图三、图五　王健、王若霖、张子扬　制图
图六　王健、王若霖　制图
图四　凌纯声. 松花江下游的赫哲族［M］. 北京：民族出版社，2012.

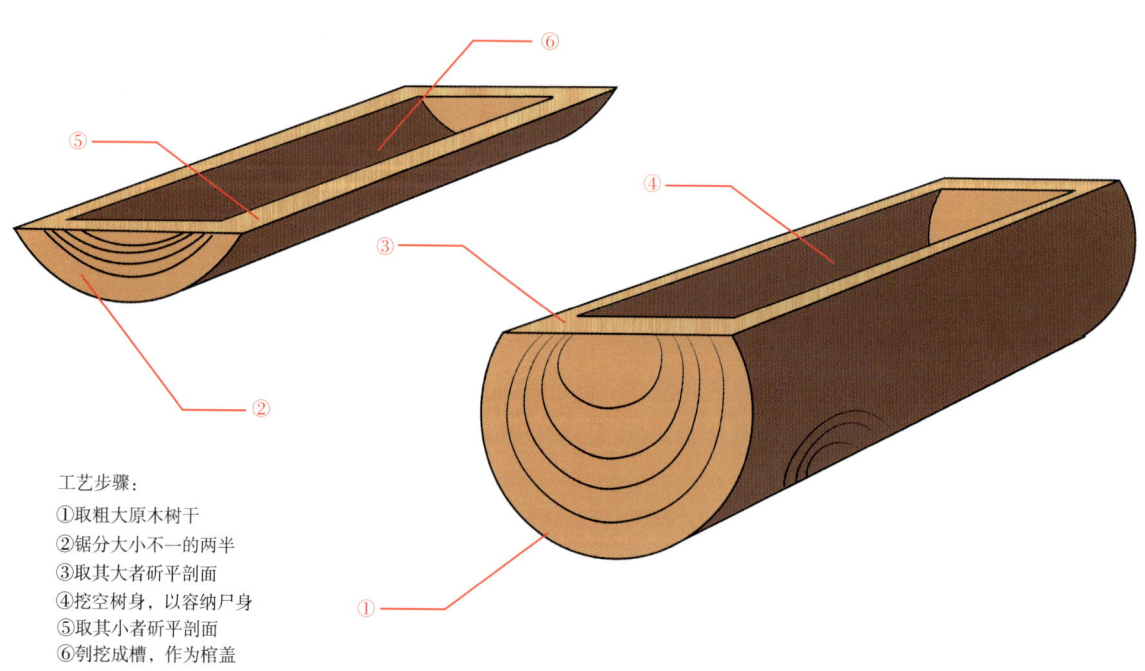

工艺步骤：
①取粗大原木树干
②锯分大小不一的两半
③取其大者斫平剖面
④挖空树身，以容纳尸身
⑤取其小者斫平剖面
⑥剡挖成槽，作为棺盖

图二　赫哲族台葬棺木工艺分析图

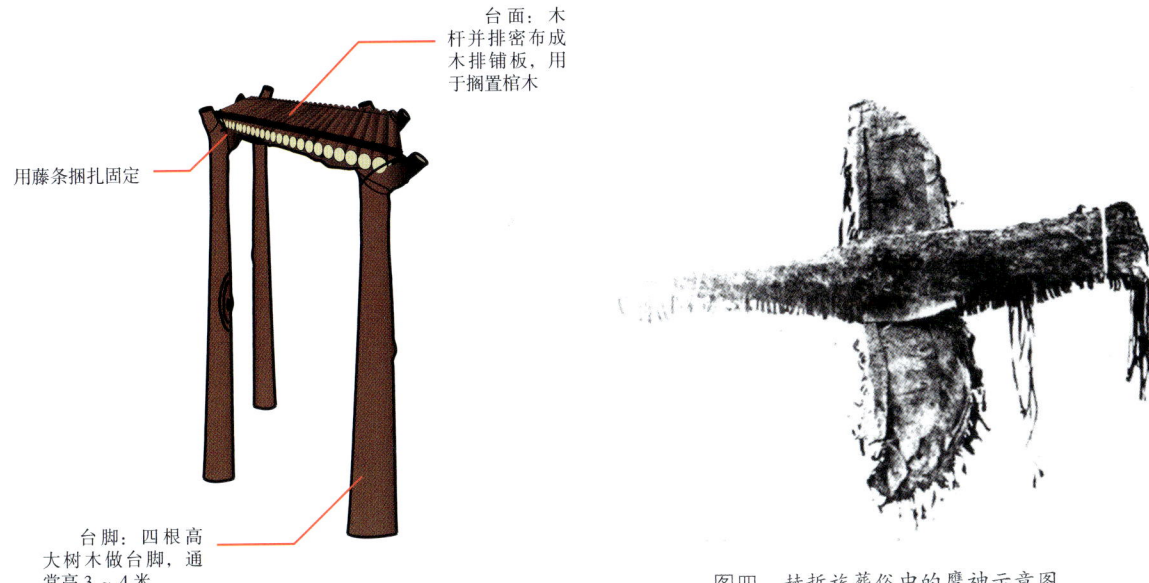

图三　赫哲族台葬木架示意图

图四　赫哲族葬俗中的鹰神示意图

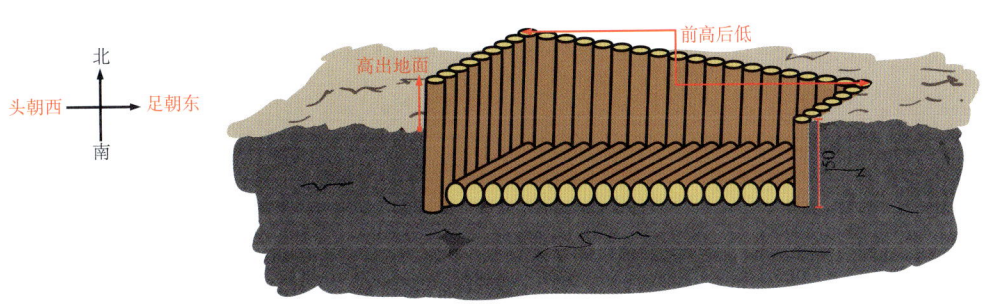

图五　赫哲族土葬坑体木排构建示意图（单位：cm）

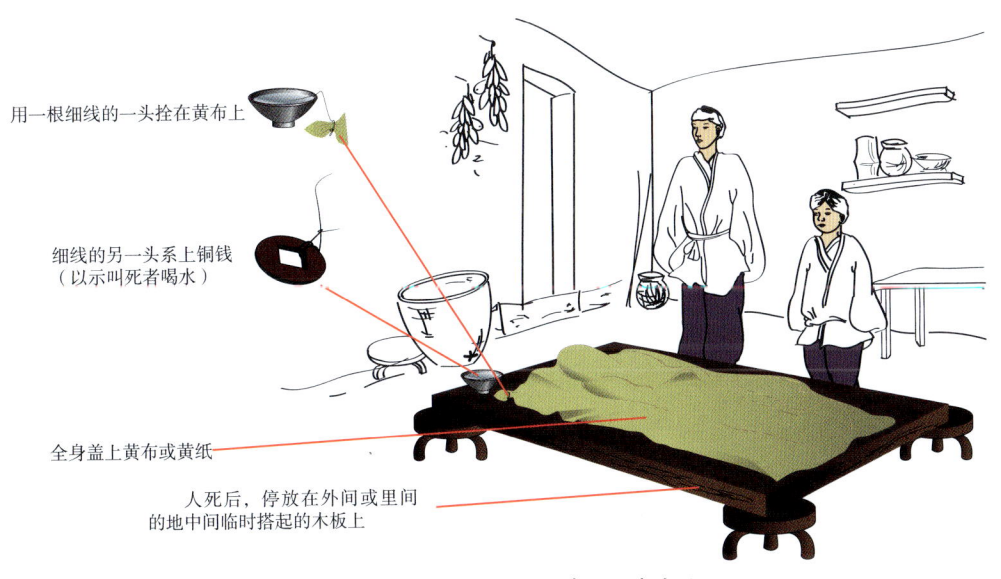

图六　赫哲族家庭的丧葬仪式情境图

赫哲族节俗

图一 赫哲族节俗——开江取水主图

赫哲族凡遇生老病死、婚丧嫁娶、重要节日等都要举行祭祀活动。赫哲族传统的节庆习俗包括鹿神节、烧包袱、开江节、乌日贡大会等。而赫哲节俗发展至今，形成规模、影响力相对较大的两个节日，即开江节和乌日贡大会。

鹿神节，是在每年九月九日，赫哲族全村人跟着萨满跳鹿神舞祭祀虎神，庆祝出猎如意顺利，祝贺部族人丁兴旺。

烧包袱，是在每年腊月三十晚上，赫哲人家给死去的亲人"烧包袱"，以表示对祖先或亲人的缅怀。

开江节，主要是秉承赫哲族的传统文化和渔猎生活，按照赫哲族原始祭江传统仪式而打造的独有赫哲文化。乌苏里江是赫哲人繁衍生息的母亲河，早在旧石器时代就有人类在这里生活，赫哲人的祖先世世代代在这里以渔猎为生，他们过去被称为"生女真""鱼皮部""使犬部落"。赫哲人信奉萨满教，崇尚万物有灵，所有天地里的江河风雨雷电、树木野草植物、虎豹熊鹿野兽等皆为神灵。每到开江时节，人们都要进行神圣的祭江大典，以此表达沿岸儿女对母亲河的恭敬和热爱。经过历史的发展和演变，北方民间流传着用双手抚摸开江冰，或用开江水净手的传统习俗，祈求新的一年幸福吉祥、国泰民安。

开江节活动大致包括以下几个流程：取圣水祈福、鱼把头敬神醒网、祭祀萨满献祭品、民众庆祝活动等。开江祭祀是赫哲人诸多祭祀活动中的一个，主要是由鱼把头来主持，众多渔民都来参与。祭祀时一般都请来萨满跳神。赫哲族的萨满属于野祭，专管传达人们和诸神之间的旨意。祭祀河神是赫哲族渔民在开江后对河神的一种祭拜仪式，祭祀用品有生猪头、鲤鱼、活公鸡、馒头和三种水果，由祭祀萨满主持仪式，鱼把头用开江水净手后上香、醒网，祭祀萨满为船桨拴红，鱼把头率众渔民跪拜河神敬酒，希望得到水中神灵的庇佑，祛病祈福，驱灾辟邪，保佑渔民丰收平安。祈福仪式后，赫哲渔民陆续下江，撒下开江捕鱼第一网，然后举行热闹的民众庆祝活动。

赫哲族渔民自古就有开江祭祀的习俗，每年开江下网的时候，家家都包饺子，在酒足饭饱之后，渔民或一家或三两伙人，杀猪宰鸡、敬香许愿，都在滩头下江前跪拜天地河神，祈求有个好"鱼头"、家人平安，然后鸣放鞭炮，顺江顶着流动的冰凌开船下江捕鱼。

乌日贡是赫哲语欢乐喜庆的意思。乌日贡大会正式定名于1988年6月。此后，每隔三年召开一届。至1997年第五届大会闭幕后决定，乌日贡盛会每四年举办一次，现已历时六届。从第三届开始，定为每年的农历五月十五为赫哲族的乌日贡节。节日期间，三江停止捕捞，各地赫哲族齐聚一起。节日文娱活动的主要内容是说唱伊玛堪（民间口头说唱）、唱嫁令阔（民歌）、跳天鹅舞和萨满舞等传统节目。民族传统体育比赛是节日的另一项重要内容，包括顶杠、射箭、摔跤、叉鱼等民间体育种类，许多项目与长期的渔猎生活密切相关，具有鲜明的民族特色。

图片来源

图一　黑龙江省民族博物馆

图二至图七、图九　单芳霞　制图

图八　王世卿，王积信，吕品.赫哲鱼文化[M].哈尔滨：黑龙江教育出版社，2011.

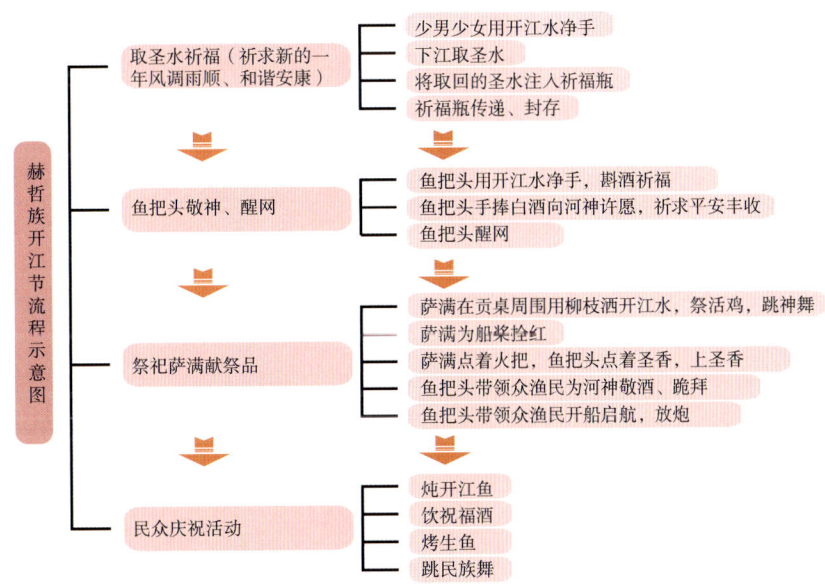

图二　赫哲族开江节活动流程图

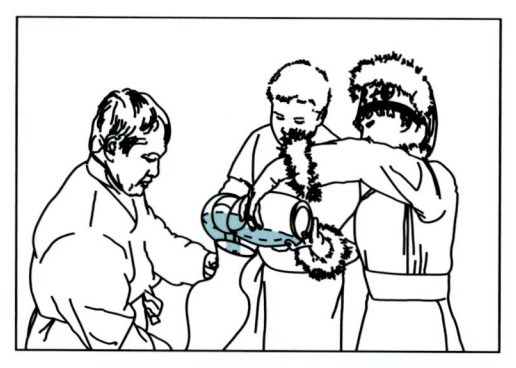

图三　少男少女将取回的圣水注入祈福瓶情境图

斟酒

醒网

图四　鱼把头斟酒、醒网情境图

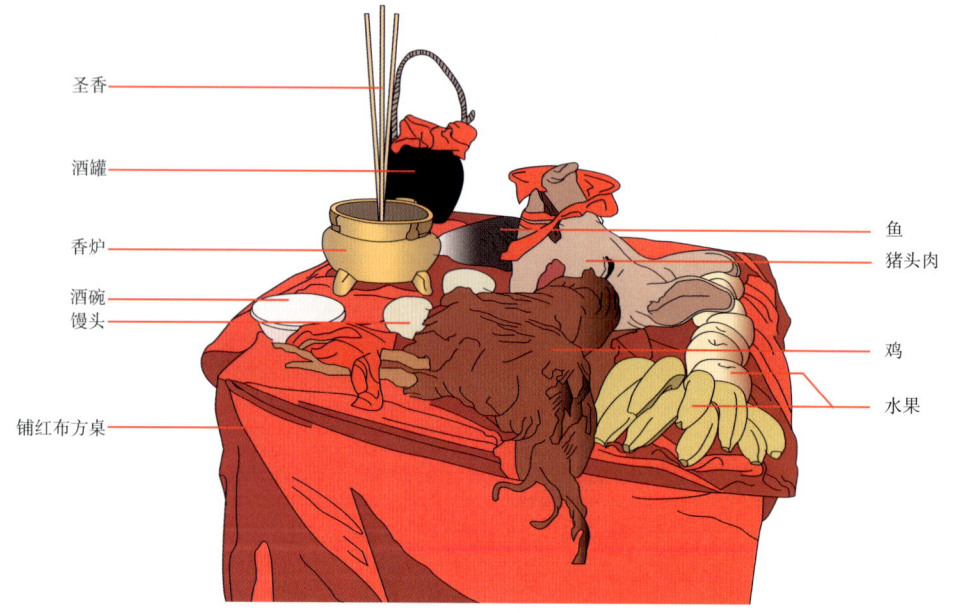

圣香
酒罐
香炉
酒碗
馒头
铺红布方桌
鱼
猪头肉
鸡
水果

图五　祭祀萨满所献祭品名称图

敬酒

跪拜

图六　鱼把头带领众渔民为河神敬酒、跪拜情境图

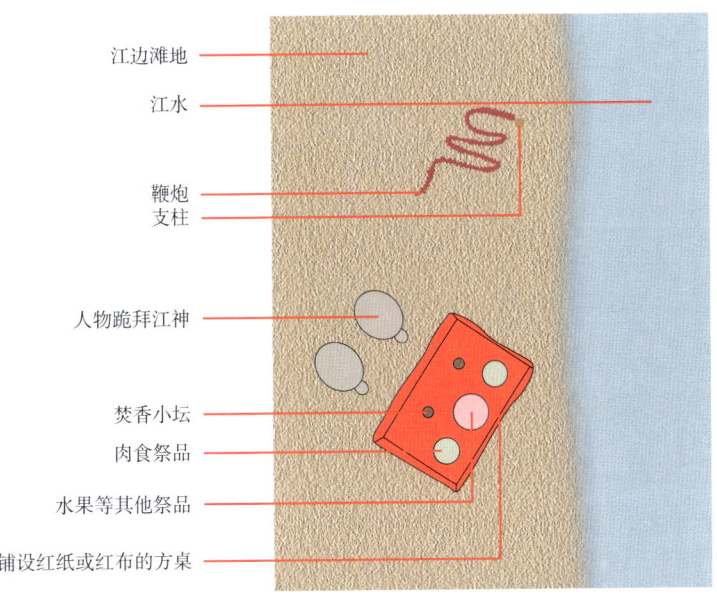

图七　赫哲人家开江祭品摆设平面图

图八　赫哲人家春渔祭江仪式实景图

第七章　赫哲族传统民俗和宗教造像

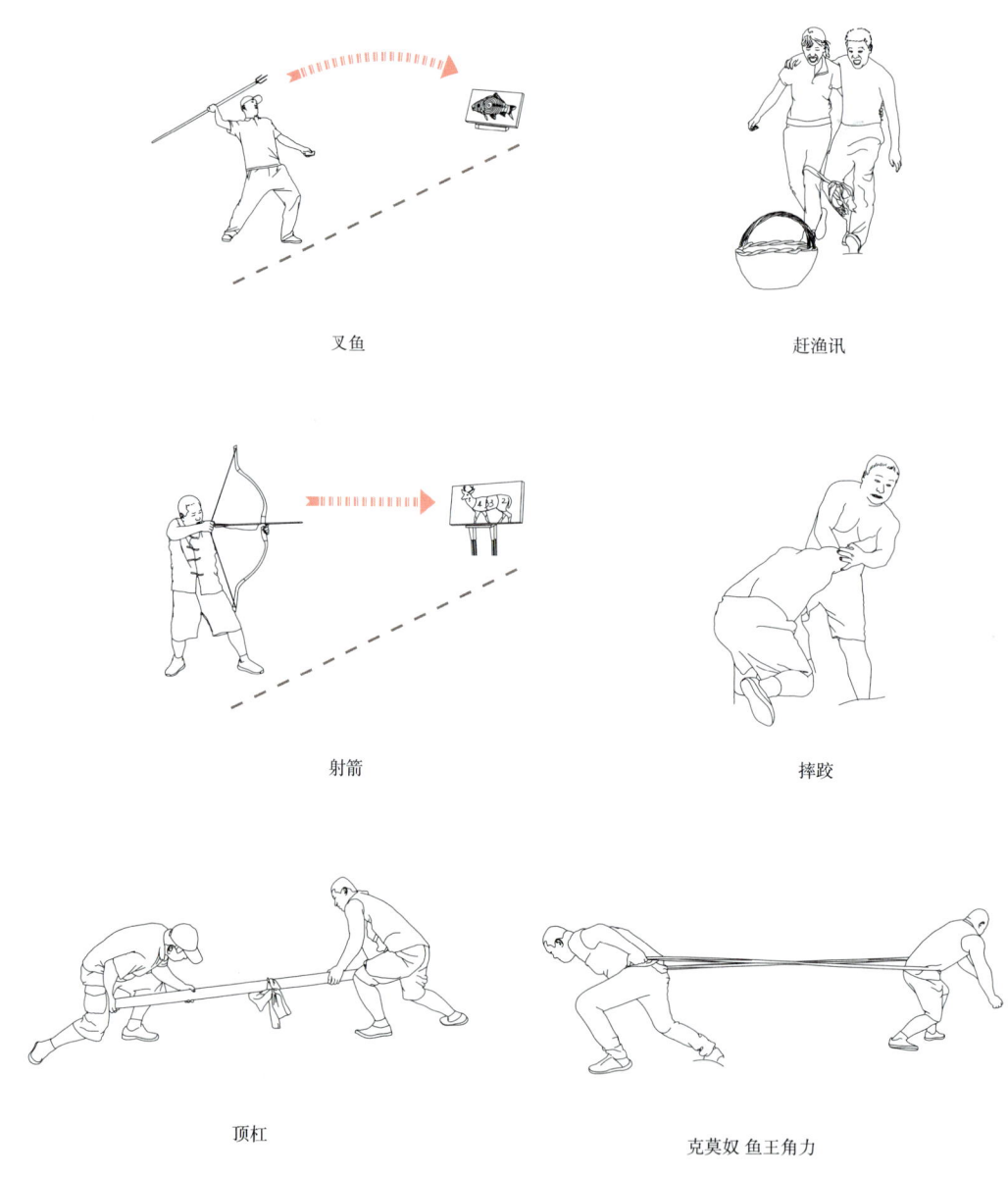

图九　赫哲族乌日贡大会的各项竞技比赛示意图

赫哲族自然神木刻神偶

图一　赫哲族木刻神偶主图

赫哲族早期宗教的主要形式为自然崇拜，包括图腾崇拜、灵物崇拜和神祇崇拜。赫哲族自然崇拜在神祇造像和法事图形符号方面表现出相当独立的原创性和成熟性。当萨满教在东北、内蒙古、西北的中国北方各地兴起后，赫哲族宗教也深受影响，其法事用器、用物的装饰图案、神祇造像与器物造型，都发生了一定的变化。但赫哲族自然崇拜礼俗在造像与图式符号上的宗教文化特征，在赫哲民间社会一直有所遗存，延传至今。

由于赫哲族人口相对稀少，长期聚集于边疆荒原地区，又属于迁徙渔猎民族，本民族文字类的文化记载遗存尚待进一步发现，因而今天要梳理赫哲族人类学渊源、文明形态成因，都会是不小的难题。特别是对赫哲族宗教信仰的起源、分支、延传，即便是看似很简单的问题，也存在着不小的争议，众说纷纭、莫衷一是，各种观点看上去都缺乏强有力的文献考据支撑及实物佐证。从一般规律上判断，宗教是任何民族形成较高层次的文明形态的精神摇篮和事物孵化器，因为宗教的所有行序创意与用具设计，都是原始时代人们造物意识与行为的主要运行方向之一。

与大多数我国境内的少数民族一样，赫哲族早期也崇拜自然神祇。这是一种文明初始阶段的普遍现象，是人们对自然现象之所以发生的原因缺乏了解的天然反应。不同民族在表达的形式与内容上各有差异，但诉求的宗旨与目的则完全一致。文明肇始的各民族都相信"万物皆有灵性"，尤其对能深刻影响自身日常劳作与栖息的自然事物敬畏有加，深信这些自然天象于冥冥之中受着某种

第七章　赫哲族传统民俗和宗教造像

神灵控制，于是以力所能及的种种方式表达对这些天神的崇拜与敬畏，期盼各类神灵能护佑自己。当这种自然神崇拜的意识与行为发展成为已经具有一定社团组织的共同祭祀行为后，这个民族最早的宗教信仰就相对固定下来，并成为孕育其意识形态最重要的温床，随之，偶像化的神灵造像和通神用的图式符号，便源源不断地被创造出来。

赫哲族早期自然崇拜的神灵几乎包括所有可视的自然物体：日月星辰，山川河流，风雪雷电，水火云气，草木花叶，飞禽走兽，甚至还包括房屋船只等人造物。从现存的造像与图形判断，赫哲人特别敬畏火神（火神爷爷"佛架玛玛"和专管用火的"都热马林"等）、风神（卧杜玛玛）、专管雨水的"龙种"、专管打雷的"雷公"、专管闪电的"闪娘娘"，还有专管房屋的"房山神"等。赫哲人认为，连花草树木、猛禽野兽，不少也有神灵附体，如老鹰、斑鸠的附体神灵是"阔里"神，杜鹃的是"克库"神，金钱豹的是"雅日格"神，老虎的是"塔斯和"神，狼的是"布云"神，刺猬的是"僧格"神，猫的是"蹲特"和"阿都"神等，狗的是"依那奇"神，水獭的是"珠昆"神。鱼类的附体神灵更丰富，主要有赫哲人特别熟悉的"黑额恩木热"神（鳟鱼）、"珠日翟力阿金"神（鳇鱼）等，还有"依斯额嫩"神（四脚蛇，即壁虎）、"穆依嘎"神（蛇）等。此外，还有蛤蟆神、龟神、马神、野猪神、猪神，等等。人们在春季开江捕鱼或秋冬狩猎之际，都要举办仪式，以祭祀诸神，祈望丰收。赫哲族早期自然神灵造像与图式符号均表现出自然摹绘的原始艺术特征：手法写实，取材丰富，形象质朴，姿态生动。有必要提醒的是：当我们接触到今天许多民族村旅游点出售的某某族手工艺品，特别是冠以某族神造像和某族法事图形符号时，一定要明白其造像与图形的出处究竟是否有据可考，还仅仅是美术工作者和商品经营者们合伙托伪的杜撰、臆想。

研究赫哲族早期自然崇拜的各种神灵造像与图式符号，可以较为准确地解读赫哲族早期造物文明时代的文化特征及演化进程。这对我们更好地把握赫哲族早期社会基本形态和民族文化特征，进而对赫哲族在图形纹样与造像方面审美形式感的具体建构要素上的深入研究，都具有十分重要的意义。

图片来源
图一　杜殿文　摄影
图二　樊进　制图
图三、图九　"中央研究院"民族学研究所
图四　刘磊　制图
图五至图七　单芳霞　制图
图八　王英海，孙熠，吕品.赫哲族传统图案集锦[M].哈尔滨：黑龙江教育出版社，2011.
图十、图十一　刘艳斌　制图

参考文献
凌纯声.松花江下游的赫哲族[M].民族出版社，2012.

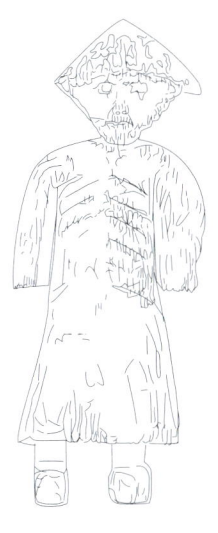

图二　赫哲族木刻神偶示意图

图三　赫哲族打围大神、避邪神、三峡神木刻神偶

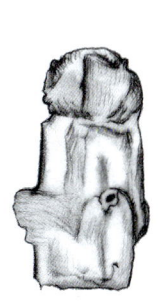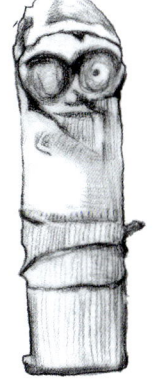

图四　赫哲族司皮神木刻神偶示意图

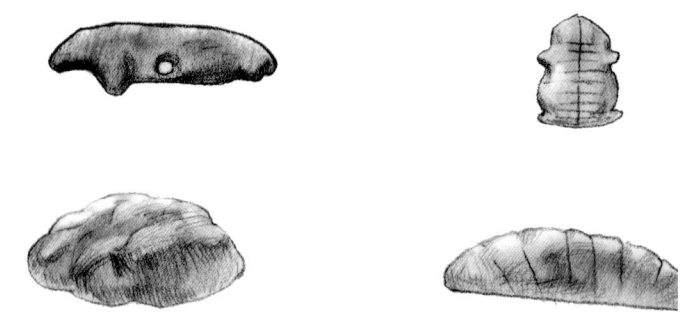

图五　赫哲族龟神、鳖神、蛤蟆神及刺猬神木刻神偶示意图

图六　赫哲族虎神、狼神、狗神、野猪神及猪神木刻神偶示意图

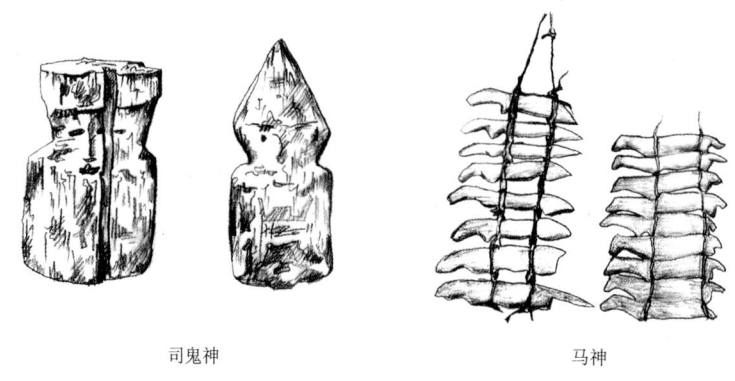

司鬼神　　　　　　　马神

图七　赫哲族司鬼神和马神木刻神偶示意图

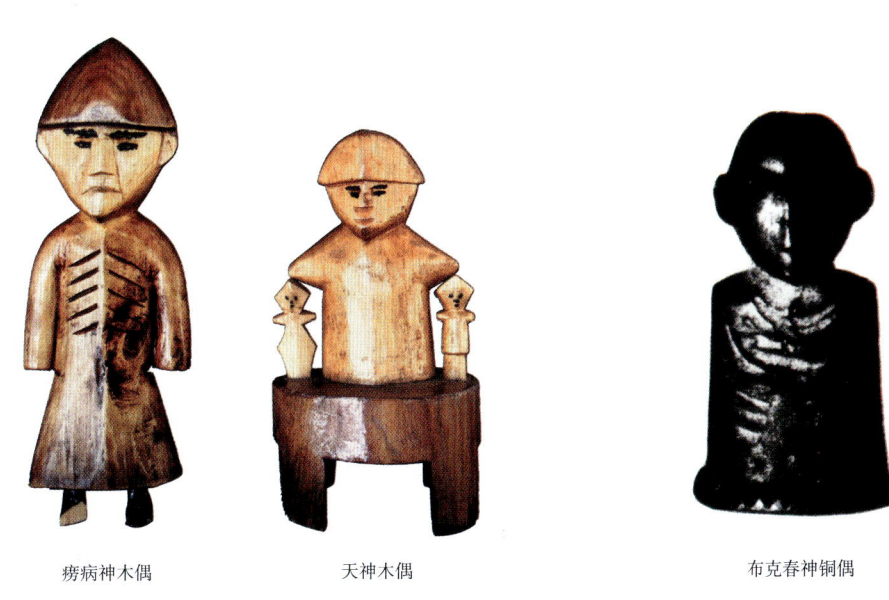

瘸病神木偶　　　　　天神木偶　　　　　　　布克春神铜偶

图八　赫哲族瘸病神、天神、布克春神神偶实物图

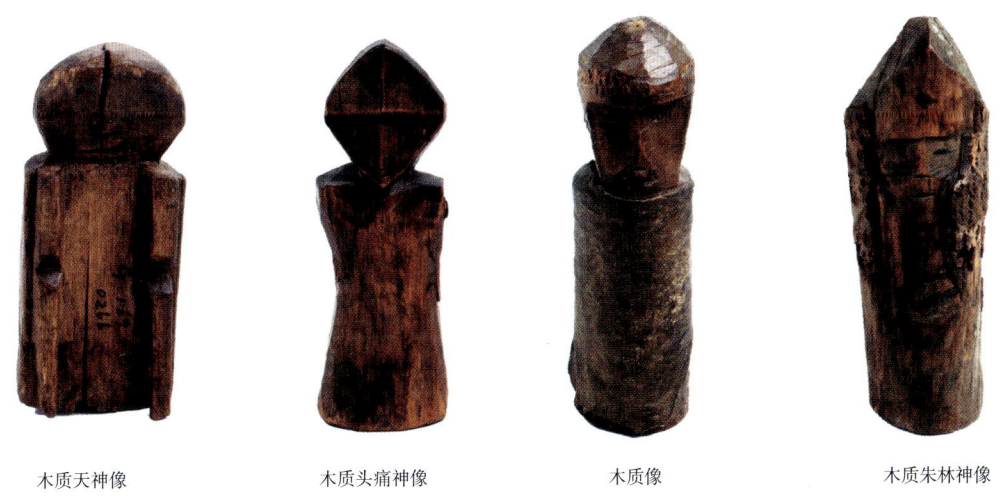

木质天神像　　　木质头痛神像　　　　木质像　　　　木质朱林神像

图九　赫哲族木质天神像、木质头痛神像、木质像、木质朱林神像实物图

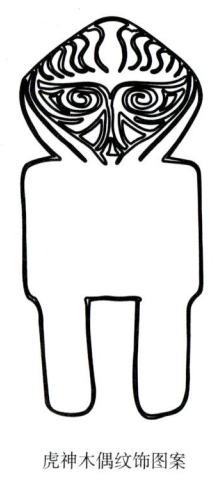

鳇鱼神木偶纹饰图案

虎神木偶纹饰图案　　　　　　　　　鲤鱼神木偶纹饰图案

图十　赫哲族木偶纹饰图案示意图

屋内放置方式一　　　　　　　　　屋内放置方式二

图十一　赫哲族木质天神像屋内放置方式示意图

赫哲族神龛与神杆

图一　赫哲族普通人家所供神庙平图

赫哲人对神的观念，和古代中国人的观念一样。《国语·楚语》："古者民神不杂。"人与神既不相杂，则人神之间就不相通，所以产生了萨满、阿哈等通神之人。有了这一般通神之人，就想出念咒、祷告、占卜等通神之术，再进而想像神之形，乃斲石、削木，为神偶。赫哲人最初时是斲石为神偶，进而削木为神偶，至今仍然通行。现在赫哲族与汉族杂处，富有之家，多购用汉人的纸马。

赫哲人家家有神龛，其数之多寡不一。本案例中一家的神龛，自右至左为娘娘、老爷、山神、吉星四个神龛。另一家的神龛，中间最大者为家庙，供奉不设专庙的诸神，右为吉星庙，左为娘娘庙。吉星神是赫哲人较为尊敬的神，对其崇拜程度仅次于常供奉在神树上、赫哲人最为尊敬的天神。吉星神一般木制，人形，头顶为圆锥形，头的四周刻有九个人面形，每面刻有目、鼻、口，且在两面之间有一目公用；无四肢，躯干分为三节，肩、臀部为圆台，腹部为圆鼓形；下有四座脚。黑龙江省民族博物馆现收藏的吉星神偶皆为木质雕刻，但均是单面脸形，而不见有九面脸及二面共目的刻法。赫哲人以为吉星神为最清洁之神，人们如生了外科重症，他们即以为是触犯了吉星神，神怒降灾于人。所以生了这种病，须向吉星神许愿。房山神一般为木制，平顶为男神，高约26厘米；尖顶为女神，高约29厘米。平时供在正房西面墙外的山墙上，负责保障住宅平安。娘娘神是赫哲族信奉的众多女性神灵的统称，通常在旗杆上悬以五颜六色的旗子作为其象征。领娘娘神的阿哈玛发（旧时赫哲族萨满的一种）有时还领石头公公（赫哲语"卓碌玛法"）及石头婆婆（赫哲语"卓碌妈妈"）。石头公公，长约13厘米；石头婆婆，长约16.5厘米。这对石偶分别供在木制神龛内，然后置于高225厘米的木柱上，神龛前均竖一根相同高度的鸠神杆子。

在萨满住屋西首，竖有木杆三根或四根，即为神杆。本例神杆，中间的一杆最长大，上面绘有蛇、龟、蛤蟆、四足蛇、爱米（辅助萨满通达于神明的神）等神形，在杆头上有鸠神；右杆头上系一有翼的神兽；中杆脚下有木神偶两个，赫哲人叫做"朱林"，平头的为男神，尖头的为女神。左右两杆长短相同，约六七尺，杆子皆向东方。依次序由南而北排列朱林神偶是赫哲族家庭为保平安的祈盼。朱林神偶木制，人形，无臂，有腿和脚，一般成对供奉，男女各一。朱林神偶几乎每家供奉一对，一般供在墙角上，每到吃饭时都要进行祭祀，盛一小碗食物供奉在该神像面前，以求保佑全家平安。

赫哲人因受汉族文化影响，其宗教亦日在锐变中，且两民族宗教的基本观念均属于神祇信仰，所以神可以增加，亦可以混杂，毫无门户之见、宗教之争，故同处亦能相安无事。

图片来源
图一、图三　刘磊　制图
图二、图七、图九、图十　单芳霞　制图
图四　来源1：刘磊　制图
　　　来源2：张敏杰.赫哲族渔猎文化遗存[M].哈尔滨：黑龙江人民出版社，2009：199.
图五　来源1：刘磊　制图
　　　来源2："中央研究院"民族学研究所
图六　来源1：刘磊　制图
　　　来源2：张敏杰.赫哲族渔猎文化遗存[M].哈尔滨：黑龙江人民出版社，2009：214.
图八　王健、张子扬　制图
图十一　凌纯声.松花江下游的赫哲族[M].北京：民族出版社，2012.

参考文献
凌纯声.松花江下游的赫哲族[M].民族出版社，2012.

图二　赫哲族普通人家所供神庙示意图

图三 赫哲族普通人家所供神庙情境图

图四 赫哲族吉星神庙示意图及神偶实物图

图五　赫哲族房山神庙示意图及神像实物图

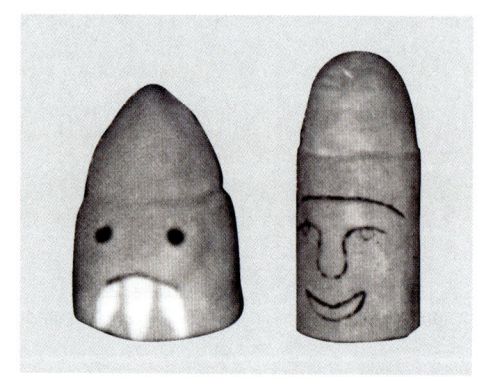

图六　赫哲族石头公公、石头婆婆神庙实物图及神偶示意图

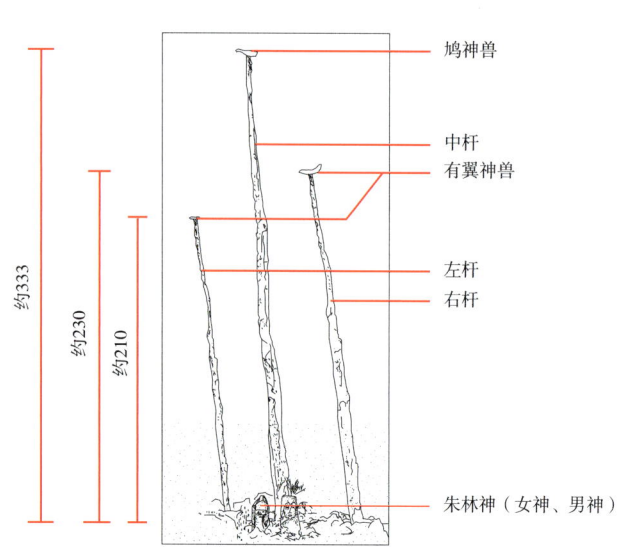

图七　赫哲族神杆尺寸、结构名称图（单位：cm）　　　图八　赫哲族鸠神杆示意图

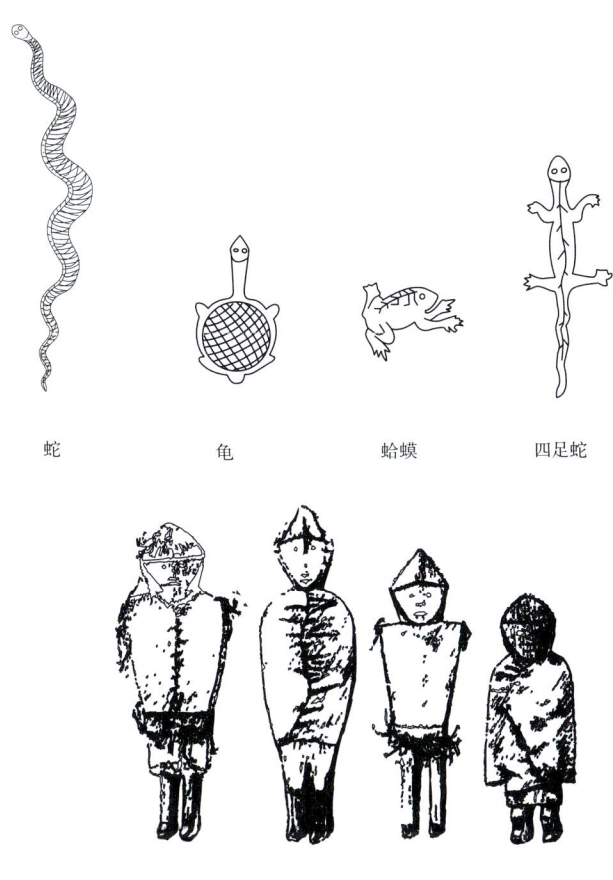

蛇　　　龟　　　蛤蟆　　　四足蛇

爱米

图九　赫哲族神杆中间杆所绘神形示意图

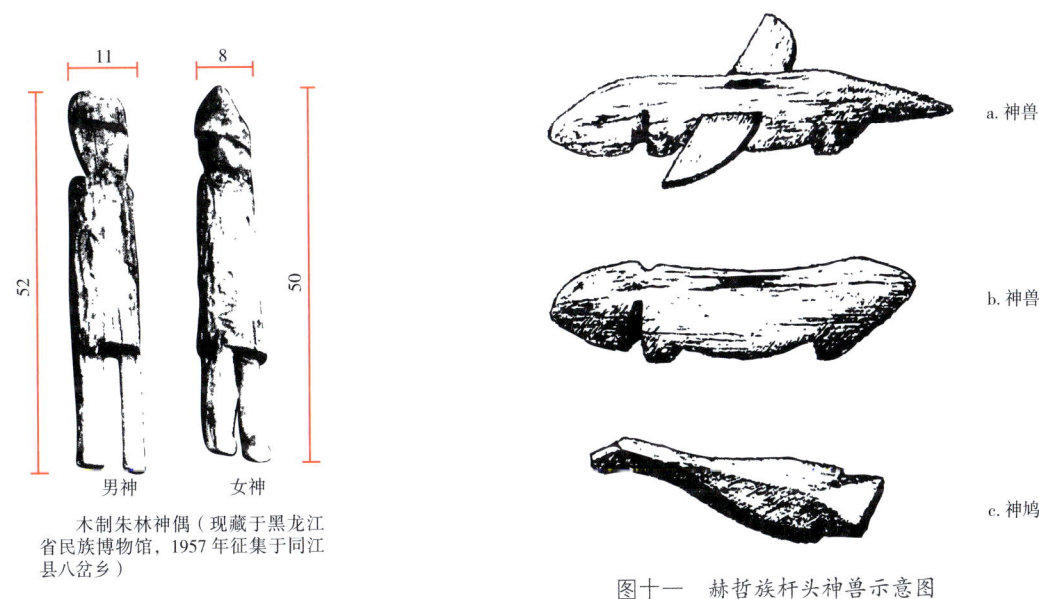

男神　女神

木制朱林神偶（现藏于黑龙江省民族博物馆，1957年征集于同江县八岔乡）

图十　赫哲族木制朱林神偶尺寸图（单位：cm）

a. 神兽

b. 神兽

c. 神鸠

图十一　赫哲族杆头神兽示意图

第七章　赫哲族传统民俗和宗教造像

245

赫哲族神鼓

图一　赫哲族神鼓主图

赫哲族萨满祭祀仪式的基本法器配置结构包括神鼓、腰铃、铜镜等。神鼓，赫哲语称"温替恩"，是萨满所用神具中最为重要的法器之一，也是赫哲族萨满的象征和祭祀仪式的标志性法器。萨满之所以能够通神，全靠一面神鼓。据相关文献记载，尤卡吉尔人认为神鼓是一个湖，萨满入湖可到冥界；爱斯基摩人亦有如此观念；雅库特人和蒙古人都视神鼓为萨满的马，萨满骑之能升天堂，亦能入地狱。所以可以说，凡是真正的萨满，总有一面神鼓，神鼓的形式制作大同小异。

神鼓是赫哲人重要的神具，不但萨满跳神时要用，普通人家祭祖时也要用，因此早年几乎家家藏有神鼓。因为家祭时，须击鼓祷告。普通神鼓的式样为蛋圆形。萨满用的鼓比普通人家的鼓大得多，式样相似。本案例中的神鼓由凌纯声先生采集于赫哲族民间，长约80厘米，鼓面绘有蛇、四足蛇、蛤蟆各两只，左右对称分布于鼓面，鼓面下方另有龟一只。鼓的背面以一铜圈为中心，用四条皮带分结于鼓缘。铜圈即为持鼓的把手。

赫哲神鼓均为自制，主要由鼓圈和鼓面两部分构成。形状有圆弧—长方形、椭圆形、蛋卵形、圆形等多种。鼓圈的材质使用黄柏梨、松木、槐木、柏木、楸木等。如以松木为之，则在山中选择斜向生长的松树，利用其干枝向地的一面，常多生松油，长成长形的木包。冬天树冻，在木包中段左右凿两个小孔，用锤子击打其上下部分，干木因冰冻易于裂开，乃取其脱落下来的一条长木为材料。若制作大鼓鼓圈，将木削成长 234 厘米、宽 4.5 厘米、高约 1 厘米的木条，而制作小鼓鼓圈的木条长 162 厘米、宽 4 厘米、高约 1 厘米。用火烤灼削好的木条，使其弯曲变形，然后将木条的两头接口处削成斜形，用鳇鱼鳔把接头粘好晒干，顺着圆圈外缘挖一小槽，再在木圈的上下左右钻四对小孔，穿以皮条，皮条辐辏于中心，拴在一个直径约 4 厘米的金属圆环上。鼓圈的外面起线槽两条或一条，使鼓皮因空气的干湿而略得伸缩。鼓面的材质常用狍皮，也有用鱼皮的，做法是：将夏季狍皮放到水里浸泡一昼夜，取出去毛，趁湿用鳇鱼鳔粘蒙在鼓圈上，并在鼓圈上小槽子里嵌进沙石，然后晾干。萨满神鼓上还绘有蛇等爬虫类图像。神鼓每次用前都要在灶门或火盆上烘烤，以使鼓面绷紧，声音响亮。

鼓槌对于尤卡吉尔人来说，为鼓的舌头。赫哲族的鼓槌制作很精致，可见他们亦很重视。鼓槌的大小长度不一，较长的约 40 厘米。鼓槌用旱柳木、桦木等做槌心，槌面包水獭皮或狍皮，槌背有的刻布克春神一个，蛇、四足蛇各两只，龟一只，自上而下，依次不紊。据说也有槌背刻黑熊的，但未曾见到相关资料或实物。槌柄亦包皮，柄托、柄头围以黑皮须。鼓皮因空气的干湿而常起变化，过干则鼓皮易于破裂，过湿又易于霉烂。因此，赫哲人常制作一种鼓袋用以储放神鼓，悬在通风干燥处。

作为原始宗教祭祀仪式主要法器的萨满乐器，是赫哲人与神灵沟通的媒介。赫哲族的萨满鼓造型奇异，是萨满的象征和祭祀仪式的标志性乐器。以鱼皮为材料来制作鼓面的工艺，在中国东北阿尔泰语系各民族萨满神鼓的制作中绝无仅有。除了体现在萨满鼓制作的材料上外，赫哲族萨满神鼓庞大的鼓身、奇特的造型也体现出原始萨满鼓的基本特征。萨满法器的配置与其周边相邻民族特别是满汉文化互相影响与融合，形成的多元化结构构成了赫哲族萨满法器的基本文化特征。

图片来源
图一至图三 "中央研究院"民族学研究所
图四、图六 刘艳斌 制图
图五 刘艳斌、单芳霞 制图
图七 单芳霞 制图
图八 凌纯声.松花江下游的赫哲族[M].北京：民族出版社，2012.
图九 王健、洪淑莹 制图

参考文献
凌纯声.松花江下游的赫哲族[M].北京：民族出版社.2012.

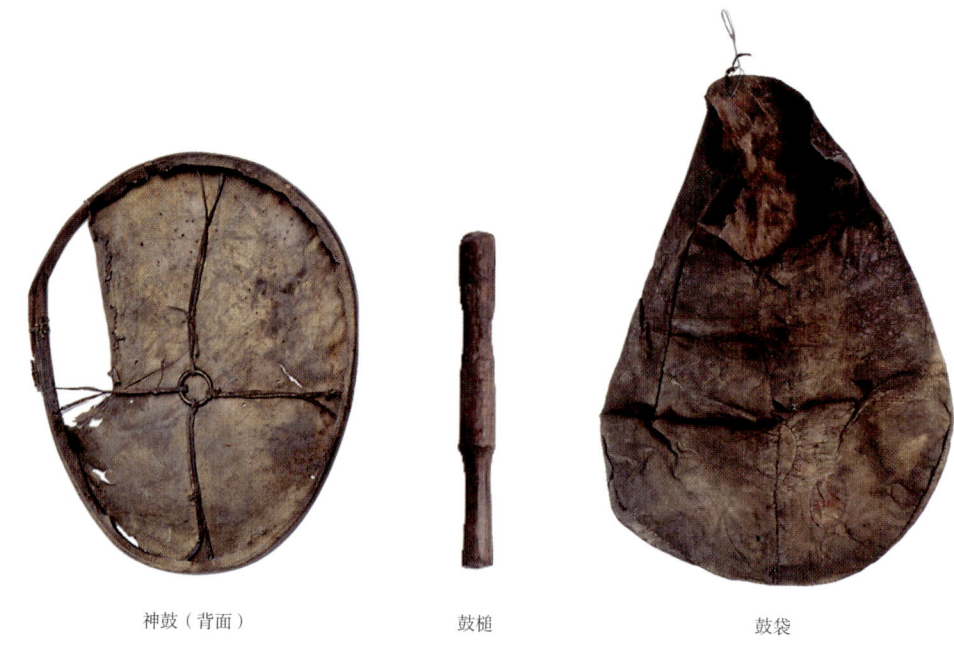

神鼓（背面）　　　　　鼓槌　　　　　鼓袋

图二　赫哲族神鼓、鼓槌、鼓袋实物图

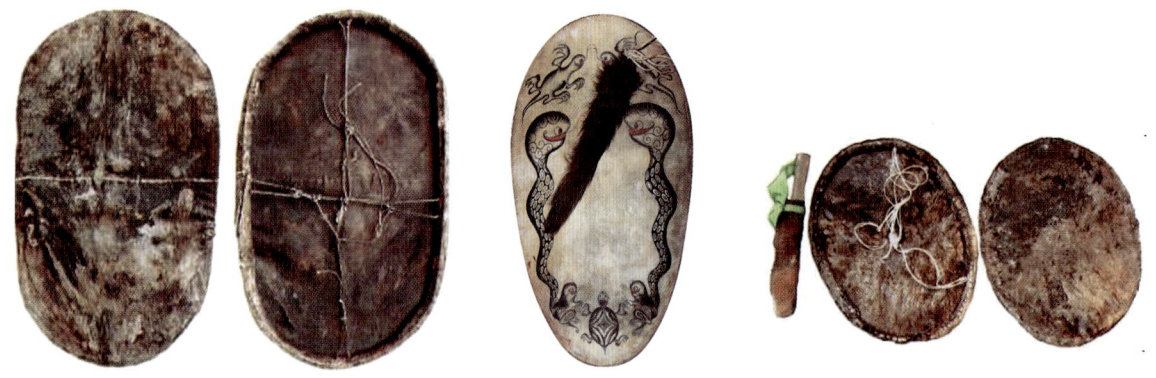

图三　赫哲族萨满使用的不同类型神鼓实物图

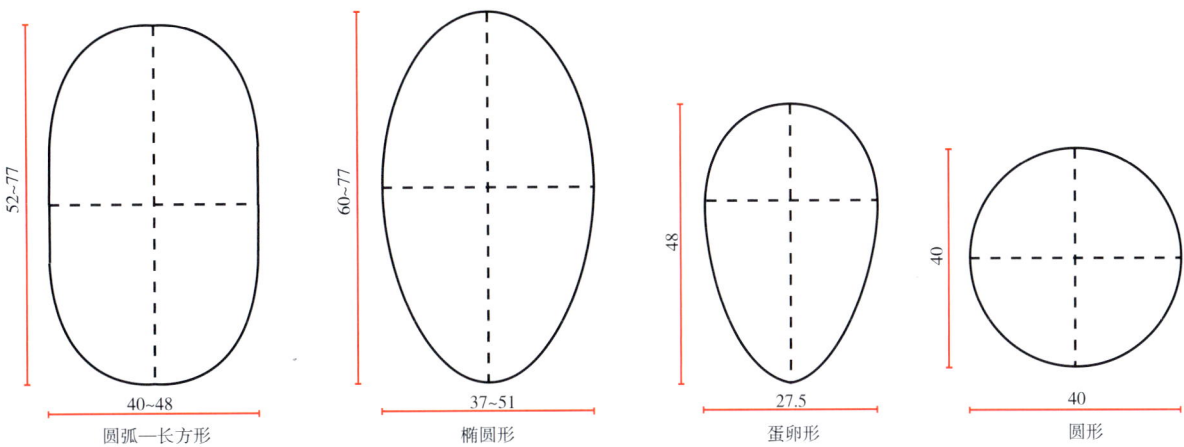

图四 赫哲族各类型神鼓尺寸图（单位：cm）

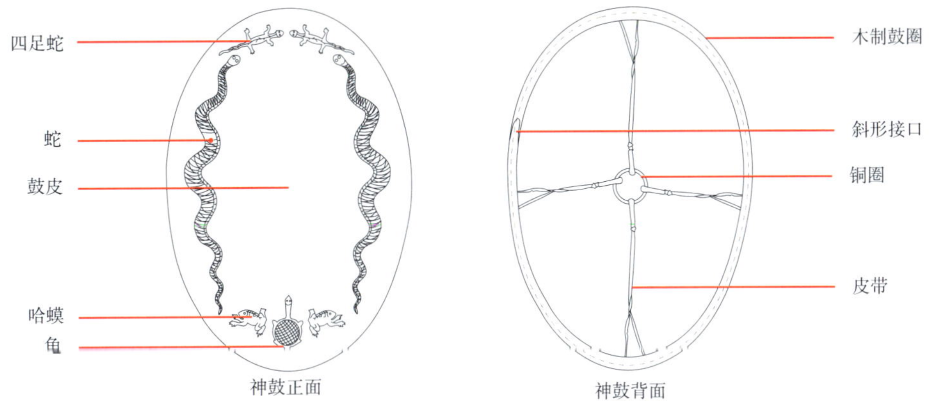

图五 赫哲族神鼓结构名称图

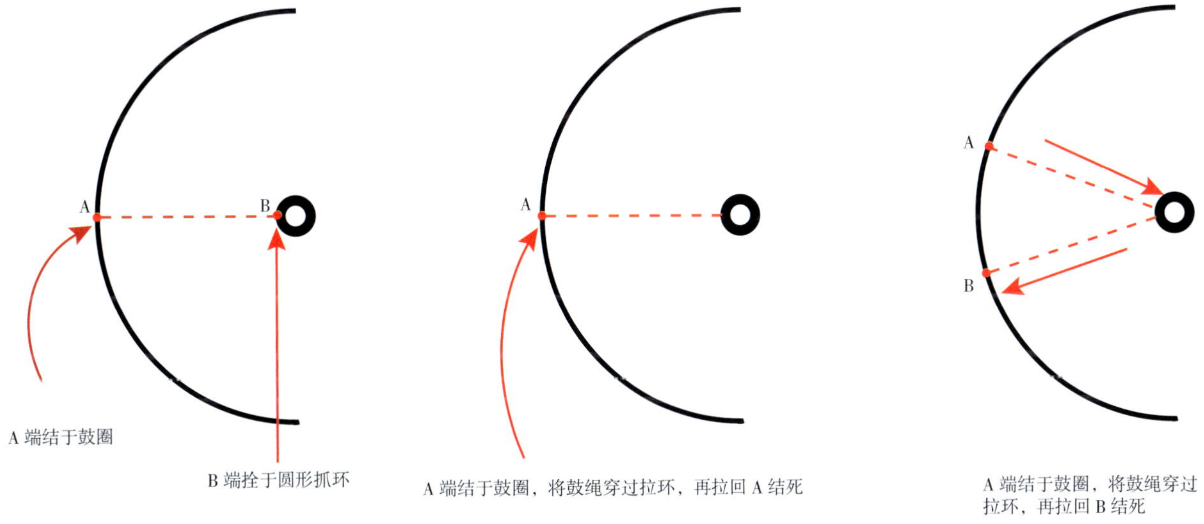

图六 赫哲族鼓绳系结方式分析图

第七章 赫哲族传统民俗和宗教造像

249

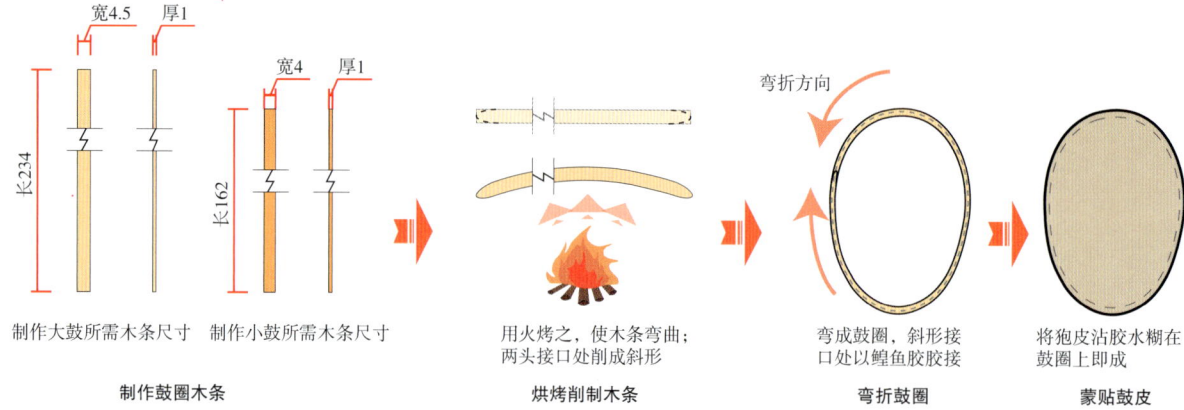

图七 赫哲族神鼓制作过程示意图

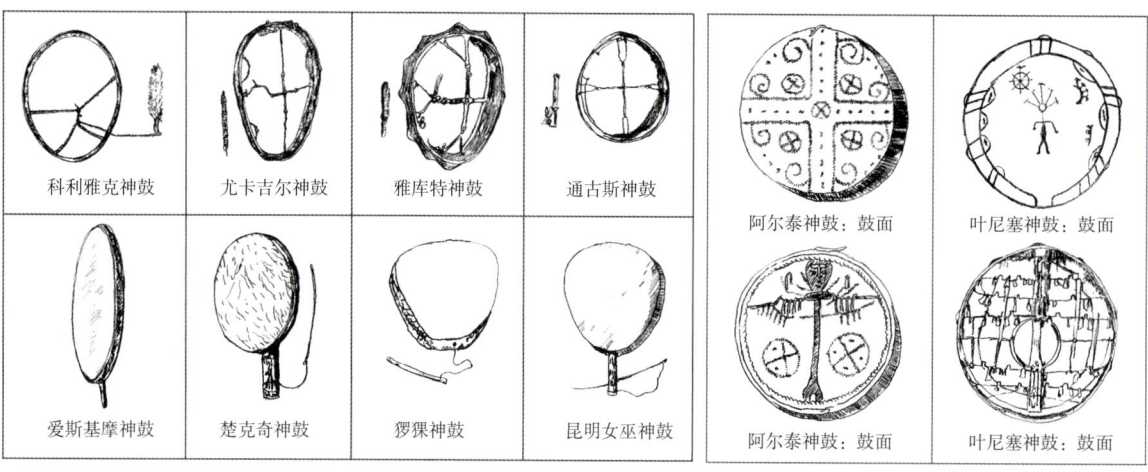

图八 其他民族神鼓样式比较图

图九 赫哲族萨满的神箱和神具示意图

赫哲族萨满鱼皮面具

图一　赫哲族萨满鳌花神鱼皮面具脸谱主图

面具被用于萨满跳神活动。萨满认为面具具有神力，跳神时戴上面具，不仅可以避免妖魔的灵魂认出其真面目，防止恶魔寻机报复，危及萨满的生命，而且能借助面具的法力战胜妖魔，为族人除妖祛病，佑人安康。赫哲族将萨满面具称为"斗吉霍娄"或"斗吉斯翁"，意为假面或神脸。据传，部分老萨满还能依稀画出古老的斗吉霍娄的形象，有的像骷髅，有的像怪兽，有的像人脸，有的头冒火苗，有的眼洞奇大，诸如此类，奇形异状。

赫哲族世代以捕鱼为生，素有悠久的鱼皮文化，常见的萨满鱼皮面具，由于材质本身的艺术特性，更加烘托了萨满面具原始质朴、自然天趣之美。如本案例鳌花神鱼皮面具表示的鳌花神，就是由鳌花鱼与人面结合，采用拼贴、雕镂、缝制等工艺，经纯手工制作而成。从纹样、色泽、布局、层次等角度看，赫哲族鱼皮面具带有一定的程式化特征，多象征性、寓意性的符号，形成鲜明的艺术特色。整个面具色块沉稳，针脚细腻，纹饰质朴，其形制基本保持了原貌，传递着许许多多的原始文化信息。

赫哲族萨满面具取材多样，有桦皮、鱼皮、布匹等，前些年，在农耕、工程建设时，曾掘出过残破的桦皮面具，尽管经过火燎水浸，雕镂的洞眼花纹尚可隐约辨识，令人称异。鱼皮具有天然的鱼鳞花纹，多种多样，凹凸不平，浑然天成。萨满鱼皮面具自然灵妙、朴素无华的自然造型美，表现在面具制作的材料与工艺两个方面：其一，鱼皮面具的材料取法自然，这与赫哲族的生存与生产环境是分不开的。赫哲先民渔猎与游牧的生活方式，造成其生活资料依靠大自然的恩赐，鱼皮即是赫哲人较常使用的资源种类之一，因此带有极鲜明的民族文化特征和生产生活方式特点，这也明显地区别于周边其他民族。

其二，萨满鱼皮脸谱的工艺崇尚自然。在制作鱼皮面具的过程中，赫哲人积累了如磨制、雕镂、粘贴等制作技法，掌握了剥皮、熟皮、涂色等技术。经人工处理后的鱼皮柔软结实，压平后便可根据所制面具的图谱进行剪裁，经粘贴、缝制便可成形。正是由于材料与工艺的相得益彰，才凸显出赫哲萨满鱼皮面具的自然之美。

鱼皮面具是赫哲人独特的艺术创造，以赫哲族鱼皮面具为载体的神灵形象，是远古多种神的综合体，涵盖了自然神、天体神、祖先神等。萨满制造面具的原则是将自然物、天体物等予以人格化，按照神谕和想像附丽到面具上。赫哲族鱼皮面具的设计呈现，笼罩着萨满教的神秘色彩，新奇的构图、多样的手法，显示出赫哲族万物有灵的思维方式和审美意趣。

图片来源

图一、图二　王世卿，王积信，吕品.赫哲鱼文化[M].哈尔滨：黑龙江教育出版社，2011.

图三　王英海，孙熠，吕品.赫哲族传统图案集锦[M].哈尔滨：黑龙江教育出版社，2011：195—197.

图四至图九　单芳霞　制图

  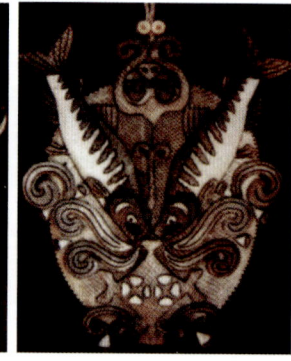 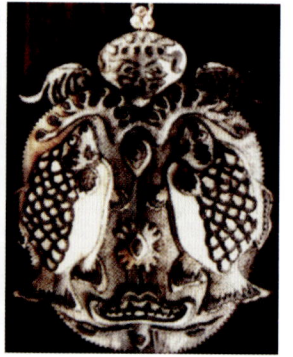

鱼皮鳇鱼神面具脸谱　　鱼皮鲤鱼神面具脸谱　　鱼皮大马哈鱼神面具脸谱　　鱼皮鳊花鱼神面具脸谱

图二　赫哲族萨满不同种类鱼神面具实物图

图三 赫哲族萨满不同种类自然神面具实物图

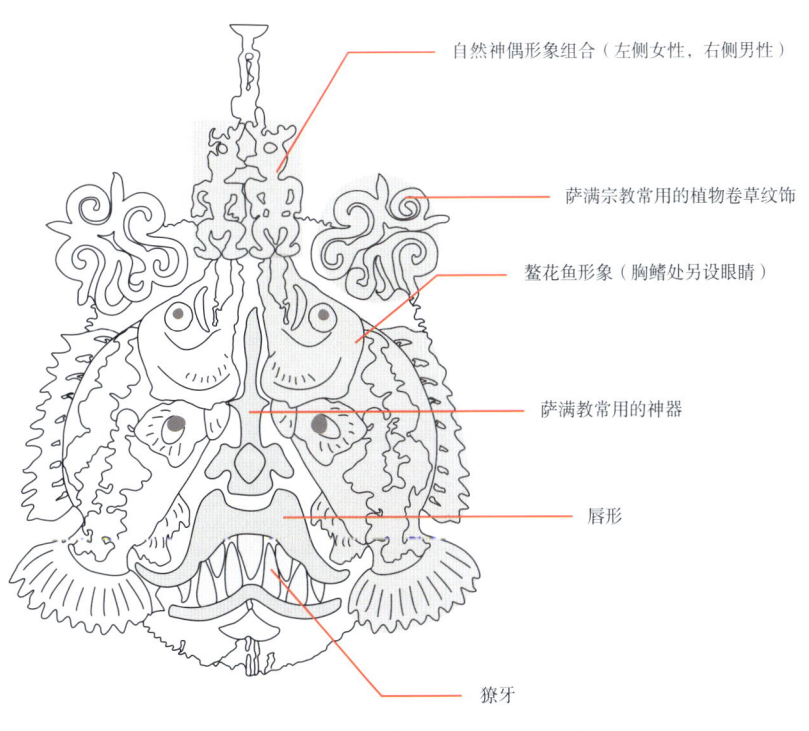

图四 赫哲族鳌花神鱼皮面具结构名称图

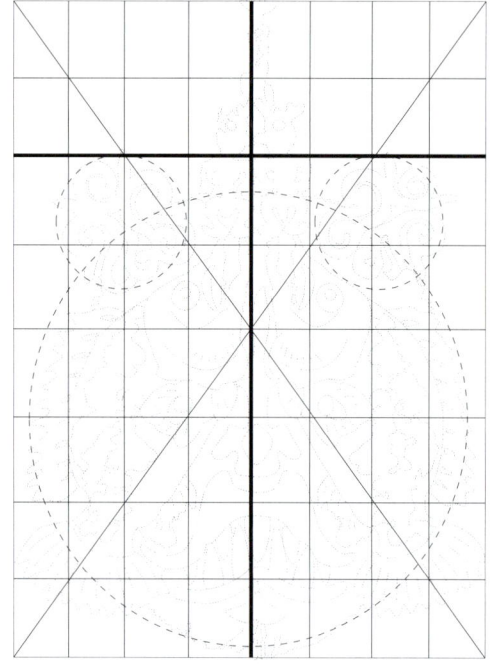
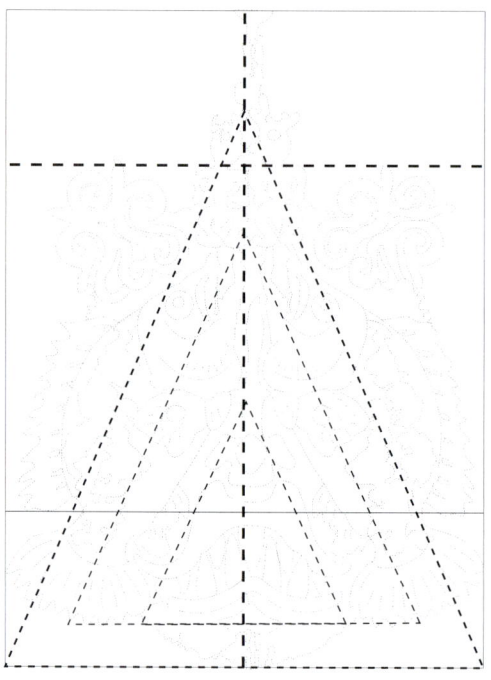

图五　赫哲族鳌花神鱼皮面具比例构成示意图

图六　赫哲族鳌花神鱼皮面具层次示意图

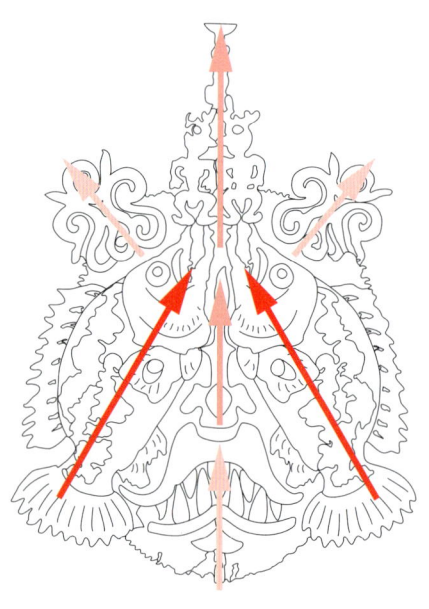

两侧鳌花鱼各向内侧倾斜45度，形成整体向上的观感趋势。左、右上角纹饰则向外倾斜45度

图七　赫哲族鳌花神鱼皮面具视觉分析图

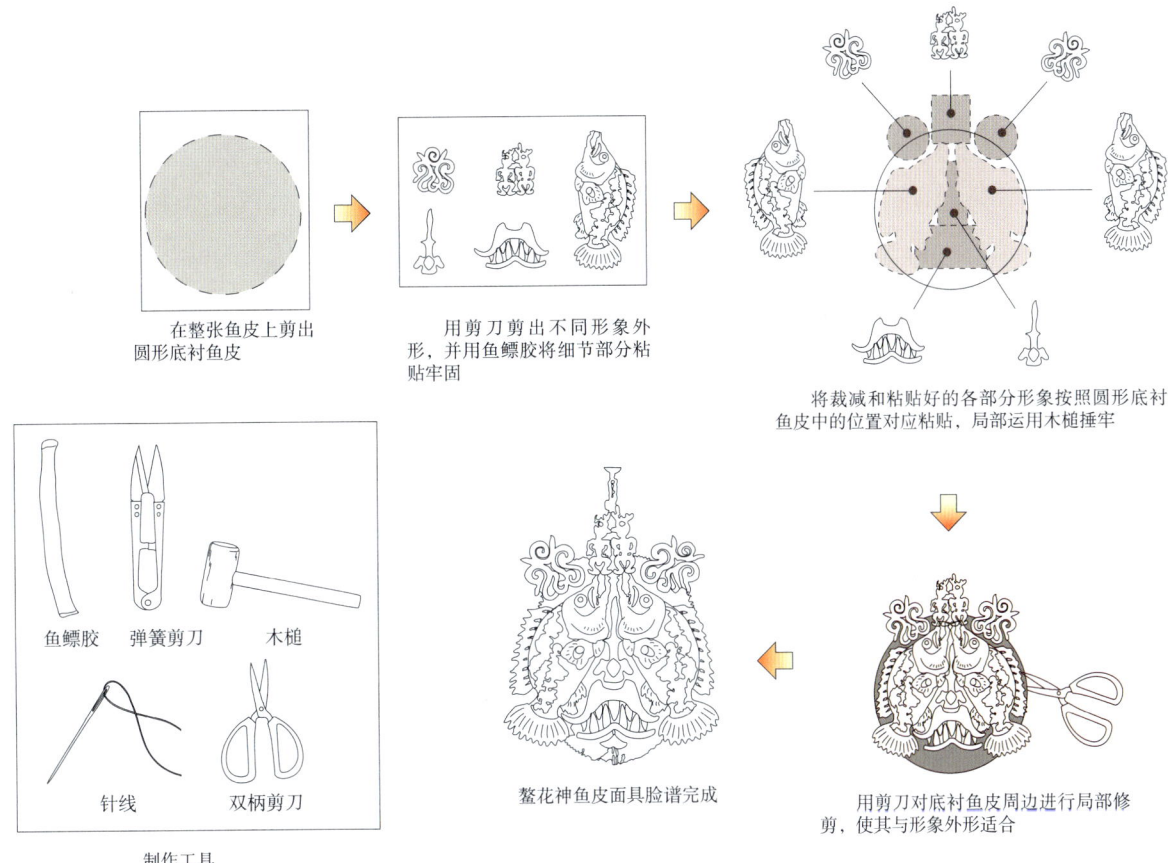

图八 赫哲族鳌花神鱼皮面具制作过程示意图

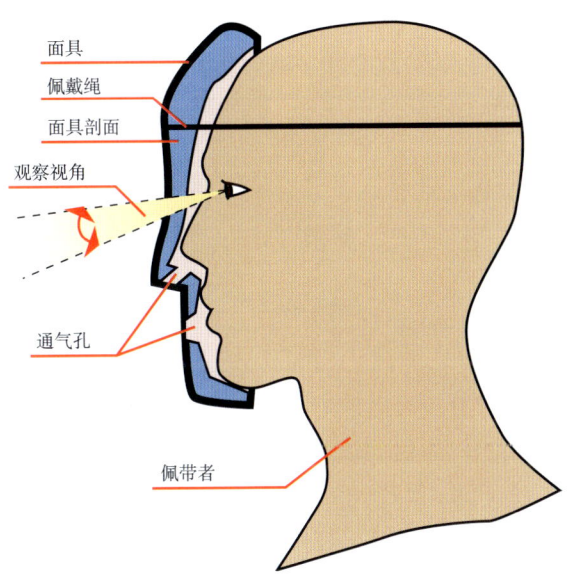

图九 赫哲族鳌花神鱼皮面具佩戴方式示意图

赫哲族卜筮

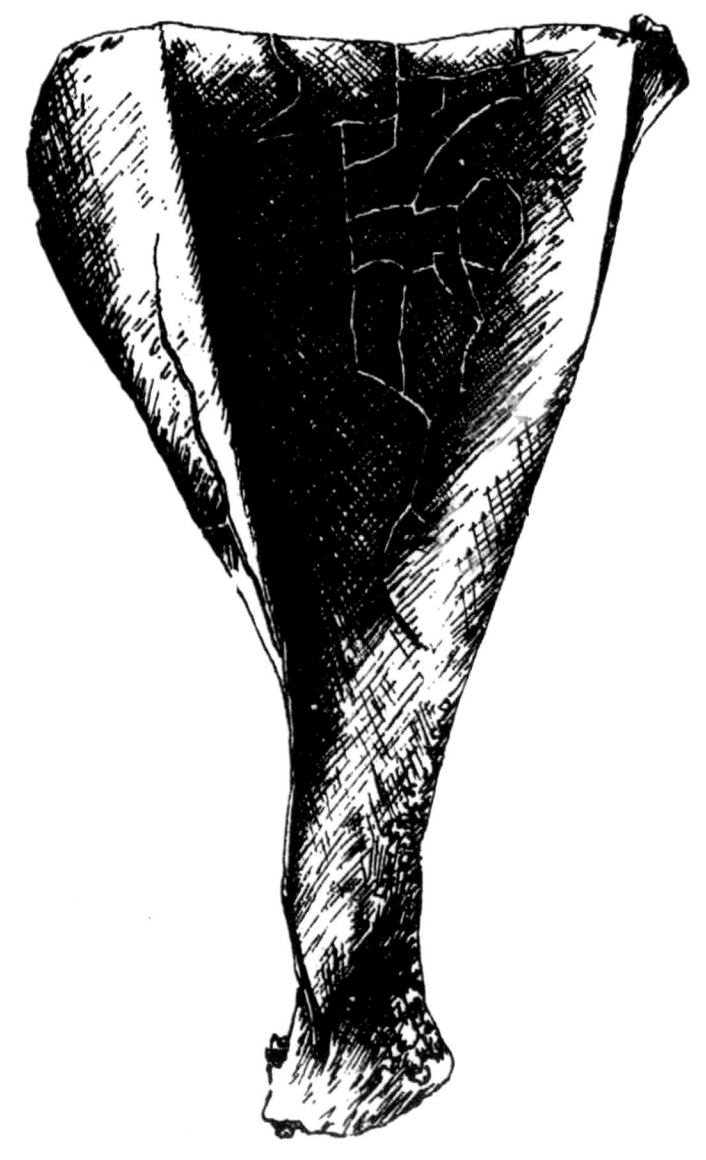

图一　赫哲族骨卜主图

赫哲人在新中国成立前很相信使用卜筮的方法，预测吉、凶、祸、福。卜筮的方法大概包括骨卜、筷卜、卵卜、碗卜、蒿草卜等，其中骨卜和蒿草卜使用较多。

骨卜：赫哲族的骨卜，用的骨料为狍、鹿等野兽的肩胛骨。将野兽肩胛骨取下后，用锅煮熟并剔掉其肉，去除肩胛骨肉时不能用嘴啃，因为用嘴啃过的肩胛骨就不灵验了。

去肉的肩胛骨先使之干燥，每家都储藏若干，以待不时之需。遇到疑难问题，如出猎时的方向、失马，问疾病的吉凶等，都可用骨占卜。占卜的时候，占卜者两手持肩胛骨，先以肩胛骨阔的一端向下，骨底向上靠近占卜者的嘴，占卜者向骨底低声祷告，如问东北方出猎是否吉利，前日失马何日可以找到等。祷告毕，即以唾沫吐在骨面，在火上烧灼，烤的火候要适宜，火候不足或烤得过度都不行，烤出明显的裂纹即可。然后由占卜者审视兆坼，辨认裂纹之凶吉。本案例为鹿肩胛骨烧灼后的裂纹，根据裂纹显示，细致观察占卜者舌头和对方舌头的裂纹走向。本案例所卜为一失马者问马是否能找到，兆所预示，马是可以找到的，因兆示两方均有舌头；然而两舌头距离尚远，一时不能找到，须三四日后方有希望。如卜兆只有一舌，或一舌不见，均为凶兆。两舌都见，则视其二者距离的远近而定其吉凶的程度，若舌头紧接，则所求的事为大吉之兆。

蒿草卜筮：赫哲人在五月五日早晨日出之前，向东行，每走一步摘取蒿草一枝，共走49步，共取蒿草49根，截取其长约26厘米的枝干，用火焦其一端，藏之以占休咎。占筮时，占者右手握蒿草全数，两手高举靠近额头位置，将蒿草任意分配于左手的四个指间，两手放下，用右手先取第一个指间的蒿草，一对一对地放在右手里，如果一个指间所得的蒿草为偶数，则至取尽为止；如果为奇数，至最后的三根则不再取，留在指间。用此办法分配其余三个指间的蒿草。余在指间的蒿草则另外放置。再以取出的蒿草仍照前法分配，如是者共三次，最后数四个指间三次余下的蒿草，奇数为吉，偶数为凶。

卵卜：用鸡卵占卜，大都用之于问疾病的吉凶。其占卜方法是在一平面上或一玻璃板上，以卵的尖端直立其上。而文献记载中的各种卵卜，看兆的标准约有三种：1.看卵之白的厚薄；2.看有黄无黄；3.看卵投地破不破。这些标准与赫哲人的看卵能否直立都不相同。

碗卜：用碗一只，内部放置小米，外面用布包扎，摇之，看布面的凹凸平正以确定吉凶。

另外，赫哲人的占卜也偶有使用筷卜、偶卜、槌卜等一些杂卜方式。不同的占卜虽形式不同、解释不同，但都表现出赫哲人信仰的神秘与原始性。

图片来源
图一、图二、图五　凌纯声.松花江下游的赫哲族[M].北京：民族出版社，2012.
图三、图四、图六、图七　单芳霞　制图

参考文献
1.吕大吉，何耀华.中国各民族原始宗教资料集成：鄂伦春族卷·鄂温克族卷·赫哲族卷·达斡尔族卷·锡伯族卷·满族卷·蒙古族卷·藏族卷[M].北京：中国社会科学出版社，1999.
2.凌纯声.松花江下游的赫哲族[M].北京：民族出版社，2012.

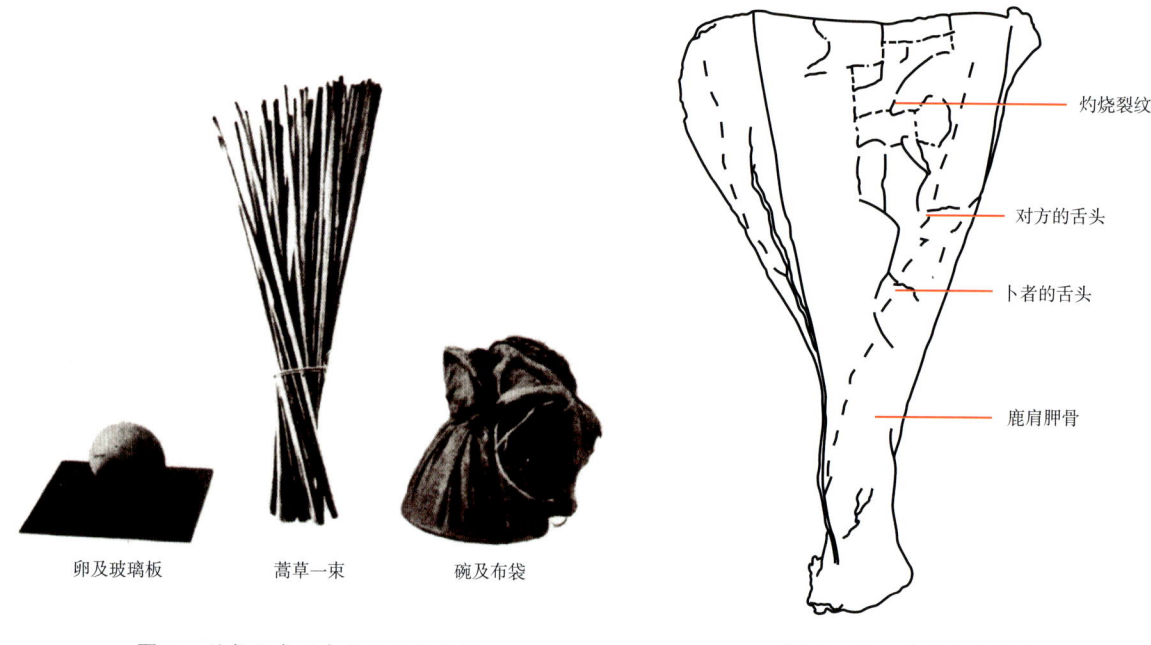

图二　赫哲族各种卜筮用具实物图

卵及玻璃板　　蒿草一束　　碗及布袋

图三　赫哲族骨卜名称图

灼烧裂纹
对方的舌头
卜者的舌头
鹿肩胛骨

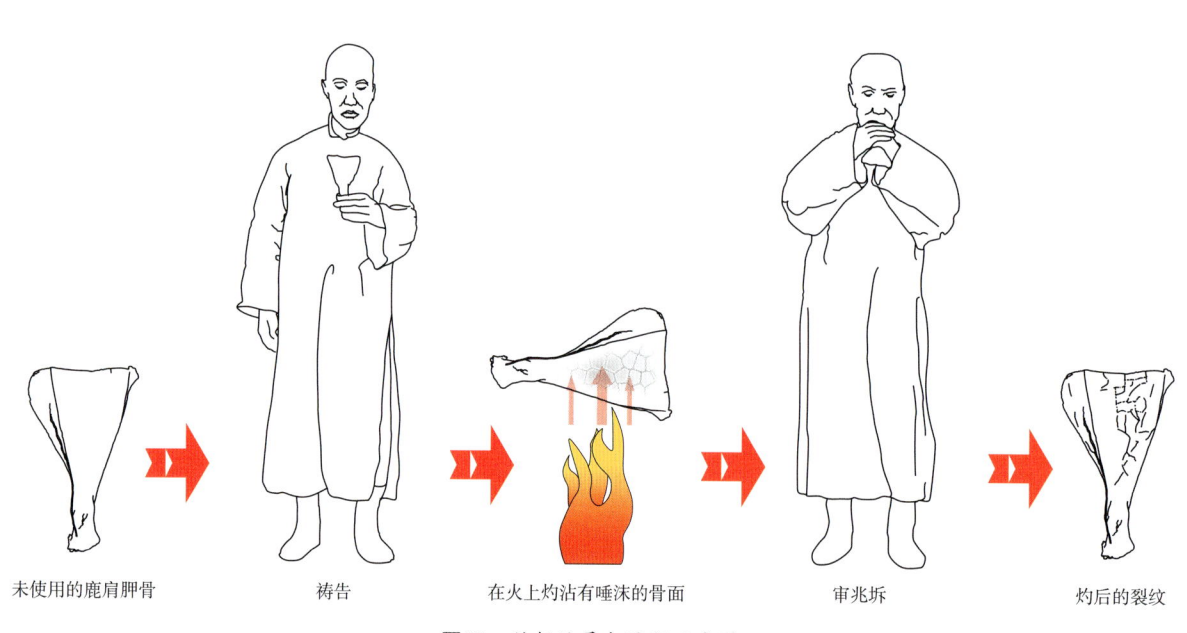

未使用的鹿肩胛骨　→　祷告　→　在火上灼沾有唾沫的骨面　→　审兆坼　→　灼后的裂纹

图四　赫哲族骨卜过程示意图

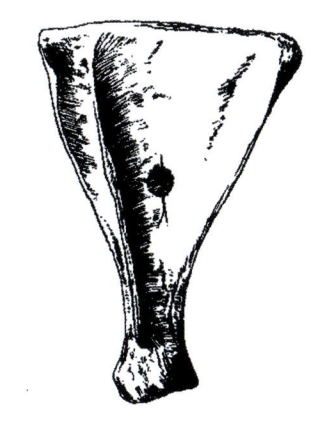 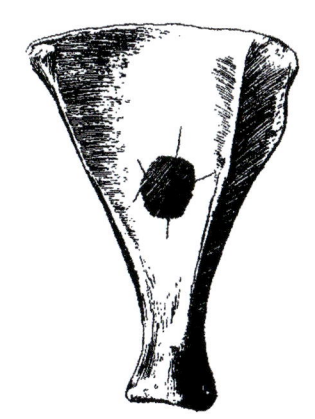 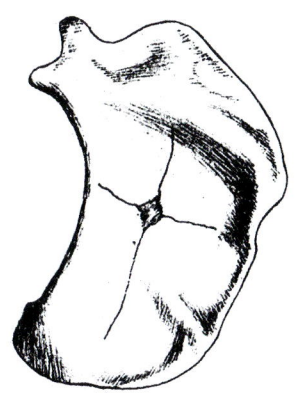

楚克奇人骨卜用的驯鹿肩胛骨及其卜纹　　拉木忒人骨卜用的驯鹿肩胛骨及其卜纹　　科利雅克人骨卜用的海豹肩胛骨及其卜纹

图五　其他民族骨卜及卜纹示意图

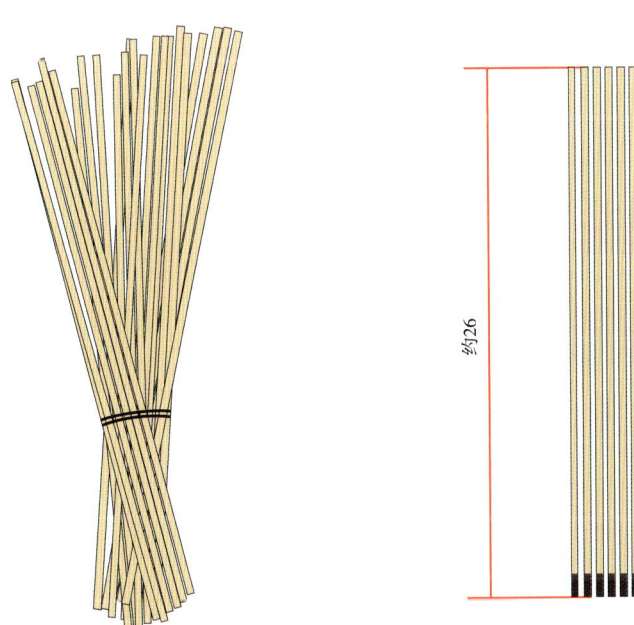

图六　赫哲族蒿草卜筮示意图（单位：cm）

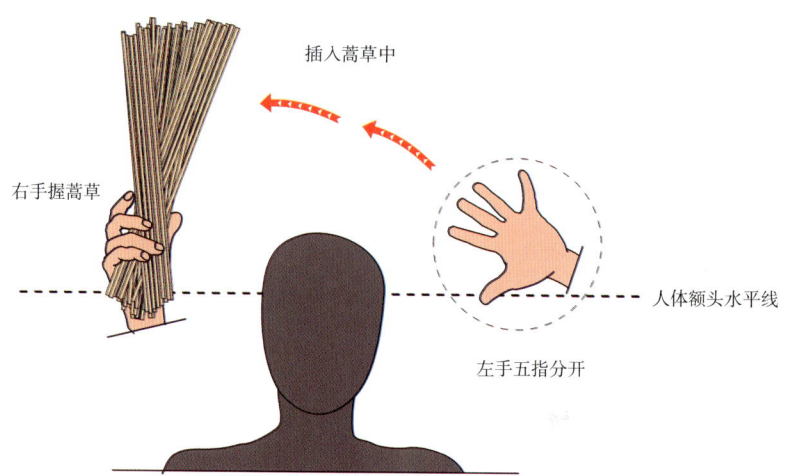

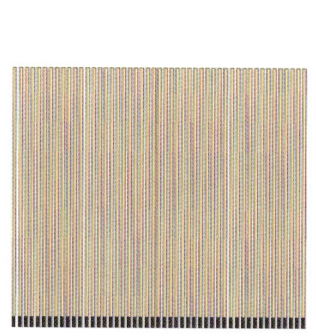

1. 摘取49根蒿草，截取其干，长约26厘米，用火焦其一端，藏之以占休咎

2. 占筮时，占者右手握蒿草全数，两手高举近额，将蒿草任意分配于左手的四个指间

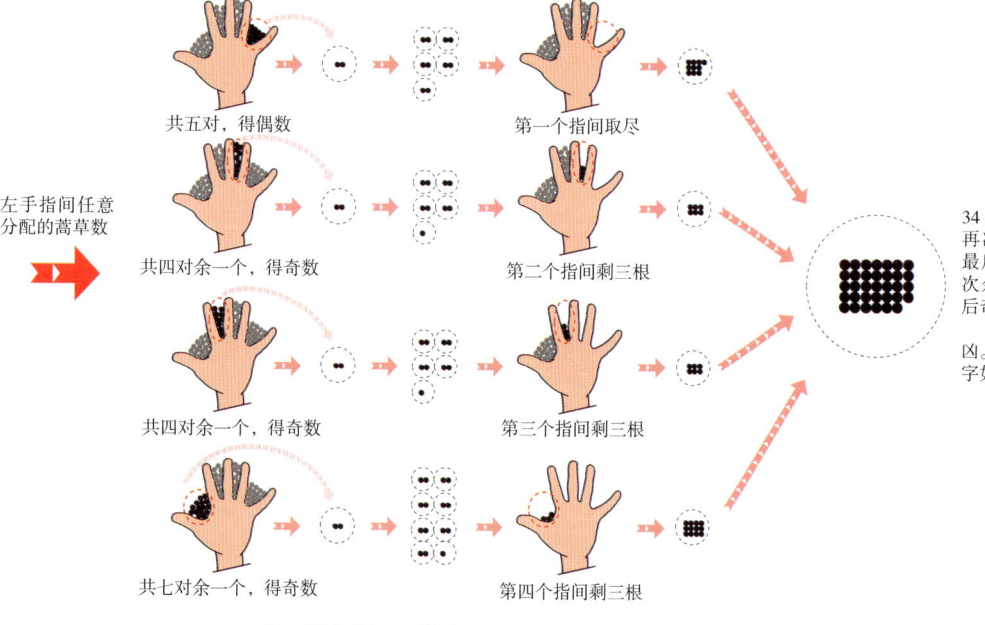

3. 指间蒿草分配方法示意图

4. 第一次取出剩余34根依据上次剩余根数再次分配，重复三次，最后则数四个指间的三次余下的蒿草，判断最后奇偶数，得吉凶结果奇数为吉，偶数为凶。其中，奇数尤以数字如3、9、15为上吉

图七　赫哲族蒿草卜筮过程示意图

赫哲族萨满服饰

赫哲族萨满正面像

赫哲族萨满背面像

图一　赫哲族萨满服饰主图

　　赫哲族与我国东北地区的满族、达斡尔族、锡伯族、鄂伦春族、鄂温克族等民族一致，其信仰的宗教是萨满教，主要观点是天地宇宙间的一切现象和变化，冥冥中都由神鬼主宰。萨满是萨满教中的核心角色，平日里，其装束与常人无异，但在举行仪式或重要场合，则需穿着萨满服饰。同时，会佩戴神具，包括神鼓、神帽、神衣、腰带、神裙等，以增加神秘氛围。

　　神帽：赫哲语为"胡也刻"，亦称"鹿角神帽"，由帽头、帽角和飘带构成。根据萨满品级的划分，赫哲族萨满的神帽分为初级萨满神帽、女萨满神帽和高级萨满神帽。初级萨满神帽是初领神的萨满佩戴，以后按年晋级。初级神帽是在一个铁圈外面包上皮或布，铁圈的前面有一个小铁神，圈的下面缀以琉璃珠，累累若璎珞。珠下有流苏，数目不一，有多至十余根的。女萨满神帽形似初级神帽，只是帽圈外周围有荷花瓣的小片，下面垂有飘带。高级萨满神帽以鹿角的支数多寡而分派别，有江神派、河神派和独角龙派三种，再以鹿角每枝的叉数多寡而分品级高低。品级依鹿角的叉数分二、五、七、九、十二、十五共六个等级。叉数越多，萨满的本领越大。神帽上的飘带材质有布与熊皮两种：布做的飘带长短不一，普通的约长60厘米，颜色不一。一条飘带有接两节的或三节的，各节的颜色也不同。在帽后有一条布

第七章　赫哲族传统民俗和宗教造像

带特别长，约为其他布带的两倍，带梢系一小铃铛，叫做"脱帽带"。因为萨满脱帽的时候，不能把神帽直接放到炕上，必须有人拿住脱帽带，萨满用一小木棒打鹿角，将帽打下，那个拿带子的人立刻把帽子提起来，不使落地。皮质飘带的材料用带毛的熊皮，通常无节，较布带略长。布带与皮带的数目亦视萨满品级的高低而定多寡。

神衣：萨满神衣上的基本图案是龟、蛇、蛙、四足蛇等爬行动物。萨满的神衣从前是用龟、四足蛇、蛙、蛇等兽皮缝制而成，现已改用染成红紫色的鹿皮，再用染成黑色的软皮剪成上述各种爬虫的形状，缝贴在神衣上。神衣长约58厘米，形似对襟马褂，用三道皮带挽结作纽扣，衣缘绲有黑皮须边。衣的前面有蛇六条，龟、蛙、四足蛇、短尾四足蛇各两条，后面较前面少短尾四足蛇两条。两袖底有小皮带四条，似须下垂。袖缘和衣缘有齿形花饰或流苏。

腰带：腰带是用来系挂铁腰铃的宽带子。带子用罕达犴皮制成。腰铃呈圆锥形，每一个腰铃都挂在铁环上，再系到腰带上。除了铁腰铃外，腰带上还可系挂铜镜、铜铃铛。萨满舞动时，这些金属物铿锵作响，并与鼓声相应。

神裙：萨满神裙的面料有兽皮、鱼皮和布的区分。神裙的式样甚多，裙上附属品的多少亦视萨满的品级而定。据凌纯声先生在《松花江下游的赫哲族》一文记载："裙子的飘带，在初领神时起，就有三十六条，前后幅各十八条，布条与獾毛皮条各九条，皮条缝在布条的上面，布条每条有一节至四节，其用与帽上飘带同。"据其采集到的六条神裙，每条神裙的飘带都在20条以上，皮质飘带有三四条或五六条不等。

神手套：赫哲人从前用乌龟皮做手套，现在改用鹿皮、狍皮制作，皮染成红紫色。神手套的式样与普通手套相似，差异在于其边缘绲有黑皮边须。本案例中萨满神手套上各缝有龟一只、四足蛇两条，萨满须晋级至五叉鹿角时方能用此物。

神鞋：从前用蛙皮制作神鞋，现改用野猪皮或牛皮制作，式样与普通鱼皮鞋相同，鞋头、鞋帮、鞋跟有黑皮边须。萨满有时亦穿神袜，做袜的材料用狍皮、鹿皮，式样与鞋相似，惟多一短统。袜头边缘绲黑皮边须，中间缝有黑皮剪成的龟形。

过去，赫哲族普遍相信万物有灵，这是赫哲族原始宗教的基础，存在着图腾崇拜、灵物崇拜、鬼神崇拜和祖先崇拜等原始崇拜，在此基础上形成了原始的赫哲族萨满教。从赫哲族萨满的服饰来看，其原始材料、制作过程、服饰形式以及各类纹饰图案的呈现，均是以赫哲族生活区域的不同生活、生产材料为依托，在此基础上融合赫哲族萨满传统的精神理念，形成与周边民族萨满教服饰有所区别的赫哲族萨满服饰。尽管赫哲族中现在很少有信仰这些原始宗教的人了，但对于其留存下来的萨满服饰的还原、分析，将有助于我们理解其萨满服饰设计的初衷和思考，并有所借鉴。

图片来源
图一　吕大吉，何耀华.中国各民族原始宗教资料集成：鄂伦春族卷·鄂温克族卷·赫哲族卷·达斡尔族卷·锡伯族卷·满族卷·蒙古族卷·藏族卷[M].北京：中国社会科学出版社，1999：1006.
图二　单芳霞　制图
图三　单芳霞、樊进　制图
图四至图六　"中央研究院"民族学研究所
图七、图八　凌纯声.松花江下游的赫哲族[M].北京：民族出版社，2012.
图九　刘艳斌　制图

参考文献
1. 黄泽，刘金明.赫哲族：黑龙江同江市街津口村调查[M].昆明：云南大学出版社，2004.
2. 凌纯声.松花江下游的赫哲族[M].北京：民族出版社，2012.

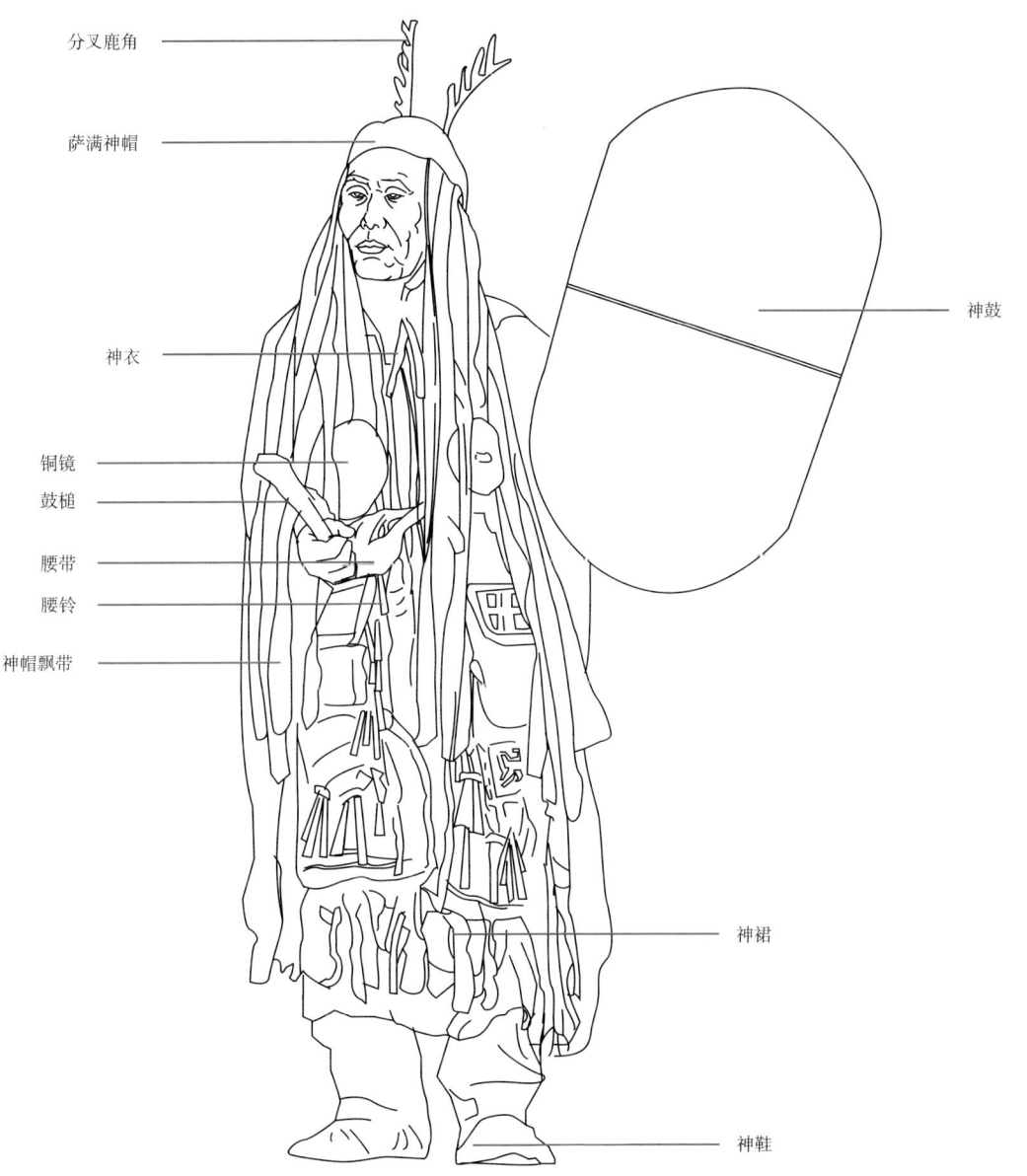

图二　赫哲族萨满服饰结构名称图

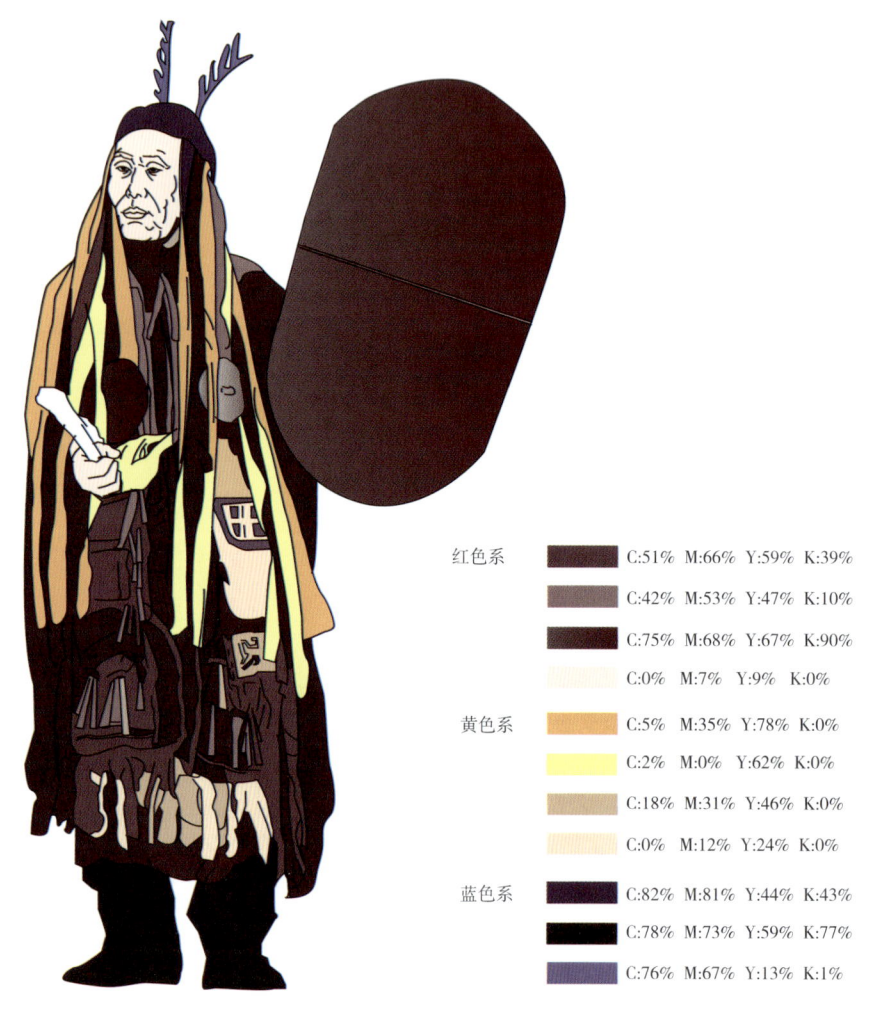

红色系	C:51% M:66% Y:59% K:39%
	C:42% M:53% Y:47% K:10%
	C:75% M:68% Y:67% K:90%
	C:0% M:7% Y:9% K:0%
黄色系	C:5% M:35% Y:78% K:0%
	C:2% M:0% Y:62% K:0%
	C:18% M:31% Y:46% K:0%
	C:0% M:12% Y:24% K:0%
蓝色系	C:82% M:81% Y:44% K:43%
	C:78% M:73% Y:59% K:77%
	C:76% M:67% Y:13% K:1%

图三　赫哲族萨满服饰色彩分析图

萨满神帽　　　　　萨满神上衣　　　　　萨满神裙

图四　赫哲族萨满各种穿戴服饰图 1

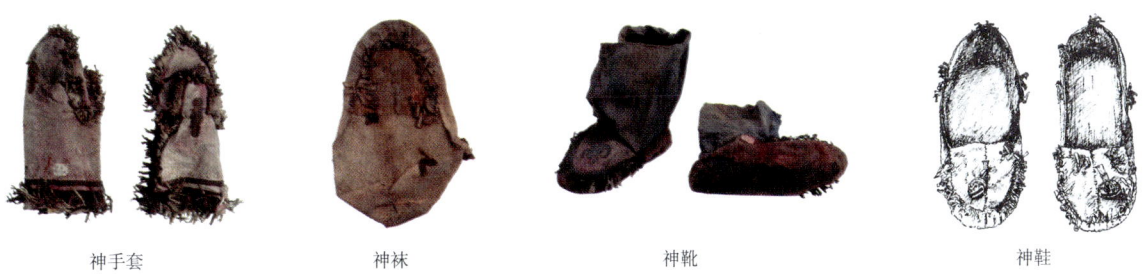

神手套　　　　　　　神袜　　　　　　　神靴　　　　　　　　　神鞋

图五　赫哲族萨满各种穿戴服饰图 2

神鼓　　　　　　　　腰铃　　　　　　　　　　神镜

图六　赫哲族萨满各种佩戴用具图

初级萨满神帽　　三叉鹿角神帽　　五叉鹿角神帽　　九叉鹿角神帽　　十五叉鹿角神帽　　女萨满神帽

图七　赫哲族不同品级的萨满神帽图

第七章　赫哲族传统民俗和宗教造像

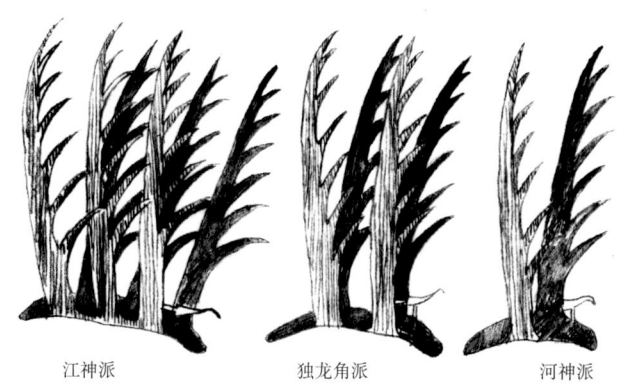

| 江神派 | 独龙角派 | 河神派 |

图八 赫哲族三派萨满神帽上鹿角区别示意图

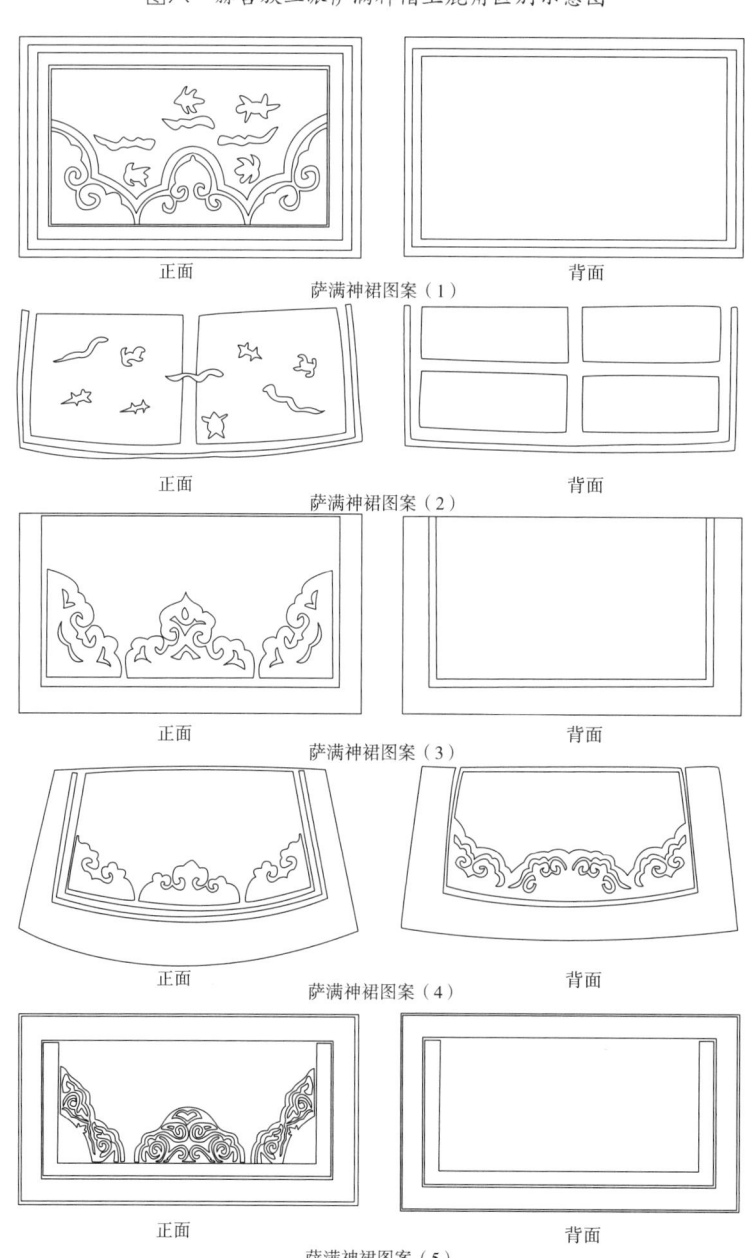

正面　　萨满神裙图案（1）　　背面

正面　　萨满神裙图案（2）　　背面

正面　　萨满神裙图案（3）　　背面

正面　　萨满神裙图案（4）　　背面

正面　　萨满神裙图案（5）　　背面

图九 赫哲族不同的萨满神裙示意图

赫哲族萨满教祭祀舞蹈

图一　赫哲族萨满舞主图

迄今存留的赫哲族传统礼俗特点之一，便是赫哲人的民族活动中必不可少的赫哲族传统舞蹈。其中，包含宗教信仰、艺术创意、造物技术等众多文化信息的赫哲族萨满舞及服饰、容妆、道具，形成了赫哲人延传至今的民族文化特征之一。

赫哲族传统舞蹈大体上可以分为两类：一类是赫哲民间流行的舞蹈，产生于白山黑水之间的自然熏陶和赫哲人祖祖辈辈生活与劳作的自然反应，以及赫哲人对未来生活的自然愿望。这类民间舞蹈在形成的漫长过程中还不断融入其他民族甚至外族的元素，通常动作朴实、节奏鲜明、情绪欢快。这类舞蹈一般为随常性的徒手舞，没有特制的道具、服饰、面饰等配置。其中最为有名的是民间俗称的天鹅舞，取意也很优美：赫哲人聚集地多沼泽，春暖花开时，一群群天鹅迁徙飞返，预告着赫哲人狩猎、采集季节的开始。赫哲人模仿天鹅飞翔的姿态，载歌载舞，期盼丰收。天鹅舞在20世纪50年代被文艺工作者改编成集体舞，曾由中央新闻制片厂拍摄成纪录片，可惜如今在当地已无人会跳，完全失传。另一类是每逢节庆婚丧及宗族祭祀等重大活动时必定要举办的赫哲族萨满教舞蹈，被民间俗称为"萨满舞"。

赫哲族的宗教信仰是多元的，除原始的神祇崇拜、图腾崇拜和灵物崇拜等自然崇拜的礼俗之外，较为普及的是流行于北方各地的萨满教崇拜。赫哲人的萨满教崇拜习俗已延续千年之久，今天的赫哲萨满舞凝聚了赫哲人萨满教崇拜的很多事物。萨满舞不同于天鹅舞等民间舞蹈，通常是民族重大礼俗时举办的一种宗教性跳神活动，舞蹈者要携带特制的礼仪用器。如跳萨满舞的领舞者，赫哲人称萨满，通常由女性担任，领舞时必须持有特制的法器如神帽、神衣、神鼓、神杖、神刀等。女萨满通常头戴荷花瓣高檐神帽，帽顶插有天鹅羽毛，帽檐四周下垂彩色飘带和其他坠饰，身着染成红紫色的鹿皮神衣，衣上缝有蜥蜴、蛇类图案，胸前背后均佩戴护心镜，并有项链坠饰的木偶神像——爱米，腰间围着神裙，以彩带束扎，还悬挂着一组腰铃。男性舞者被称为"男萨满"，所戴鹿角神帽无荷花瓣帽棱，其他与女萨满类似。在赫哲族萨满舞跳神仪式中，领舞者左手持神鼓，右手持鼓槌；伴舞者持神刀、神杖。神鼓是萨满舞中最重要的法器。

赫哲族萨满舞，无论是面妆、服饰，还是场所、道具，都要比一般的赫哲族民间舞蹈讲究许多，肢体语言多有祭祀和祈福意味，一招一式都是在长期演化过程中逐渐定型的"行序设计"格式，其中确实包含了不少迄今学者们也无法解读的文化信息。与流行于满族、蒙古族、鄂伦春族等东北地区少数民族的萨满教崇拜不完全一样，赫哲族萨满文化在礼俗行序、服饰道具上都有自己的鲜明特点。赫哲人传统的萨满教崇拜是本民族自然崇拜与生产、生活、日常礼俗综合影响的产物，这点在赫哲族萨满舞的面妆图形、服装配饰、手持道具和肢体展示等各环节中都有明显的表露。按照社会学的基本观点，一个民族的文化品质按层次由下而上可分为四部分：一是自然条件与造物技术；二是社会结构与组织形式；三是文字、图形符号等法典文史的积累；四是宗教、艺术与意识形态。由于各种外来因素的影响，赫哲族传统文化的特征已日渐式微，各层次的文化存留已相当薄弱，而从留存下来的赫哲族文化遗产中解读其文化特质，赫哲族萨满舞和其他宗教、民间礼俗，无疑是个关键的切入点。就设计学而言，如何了解赫哲族传统礼俗与宗教元素对其民族特有的设计造物活动的影响，理应是设计史论中民族造物学研究的核心内容。

图片来源
图一、图六　黑龙江省民族博物馆
图二　刘艳斌　制图
图三　饶河政府网
图四　王英海，孙熠，吕品.赫哲族传统图案集锦[M].哈尔滨：黑龙江教育出版社，2011.
图五　刘磊　制图

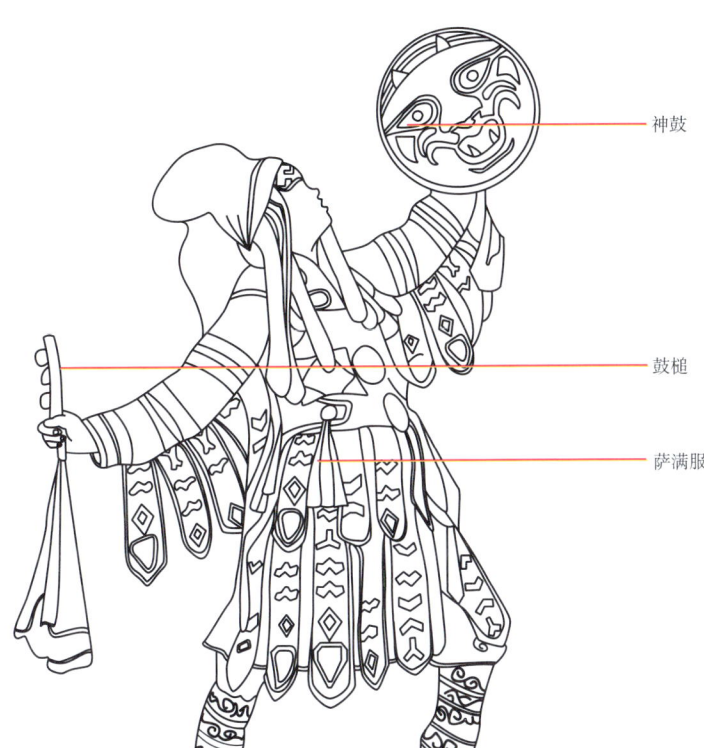

图二　赫哲族萨满舞领舞者示意图

图三　赫哲族萨满持鼓舞蹈实景图

图四　赫哲族萨满舞所使用的神衣实物图

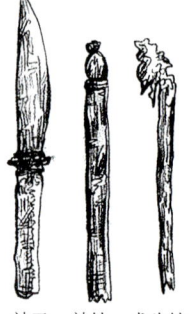
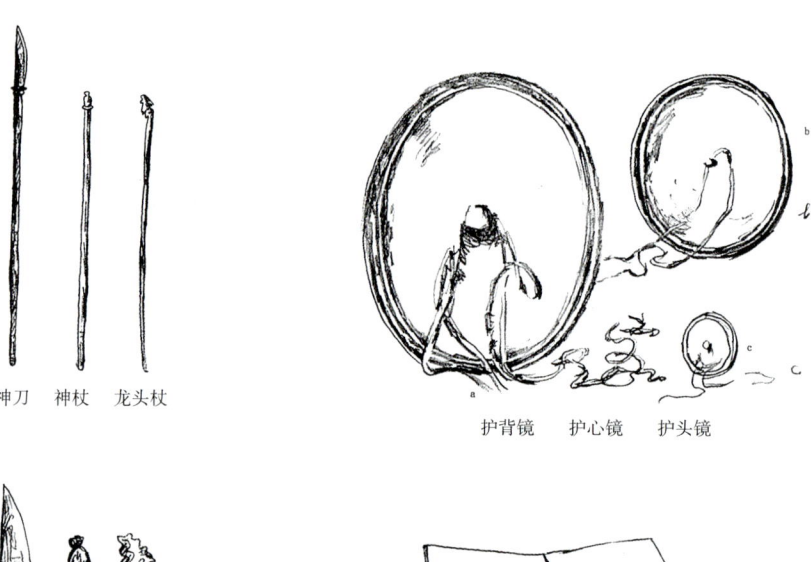

神刀　神杖　龙头杖　　　　　　　　　护背镜　护心镜　护头镜

神刀　神杖　龙头杖　　　　　　　　　　　　神箱
（头部放大形）

图五　赫哲族神刀、神杖、龙头杖、神镜、神箱示意图

图六　赫哲族萨满祭祀实景图

赫哲族传统游戏

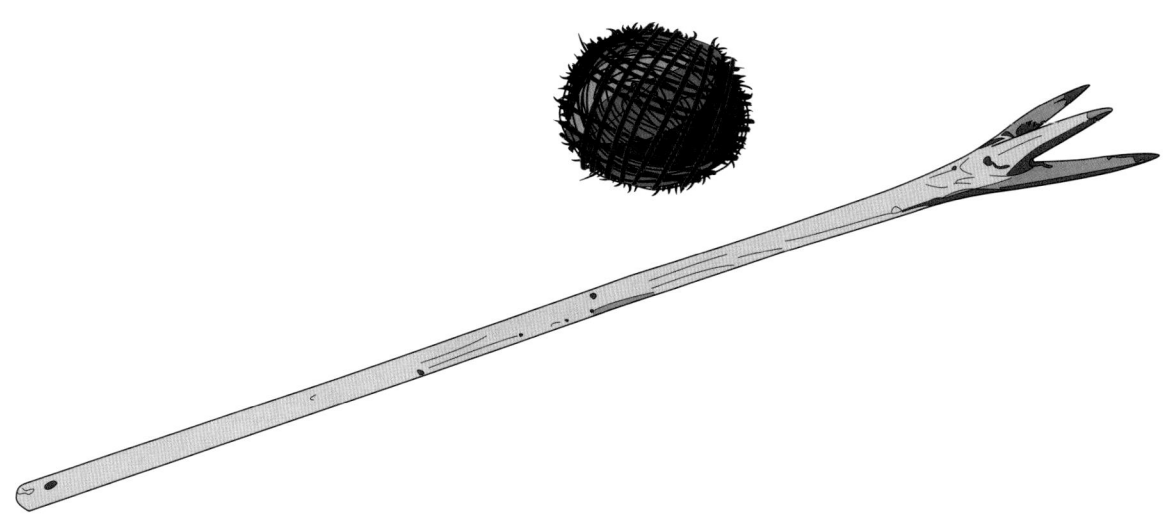

图一 赫哲族木叉与草球主图

赫哲族传统游戏，是赫哲族独有的、在民间流传的游艺娱乐项目，主要有叉草球、射草把、掷骰、狗拉爬犁、溜冰、滑雪、游泳、打雪仗和跳萨满舞等。赫哲族传统游戏集娱乐、休闲、健身、练技于一体，是在民间日常生产活动与生活状态中逐渐形成的，很多内容直接与赫哲族传统的生产方式与生活方式息息相关。游戏的主体参与者是少年儿童，也有不少成人游戏。从设计学角度分析，赫哲族传统游戏的行序编排与相关用具造型，与设计行为有关。

赫哲族传统游戏的几个著名项目有：

叉草球。一般在春秋季广外选择平坦、空旷的土质场地进行，游戏者多为13~17岁之间的男性青少年。首先在场地上画上三道线，一条中线和两条端线，每条线彼此间隔数十米。将参与人员分为两队，每队以10人左右为宜，分好位置后两队各自排列在端线上，手持长度约1.5米左右的木叉准备，相互面对。由一方先开球，将直径约22厘米的草球向对方阵营上空高高抛起，如未进入对方站立区域上方，则判为坏球，或者失分，或者重掷。当草球抛至对方上空时，下方队员木叉齐举，看谁眼疾手快，能叉住草球。叉住草球得1分，未叉住则由对方得分，由得分一方齐向中线迈进赛前约定的步数。接着由得分队抛球、失分队叉球，彼此交替轮换，直至其中一队越过中线则告获胜。叉草球游戏可培养赫哲少儿使用扎枪的基础技能，将米可在捕鱼时用三股鱼叉扎鱼、用扎枪扎野兽或部族战斗中的敌人，具有很高的实用价值。据《赫哲族社会的历史调查》记述，叉草球在当代旅游表演项目中被演化成将草球置于河面或水塘中，由人乘船扎之——说法是模仿赫哲渔民"扎鱼"。其实扎水底疾行之游鱼与扎漂浮水面的半固定草球，技能要求无疑存在天壤之别。

射草把。赫哲人的射草把游戏，不用赫哲猎户已家家必备的火枪，而是用祖辈相传的弓箭，实为赫哲成人间的射箭比赛。射草把游戏四季户外皆可进行，只是标靶有所不同：冬季以雪人为靶，其他三季以草把子为靶。游戏规则很简单：以射中标靶的箭枝数量多寡定胜负。赫哲社会极为重视男性成人射箭、骑术、伏弩、设陷等生产技能，作为判断一个人本领的基本标准，未达标者，养家娶妻是不合格的。若在射草把等游戏中获胜，是件极为体面荣耀之事，会备受赫哲未婚女子青睐。

掷骰。赫哲族掷骰游戏一般在户内大炕上进行，参与者没有特定年龄、性别限制，老少咸宜。玩法是击骰数堆，由击中者悉数尽收，以一方告罄为负。赫哲人的掷骰游戏由来已久，早有文献记载。掷骰其实与流传于中国境内由西至东广泛地域的抓羊拐有相似之处，北疆、甘肃、宁夏、内蒙古和华北、东北等各地民间，都有类似游戏，且恰巧与萨满教流传地区重合。掷骰和抓羊拐两者在游戏规则和玩法上相似，道具亦相似，所不同者唯有骨殖兽类：赫哲族掷骰一般使用狍子后腿胫骨关节处，而内地北方多用羊腿拐骨。据凌纯声先生当年考证，赫哲族掷骰甚是讲究，须以锡铅灌注，以增加分量，提高操持的稳定性。抓羊拐的道具则从未有此一说。赫哲族掷骰亦可在户外平坦空地举行，可培训少儿投石之准头，未来狩猎中以石块投掷鼠、貂、狐等体小快速的野兽，一掷致昏，可获整张皮毛，比箭镞、火枪血窟洞穿、皮开肉烂更为实用。

冰雪游戏。赫哲地区处亚寒带，一年中冬季气候持续时间超过其他三季之和，常年冰雪覆盖，如果赫哲人没有在冰雪天借助器具出行的能力，可谓寸步难行。由此，赫哲社会各种冰雪游戏项目自古即有，流传至今，而且人人参与，个个争先，普及程度高，技术水平也较高。赫哲少儿常用狗拉爬犁的爬犁木架结构自娱游玩，无须套狗牵引。孩子们将木架携带上山，多人乘坐其上，由积雪山坡向下滑行，周而复始，乐在其中。此项游戏与冬季奥运会的正式项目雪车竞速较为相似，实为民间版奥运项目。溜冰是赫哲少儿打小必练的基本技能，玩法和道具与北疆阿勒泰、塔城至东北边疆各族基本相似，都是在鞋底装置铁条（即"冰刀"），以速取胜。赫哲地区滑雪项目更是人人都会，自小训练。赫哲人脚上滑雪板俗称"木马"，是赫哲族单人冬季出行的主要交通工具。赫哲人在户外打雪仗亦是常事，内地汉人打雪仗无论在捏雪球、投掷技巧、游戏规则各方面的技术成熟度及游戏趣味性方面，要比赫哲人逊色。赫哲少儿打雪仗，一般分为两队，在指定区域内设伏、躲藏、截击、聚歼，被击中约定要害部位者退场，直至一方悉数被歼，另一方则获胜。

游泳。赫哲族聚集地位处三江汇合流域，水网交织，加之赫哲族自古以打鱼为主业，一般人行舟游泳自然不在话下，因此赫哲少儿幼时起便戏水如常，水性极高。赫哲少儿在游泳嬉戏时还融入了很多独特技巧，难度较大，一般内地非专业人士无法匹敌，如水下"躲猫猫"、深水捞物、浅水竞跑、负重泅渡等。

萨满舞。萨满舞是赫哲民间每逢重大节庆活动和闲暇季节经常举行的舞会，且场地、时机、性别、年龄都没有具体限制。除去萨满舞的宗教公祭职能外，本身也是一种全族男女老少广泛参与的歌舞娱乐活动。

20世纪80年代起，新创的乌日贡大会上的部分体育竞赛项目，直接源自赫哲族传统游戏，如射草把、游泳等。但30年代凌纯声考察时记述的叉草球、冰磨等游戏均未在其列，看来时隔半个世纪，这些游戏项目在赫哲民间社会已经失传，甚是可惜。而乌日贡大会上有些新项目，如剥鱼皮比赛等，虽想法甚好，但由于时过境迁、手艺生疏，缺乏娱乐性和相应的群众参与性基础，加之在行序编排和实际操作上都缺乏可行性，很难普及与流传。

传统游戏项目，从来都是民间社会培育少年儿童极为重要的手段。开启心智、强身健体、技能培训和休闲娱乐是所有传统游戏四大基本功能，也是这些游戏在民间得以长期流传、广泛普及的根本原因。赫哲族传统游戏具有很高的文化内涵，在民俗学、社会学、行为学等与设计发生学相关领域都有重要的考察、研究价值，因为历史上赫哲社会特有的造物传统与设计语境都充分体现在赫哲族传统游戏之中。

图片来源

图一　刘艳斌　樊进　制图

图二至图五　刘艳斌　制图

图六　樊进　制图

图七　王世卿,王积信,吕品.赫哲鱼文化[M].哈尔滨：黑龙江教育出版社,2011：211.

图八　王世卿,王积信,吕品.赫哲鱼文化[M].哈尔滨：黑龙江教育出版社,2011：209.

图九　王世卿,王积信,吕品.赫哲鱼文化[M].哈尔滨：黑龙江教育出版社,2011：208.

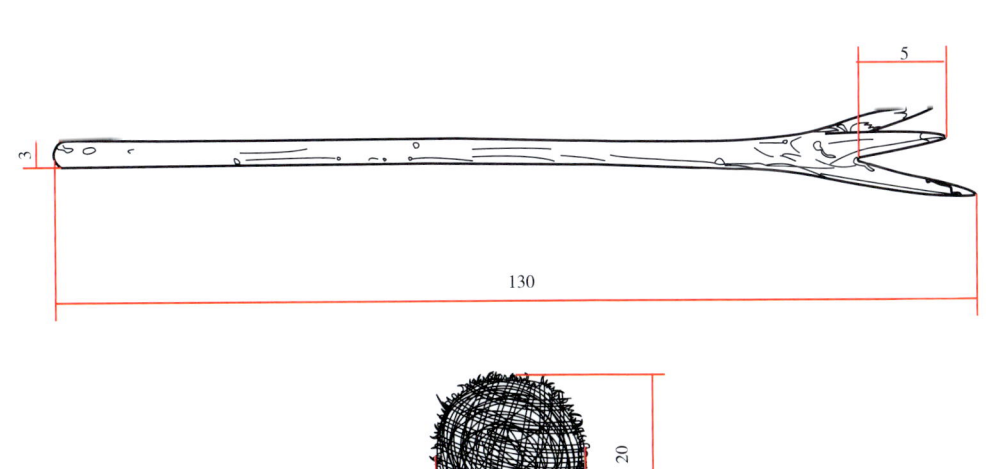

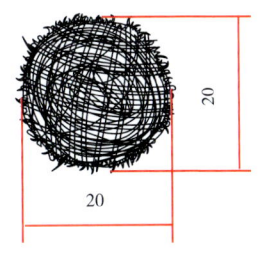

图二　赫哲族木叉与草球尺寸图（单位：cm）

图三 赫哲族叉草球情境图

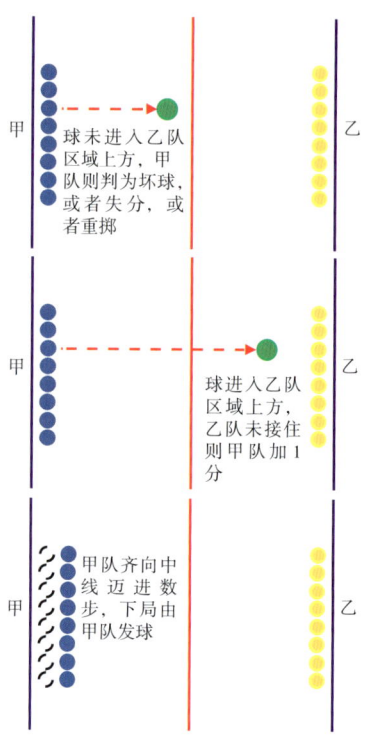

图四 赫哲族叉草球游戏说明图1

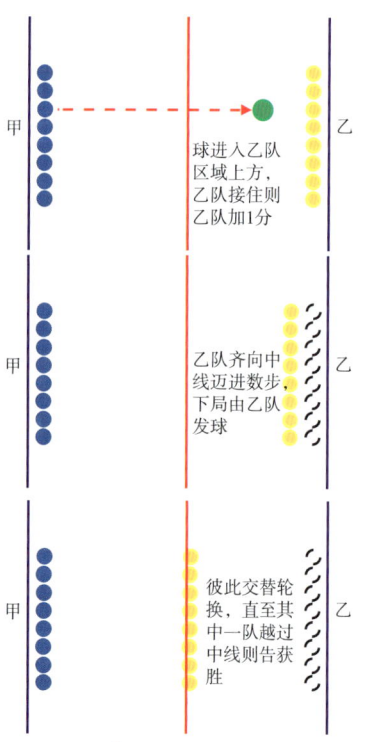

图五 赫哲族叉草球游戏说明图2

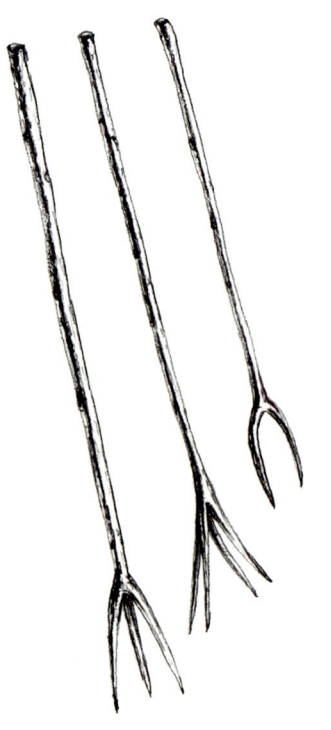

图六 赫哲族两股、三股、四股木叉示意图

图七　赫哲族叉草球实景图

图八　赫哲族阔力船表演实景图

图九　赫哲族双人舟赛实景图

声　明

　　本书编写时收入的个别图片，因条件所限，未能同相关著作权人取得联系，获得授权，敬请谅解。请相关著作权人及时与编者联系，以便奉上稿酬。谢谢！